两汉经学与社会

孙 晓 著

中国社会科学出版社

图书在版编目（CIP）数据

两汉经学与社会 / 孙晓著. -- 2 版. -- 北京 ：中国社会科学出版社，2024. 12. -- ISBN 978-7-5004-3638-6

Ⅰ. Z126.273.4

中国国家版本馆 CIP 数据核字第 2024PT8803 号

出 版 人 赵剑英
责任编辑 李凯凯
责任校对 芦 苇
责任印制 李寡寡

出 版 中国社会科学出版社
社 址 北京鼓楼西大街甲 158 号
邮 编 100720
网 址 http://www.csspw.cn
发 行 部 010-84083685
门 市 部 010-84029450
经 销 新华书店及其他书店

印 刷 北京君升印刷有限公司
装 订 廊坊市广阳区广增装订厂
版 次 2024 年 12 月第 2 版
印 次 2024 年 12 月第 3 次印刷

开 本 710×1000 1/16
印 张 19
字 数 251 千字
定 价 98.00 元

再版序言

《两汉经学与社会》第三版即将付印，实在是一件高兴的事。这部书初版于 2002 年，再版于 2006 年，2011 年还被韩国学者译成韩文，在韩国成均馆大学出版社出版。一种学术著作能够多次再版，或许可以说，它还有点生命力，它的研究成果多多少少得到学界的认可。

这些年，我一直致力“今注本二十四史”项目，并主持了今注本《汉书》校注，读过不少秦汉史研究文章。经年以来，秦汉史的研究成果层出不穷，问题触及各个侧面，几近巨细无遗，无所不包，且磨砥刻厉，钻坚研微。与他们相较，《两汉经学与社会》的某些考论，显然有些单薄。近半年来，在修订校改过程中，我或许也能看到本书一些难能可贵的优长。

用二重性理解传统中国社会，是我解读历史问题的基本方法，离开这一方法，我们就无法理解古代社会的一些基本问题，无法理解秦汉社会是新秩序与旧制度的混合体；无法理解两汉经学为什么面对国家与社会显现的首鼠两端；无法理解儒家学说为什么以社会规范国家，而法家学说却以国家整合社会。其实，这方面值得思考与研究的问题还有很多，假以时日，用二重性的方法，解读古代社会问题，我或还会写一些文字。

内纯致治法则，是我在本书中确立的区别学术与宗教的标准。一个学派或学说，一旦丧失对其核心理论自我纯洁化的能力，就很容易把其理论内核固化到某一元概念之中，最后，这

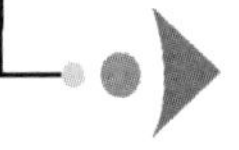

个元概念还会被人格化即神化，于是，学术就变成了宗教。确立了这一法则，可以作为解读经学与先秦诸子学说圭臬的钥匙，可以明确破解道家转化为道教的学术途径。

我总认为，通过史料的叙事，只能看到历史的背影，而历史的真容却难以窥见。历史的真容不是具象的，而是抽象的，只有通过缜密的思考，或许能够接近。若是如此，堆砌史料，因袭旧说，只会涂改或扭曲历史的真容。譬如谈到秦汉，大家都会接受班固在《汉书》所说“汉因秦制”的观点，如果就班固所处东汉而言，多少还有些道理；但若比对西汉，就不能如是说。秦实行的是郡县制，国家整合以地缘为基础；汉代实行的是郡国制，国家的整合建立在地缘与血缘二重基础之上。就西汉早期制度来说，汉制更近于周制。西周建国后，是凭借调和地缘与血缘关系治理国家的。周的王畿以两京为核心（镐京和洛邑），归周王直辖，东方其他地域则为封国。西汉建立后，郡县一仿周制，郡县也以长安、洛阳为中心辐辏，东方大部分地区，则为封国。这种政体形态，与周制相同，或许说“汉因周制”更为妥帖。司马迁的《史记》，就没有“汉因秦制”的说法。

因为自古至今学界接受了“汉因秦制”的观点，所以才有秦汉制度奠定了中国两千多年政治制度基本格局的说法。汉代的确在很多方面接受了秦中央专制集权制度，但是要注意，这种接受有一个历史演化的过程，不是因袭而是扬弃。秦汉政治制度要作“政与制”的区别，这对于理解秦汉社会非常重要。秦在中央专制集权制度建设方面功不可没，可完备的制度为什么不能保证秦王朝运隆祚永？仅存续14年，二世而亡。无独有偶，王莽的新朝，也擅长制度创新，土地制度从王田制到均田制、官僚制度的三公九卿制、教育制度的太学，等等，均为东汉及后代接受，可新朝只享国15年。还有隋朝，与秦一样，是结束了几百年分裂后建立的大一统王朝，对传统制度建设更

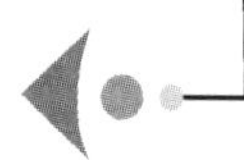

是贡献益多，如五省六曹制、科举制度、输籍法，等等，无不成为传统中央专制集权制度建设的重要内容。但隋的国祚只有38年。为什么完善的制度无法保证一个王朝的长治久安，反而加速了王朝的解体？因为这些王朝“制与政不洽”。

制即制度，政即行政，理解一个政体，必须要把两者分开。如果把一个政体理解为制度的集合，而不关注制度如何运行，肯定不能正确解析这个政体。中国两千多年中央专制集权的政治模式，其实是秦制与汉政的整合，是汉代人为中央专制集权政体确立了运行方案，汉政的形成得益于两汉经学的传播与地位的巩固。所以在《两汉经学与社会》一书中，我才明确地说：“汉因秦制是旧调，秦制汉政开新谱。”

这些年来，沿着这一思路，我还有些心得，譬如，“制与政不洽”的原因，是因为中央专制集权过于强调制度的作用，以制规政，结果把一个有机的政体变成一个“僵尸”，导致王朝的败亡。古代国运长久的大一统王朝有一个特点，即以政启制，即制度的废立，必须因应运作实践的需要。实际上，以制规政的王朝，不是集权政治，是极权政治。商鞅变法讲“事皆决于法”，讲的是以法治国。可是到了秦始皇“独操主术以制听从之臣，而修其明法，故身尊而势重也”，以至于“事无小大皆决于上”，便是极权了。极权的王朝基本都是短命的。

与秦不同，西汉建国后，以政启制，汉政有为和不为、先后、轻重、缓急、清浊诸多特点，于是我们可以看到秦制新，汉制旧，汉制是对周、秦及六国制度的改造；秦制急，汉政缓，汉政有长者气。汉代制度来自于行政需求，切合实际、符合习惯，能更好继承传统行政的优点。所以历代王朝，以政启制则兴，以制启政则亡。

感谢中国社会科学出版社，感谢赵剑英社长，感谢孙萍主任、李凯凯先生等同仁，这本菊老荷枯的小书，能够以灿然一新的容貌再次与读者约会，完全仰仗他们辛勤的劳作。这些年来，他们勤勤恳恳地编缀中国的思想文化之云锦，裁月镂云、金针度人，制作出一件件炫丽多彩、缥缃满目的锦衣华服。他们的努力，让人感佩！

孙　晓

2024 年 10 月 21 日于北京御景园

目　　录

第一章　新秩序与旧制度

——两汉经学兴盛的历史背景

第一节　从两汉经学看学术发展的内纯致治法则

学术的发展自有规律。我们认为：一学说发生与发展均遵循学术发展的“内纯致治法则”。“内纯”是指一学说或学派在其发展过程中，必须不断地纯洁自身，不断地寻找理论内核合理性。一学说或学派在认知层面上理论深化，是其发展的基本特征。“致治”是指一学说或学派在其发展过程中，必须不断地开发自身，不断地寻找功能的实用性。一学说或学派在表达层面上功能的开拓，是其发展的外部特征。概而言之，内纯致治是指学术流派在发展的过程中，必须保证理论内核的纯洁和深化，并因时制宜，拓展理论的实用功能。①

内纯致治是学术流派发展的一般法则，确立这一法则，便宜于区别学术与宗教。一学派或学说一旦丧失内纯化，便把理论内核固定于某一元概念假设之中（这一元概念一般会幻化成具有

① 关于认知与表达，请参见拙著《作为知性过程的历史》，《心斋问学集》，团结出版社 1993 年版。

人格的神，或元概念本身人格化与神化），学术学说就变成宗教学说，学术流派变成宗教流派，学术变成宗教；确立这一法则，便宜于解释学说兴衰的原因。一学说兴盛，来源于致治力的强化，致治力的强化不但使学说迅速普及，而且还会为学说理论内核深化提供营养；学说的衰败，在于致治力的丧失，致治力的丧失不但使学说影响范围缩小，而且还会使学说理论内核深化的营养枯竭。

两汉经学是我国历史上一个重要学术流派。经学的原身是先秦儒学，至西汉武帝时期获得“独尊”后，其隆显的社会地位远非其他学术流派可及。就其本质而言，经学是学术学说，而不是宗教学说。我们承认，在两汉今文经学的勃兴时期，今文经学与谶纬思潮的糅合，产生出一种把经学神学化的倾向。但是，作为学术流派的经学，其内纯化的过程并未停止。古文经学的兴起便是对经学神学化的反动，是学术流派反躬自省、自我纯洁的必由之路。实际上，从学术史角度来看，两汉经学同样是对先秦儒学内纯化的过程。两汉以降的魏晋玄学，宋明理学、心学，清代汉学亦可以视为经学的内纯过程。我们同样承认，在我国历史上，尤其两汉时期，有一种把经学始祖孔子神化的冲动。但是，孔子被尊为圣人后便戛然止步。圣人不是神人，圣人不过是人间“事无不通”的智者，[①] 而不像神人，已超凡脱俗，远在天上，“阴阳不测”。[②]

两汉经学是儒学内纯化的一个过程。儒学一派，自孔子创立后，其内纯化从未停止。孟子“尽心知性，知性知天”的思想，[③]

---

① 《尚书·洪范》：“聪作谋，睿作圣。”传：“于事无不通谓之圣。”

② 《易经·系辞上》：“阴阳不测之谓神。”注：“神也者，变化之极，妙万物而为言，不可形诘者也。”

③ 《孟子·尽心上》：“尽其心者，知其性也。知其性，则知天矣。”

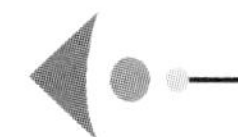

荀子“制天命”的主张,[①] 韩非子的“参验”论、[②] “圣人不期修古，不法常可”的批判精神,[③] 所有这些均是先秦儒家门徒对儒学理论内核合理性的探索，是儒学自身内纯化的标志。至两汉时期，被“定为一尊”的儒学，虽贵称为经学，其自身的内纯化并未停止。

西汉初期，学者多以寻找秦亡原因发端，其探讨大都着力于致治，但也不免涉及对儒学一些基本命题的思考。贾谊的“性三品”说便是从人性本体角度，对聚讼于先儒之间“性善”与“性恶”说的一个新的解释。[④] 而这种解释则又为后来的两汉儒者所接受。董仲舒则以“圣人之性，斗筲之性，中民之性”予以阐发。[⑤] 人性分为“三品”，意义在于从理论上完成了对“教化”功能合理性的论述。世上之人，多为中性之民，“故其可忧者唯中主尔，又似练丝，染之蓝则青，染之缁则黑”。[⑥] 东汉王符亦说：“上智与下愚之民少，而中庸之民多。中民之生世也，犹铄金之在炉也，从范变化，惟冶所为，方圆薄原，随镕制尔。”[⑦] 表面看来，“性三品”说是先秦儒学孟子一派“性善”说和荀子一派“性恶”说的折中，然而这种折中的解释无疑适应了汉代的社会需要，是学术发展从内纯到致治的必然反映。

西汉中期，促使儒学向经学转化并定为一尊，首当其功者应

---

① 《荀子·天论》：“大天而思之，孰与物畜而制之？从天而颂之，孰与制天命而用之？望时而待之，孰与应时而使之？因物而多之，孰与骋能而化之。”

② 《韩非子·显学》：“无参验而必之者，愚也；弗能必而据之者，诬也。”

③ 《韩非子·五蠹》。

④ 参见《新书·连语》。

⑤ 《春秋繁露·实性》：“圣人之性不可以名性，斗筲之性又不可以名性，名性者，中民之性。”

⑥ 《新书·连语》。

⑦ 《潜夫论·德化》。

是董仲舒。董仲舒“天人感应”理论的创立，则从思辨本体上，完成其对经学的理论预设。这一被现代学人视为具有浓烈庸俗神学倾向的体系，同样是一个新的折中调和的产物。它糅杂了儒道、贯通雅俗（精英思想和民间信仰），融会阴阳五行、谶纬迷信于一个体系之中。其目的有二：其一是解释皇权的合理性，其二是对至高无上的皇权加以限制。目的的二重性，是对当时儒者两重的社会地位和双重人格的反映。这一体系对我国古代社会思想影响极深且巨。

西汉中叶以后，今文经学盛行。在今文经学一派中，以公羊学为代表的“齐学”实是红极一时。齐学有把经学宗教化的倾向是不言而喻的。但是，经学的宗教化背离了学术发展的内纯外治的法则，首先遭到了今文经学内部内纯化的反抗。今文经学中的“鲁学”以谷梁学为代表，相对公羊学的虚妄，谷梁学则着重强调了“礼治”的重要性，“以礼为治”的思想和先秦儒学一脉相承，方法虽然守旧，但许多学术内纯化多以守旧方法来完成。① 在学术思想史上，以复古来革新的例证则不乏其例。

西汉末年兴起的古文经学则整体上开启了又一波经学内纯化

---

① 英国学者鲁惟一在其著《中国汉代危机与冲突》(Michael Loewe, *Crises and Conflict in Han China*, London, 1974) 一书中，分西汉政治思想为两大对立派别。一为“时新派”(modernist)，传统来源于秦，崇尚国家控制，强调君王权威和官吏奉法行令，时新派偏重于今文家、公羊学。二为“改造派”(reformist)，传统来源于周代，崇拜天并相信灾异，反对对民众过分控制，强调皇帝道德的表率作用。改造派偏重于古文家、谷梁学（此观点又见于《剑桥中国秦汉史》第八卷第二章）。这一问题虽新奇，但问题较大。仔细分析今、古文差别与《公羊》《谷梁》异同，则可以看出，今文学、公羊学传统非来源于秦，他们虽强调君王权威，但更倡导德治，更相信灾异迷信。此问题在阎步克《士大夫政治演生史稿》第九章（北京大学出版社 1996 年版）与陈苏镇《汉代政治与〈春秋〉学》（中国广播电视出版社 2001 年版）一书引言均有讨论，但未展开。其中阎氏把 modernist 改译为“现世派”，“reformist”改译为“革新派”。笔者究鲁惟一氏本意，以为从《剑桥史》译本较妥。

思潮。古文经学以崇奉周公来对抗今文经学对孔子的神化。在古文经学中，孔子不再是受命的素王，而只是一代先师；孔子不是“托古改制”，而只是“信而好古，述而不作”，经文不过是史料。而对今文经学与谶纬相结合的倾向，亦作出批判，斥纬书为诬妄。今古学术思潮兴衰，实际上是学术发展内纯致治法则的必然表现。至东汉以降，今文经学与古文经学逐渐融合，融合后的经学遂成为社会主流的思想学说。在我国古代社会，儒学从未蜕变为宗教学说，其原因在于，儒学自身的内纯化从未停止，而内纯化是一学说得以纯洁自新并独立存在的根本。在这一点上，儒学有别于道学，道学在确立了道作为元概念预设后，便丧失了内纯化，道学则很容易被改造成为道教。同样，儒学在每一个时代均得到重视，成为社会主流思想学说。究其本源，儒学对自身致治力的拓展亦从未停止，而致治力又是使一学说蓬勃兴盛作用于社会的理由。在这一点上，儒学有别于墨学，墨学在秦汉时期的衰落，与其致治力开拓不够有较大关系，故此时的墨学流为隐学。

综上所述，我们对学术发展的内纯致治法则有了初步的了解。以下将以两汉经学为例，结合其所处的特殊社会背景，进行较深入的探讨。

第二节　宗法制与编户制

关于宗法制，一般的看法皆从《礼记·大传》：

> 别子为祖，继别为宗，继祢者为小宗。有百世不迁之宗，有五世则迁之宗。百世不迁者，别子之后也。宗其继别子之所自出者，百世不迁者也。宗其继高祖者，五世则迁者也。

别子是指国君嫡长子之弟。别子分出自立一家，由其长子继承，称为大宗，这样世袭下去，所以百世不迁。别子之庶子的子孙只能继承其父（祢），称为小宗，超过五世就不再有服丧服的规定，所以五世则迁。由此可以看出，这种基于血缘关系的贵族社会组织制度，是专门“为大夫以下设，而不上及天子诸侯”。[①]把宗法制视为士大夫阶层的社会组织制度的看法，被一般学者称为狭义的宗法制。也有一些学者更愿从宽泛意义上理解宗法制，把从大宗到小宗这种树状结构的社会组织制度作为先秦社会制度的基本形态，天子诸侯亦视作这一结构中的一环。

虽然对宗法制有种种不同的解释，但其以血缘为纽带的社会组织的基质是被人们肯定的。宗法制作为血亲组织，其关系涉及当时社会生产生活、政治行政各个方面。宗法制度是构建先秦社会秩序的基本单元。以下我们将根据前人研究成果,[②] 综述宗法制的一些显著的特点。

宗法制是一种祭祀制度。“宗”字，金文写作“[illegible]”，意为祖庙，《左传·昭公二十二年》：“无宁以为宗羞。”杜预注：“言华氏为宋宗庙之羞耻。”宗的本义既为祖庙，就可以转引为祖宗、先祖。《左传·成公三年》：“使嗣宗职。”杜预注：“嗣其祖宗之位职。”宗当然又可引申为宗族，《尚书·五子之歌》：“荒坠厥绪，覆宗绝祀。”疏：“太康荒废，坠失其业，覆灭宗族，断绝祭祀。”《左传·昭公三年》：“肸之宗十一族。”杜预注：“同祖为宗。”《尔雅·释亲》：“父之党为宗族。”同祖共祭是宗

① 王国维：《观堂集林》卷10《殷周制度论》。

② 关于宗法制度，可以参看清程瑶田《宗法小纪》、王国维《观堂集林》有关论述，杨宽《试论西周春秋间的宗法制度和贵族组织》等论著。阎步克《士大夫政治演生史稿》以“政统”与“亲统”来表述“大宗”与“小宗”关系，颇有新意。拙作《夏、商、西周三代社会性质问题初探》也论及此问题。

族的重要特征。祭祀必须有一套规则，这就是宗法。宗法一词虽然起源较晚，但先秦文献中对宗族祭祀规则的记载比比皆是。故《正字通·宀部》云："宗，凡言宗者以祭祀为主，言人宗于此而祭祀也。"

宗法制是嫡长子继承制度。共祭一祖而形成宗族，但是，若无完善的继承制度，不但祭祀规则会混乱，而宗族共同体也难以为继。宗法制继承制度的鲜明特征就是嫡长子继承制。嫡长子即宗子，宗子承继大宗，为同宗共尊，所以称"宗子"。《诗经·大雅·板》："怀德继宁，宗子维城。"郑玄笺："宗子谓王之適子。"《诗经·小雅·白华序》："以妾代妻，以孽代宗。"郑玄笺："孽，支庶也；宗，適子也。"《礼记·大传》："别子为祖，继别为宗。"郑玄注："别子之世適也，族人尊之，谓之大宗，是宗子也。"孔颖达疏："宗是祖之正胤，故敬宗。"嫡长子继承的主要是祭祀权，① 对于这种权力的肯定，使宗族演化有了一脉清晰的主线。宗族共同的象征得以保存。所以郑玄说："尊祖故敬宗，敬宗故收族。"②

宗法制是社会生产生活的组织制度。在宗族内部，生产与生活是有一定规则的。考虑到宗族整体利益，族长对宗族的居住地拥有选择权。这种情况在宗法制形成初期，在地广人稀的背景下较为常见。《诗经·大雅·公刘》记载了这一情况。《毛传》云："公刘居于邰而遭夏人乱，迫逐公刘，公刘乃……迁其民邑于豳焉。"《史记·周本纪》则说，因避薰育戎狄，"乃与私属遂去豳，度漆、沮，跃梁山，止于岐山"。在宗法制成熟时期，在人口基数增大、国家对社会控制力加强的背景下，宗族迁徙则不容易；宗族生产、生活亦井然有序。"畟畟良耜，俶载南亩，播厥百谷，实函斯活。或来瞻女，载筐及莒。其饟伊黍，其笠伊

① 《礼记·曲礼下》："支子不祭，祭必告于宗子。"

② 《礼记·大传》郑注。

纠……其比如栉，以开百室。百室盈止，妇子宁止。”① 宗族的生产形式是集体耕作，而生活则以家庭为单元，所以往地里送饭是各家分开的。在宗法制晚期，随着社会生产力水平的提高，集体生产形式逐渐为个体家庭生产所取代。个体家庭独立性的强化，是宗法制瓦解的重要原因。

宗族是以父系为主干形成的血缘共同体，宗法制是规范宗族行为的准则。血缘共同体是先秦社会基本的单元，先秦社会的生产生活秩序与政治统治秩序均建立在这些基本单元之上，所以，理解宗法制度的本质则有助于我们认识先秦社会的性质。同时，也应该看出，宗族这一血缘共同体作为社会的基本单元，其牵涉的社会关系是多方面的。关于血缘共同体的财产关系、土地制度、赋税、兵役形式、社会阶层的定义，我们在以下各节中，将有所侧重予以讨论。

宗法制的破坏自春秋已见端倪。“诸侯争霸”破坏了社会政治统治秩序，“礼坏乐崩”是宗法制度混乱的实际反映。宗法制度被破坏的真正动力来源于社会生产力水平的提高和个体家庭独立性的加强。个体家庭取代宗族而成为社会基本单元已是大势所趋。为适应这一新的社会变化，晋国晋惠公六年（前 645 年）始“作爰田”“作州兵”。《左传·僖公十五年》记载：

> 晋侯使郤乞告瑕吕饴甥，且召之。子金教之言曰：“朝国人而以君命赏，且告之曰：‘孤虽归，辱社稷矣。其卜贰圉也。’”众皆哭。晋于是乎作爰田。吕甥曰：“君亡之不恤，而群臣是忧，惠之至也。将若君何?”众曰：“何为而可?”对曰：“征缮以辅孺子，诸侯闻之，丧君有君，群臣辑睦，甲兵益多，好我者劝，恶我者惧，庶有益乎!”众说。晋于是乎作州兵。

① 《诗经·周颂·良耜》郑玄笺：“百室，一族也。”

“晋国‘作爰田’之后，国野的公社农民都有了可以‘自爰其处’的永久的份地，这样，原来的赋税制度和军事制度也就相应地要有所改变。”① 个体小农家庭永久份地的取得，一方面是小农家庭独立性加强的结果，另一方面又有力地促进了小农家庭从宗族共同体的分离。在晋国“作爰田”之后，鲁国在宣公十五年（前594年）实施“初税亩”。

《左传·宣公十五年》：“初税亩，非礼也，谷出不过藉。”

《公羊传》：“税亩者何？履亩而税也。”何休注：“时宣公无恩信于民，民不肯尽力于公田，故履践案行，择其善亩，谷最好者，税取之。”

《谷梁传》：“初税亩者，非公之去公田而履亩十取一也，以公之与民为己悉矣。”

“履亩而税”的税亩制度是一项重要的赋税制度改革。宗法制度下的土地分公田与私田，个体小农家庭赋役而不赋税。

《诗经·小雅·大田》：“有渰萋萋，兴雨祁祁。雨我公田，遂及我私。”在这种土地制度下的农民：“方田而井，井九百亩，其中为公田，公家皆私百亩，同养公田。公事毕，然后敢治私事，所以别野人也。”② 税亩制改力役为田亩税是宗法制下土地制度瓦解的必然结果。从土地制度改革到赋税制度的改革，并直接促进了新的兵役制度产生。诸多的改革在春秋末年其他诸侯国均见征兆。

至战国时期，宗法制度进一步遭到全面的破坏，以宗族为基石的社会秩序处于混乱之中。为整合社会秩序，适应新的社会关系的激烈变化，各诸侯国相继推行变法。由于各国社会背景有一定差异，各国变法的具体措施不尽相同，但主要内容还是集中在

---

① 林甘泉：《中国封建土地制度史》，中国社会科学出版社1990年版，第38页。关于“作爰田”，自古至今，学者看法差异较大。

② 《孟子·滕文公上》。

以下各方面。第一，打击旧的宗族贵族，实行小家庭政策。吴起在楚变法时说："大臣太重，封君太众，若此则上逼主即下虐民。"[①] 商鞅变法时规定："民有二男以上不分异者，倍其赋。"[②]这些政策措施，符合当时社会的实际状况。第二，通过土地赋税制度的改革，强化个体家庭社会地位。战国时期各国变法是晋"作爰田"与鲁"初税亩"的沿袭，目的是通过国家政策手段，对个体家庭所占份地予以肯定。秦国商鞅变法的一条重要措施是"为田开阡陌封疆"。《汉书·地理志》说："孝公用商君，制辕田，开阡陌，东雄诸侯。"颜师古注引张晏曰："周制三年一易，以同善恶，商鞅始割裂田地，开立阡陌，令民各有常制。"在赋税方面，实行"訾粟而税"，以使赋税制度适应新的土地制度，达到赋税公平。第三，通过奖励耕织，发展个体小农经济。李悝在魏时，为魏文侯"作尽地力之教"。[③] 商鞅变法时，"僇力本业，耕织致粟帛多者复其身"。[④] 辛勤劳动增加粟帛生产的家庭，可以免除徭役。第四，通过限制商业发展的政策，保护个体小农家庭。李悝变法时，创立"平籴法"，国家建立粮仓，半年由国家购进自耕农余粮，在荒年则平价出售官府存粮，借以平衡粮价，防止商人从中盘剥，导致小农家庭经济破产。李悝认为："籴甚贵伤民，甚贱伤农。民伤则离散，农伤则国贫。"商鞅变法时亦规定："事末利及怠而贫者，举以为收孥。"[⑤] 并"贵酒肉之价"，"重关市之赋"。[⑥] 强本抑末政策遂为秦汉及以后各王朝沿用不废。第五，通过奖励军功，强化个体小农家庭；通过立功受爵，整合社会等级秩序。战国时期，各国变法相同一点，就是

---

① 《韩非子·和民步》。

② 《史记》卷8《商君列传》。

③ 《汉书》卷24《食货志》。

④ 《史记》卷8《商君列传》。

⑤ 《汉书》卷24《食货志》。

⑥ 《商君书·垦令篇》。

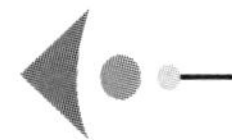

都制定了一套军功赏田、赏爵制度。商鞅变法，明确提出根据军功“明尊卑爵秩等级，各以差次名田宅，臣妾衣服以家次，有功者显荣，无功者虽富无所芬华”。[①]《商君书·境内》云：“能得甲首一者，赏爵一级，益田一顷，益宅九亩，一除庶子一人。”《韩非子·定法》载：“斩一首者爵一级，欲为官者为五十石之官；斩二首者爵二级，欲为官者为百石之官。”以军功授爵，打破了旧的宗法世卿制度，同时，在诸侯争霸、战乱迭起的社会背景下，又是提高将士战斗力的有效手段。第六，严刑峻法，加强国家对个体小农家庭的支配权，整合社会秩序。与宗法制的社会统治形式不同，战国以降，个体小农家庭已成为社会的基本单元，面对血缘关系为纽带的社会组织的溃败和独立且分散的个体家庭兴起，国家对社会的控制手段也不得不更改，宗法制度下“礼治”逐渐为“法治”取代。战国时期的变法思潮，是以确立法律的绝对权威为核心的，这是春秋时郑国“铸刑书”、晋国“铸刑鼎”的继续。把法作为国之“权衡”，强调了君王的“独制”之权；[②]把法作为“制民之本”，则可以达到国家对个体家庭的直接支配，“故善治者塞民以法”。[③]

宗法制是先秦社会制度的典型特征。一般认为，中国传统社会是宗法社会，这是对宗法制的一种宽泛的理解，是指中国古代聚族而居、同宗一祖的村落形式，在同宗的村落中，各家生产生活是独立进行的。但是，先秦的宗法制却是以族为基本单元，家庭尚未独立于宗族。实际上就先秦情况来说，严格意义上的宗法制似乎是周代的制度，只适用于大夫以下阶层。王国维指出：“商人无嫡庶之制，故不能有宗法。藉曰有之，不过合一族之人，奉其族之贵且贤者而宗之。其所宗之人，固非一定而不可

① 《史记》卷68《商君列传》。此段文字，学者句读颇异。

② 《商君书·修权》：“权者，君之所独制也。”

③ 《商君书·画策》。

易，如周之大宗小宗也。周人嫡庶之制，为天子诸侯继统法而设……复以此制通于大夫以下，不为君统而为宗统。于是宗法生焉。”① 王氏以为商人实行兄终弟及，故无宗法制度，也许是对的，但其推论方面颇有问题。对此李亚农先生有不同看法：

> 殷人之所以没有宗法，并不是因为他们无嫡庶之制，而是因为他们之进入奴隶制阶段，为时已久，氏族制时代的种种制度，湮灭殆尽的缘故。其次，王氏还有一个错误，就是他认为宗法是从继统法产生出来的。其实正正相反，继统法才是从宗法产生出来的。周人灭殷之际，周族还停留在氏族制社会末期，私有财产刚刚出现，家长奴役制已经开始，儿子继承财产的父系制已获得了不可动摇的基础；在这种情况下，为了继承财产，确定财产的继承者，于是产生了宗法制度，和执行这一制度的氏族机构。后来周人为了统制殷族，就把这些氏族制度的机构，变成了国家机关。换言之，就是把宗统变成了君统，把宗法变成了天子诸侯的继统法。王氏由于不懂得社会发展的规律，遂作出本末倒置的结论。②

其实王氏与李氏的看法都有可商兑之处。囿于学术背景，王氏的确没有厘定氏族制度与宗法制度，以为“商人无嫡庶之制，故不能有宗法”。同样，囿于理论背景，李氏从奴隶社会私有制到继统权这番推论也很牵强。王氏的论述基本辨明了广义宗法制和狭义宗法制。而在李氏以下的论述中，基本未能区别这两种意义，而且还把先秦宗法制与秦汉以后的宗法制混淆了。宗法制度不是无本之木，无源之水。早期的宗族和氏族其实并不容易区别，氏族是以血缘为中心组成的社会组织，而宗族亦然。一般来

---

① 《观堂集林》卷10《殷周制度论》。

② 《李亚农史论集》，上海人民出版社1962年版，第13页。

讲，商代的王国具有氏族部落联盟性质，周代的王国，尤其在周早期那种部落联盟气氛亦很浓烈。所不同的是商人信鬼，这与民族图腾崇拜有关，而周人追宗认祖，这是典型的祖先崇拜。正因为如此，可以认为宗族是氏族的衍生或变种。随着社会的进步，宗族不断分化，宗族规模也不断缩小，其先天的氏族性质也逐渐消亡。

很多学者在讨论先秦社会时，多避免正面涉及宗法制。[①] 因为澄清这一制度实质与特点常会使自己陷入自相矛盾的境地。一些学者从侧面论及宗法制时，也常常以广义上的宗法制作概括，也有把先秦的宗法制与秦汉以后的宗法乡村混为一谈者。关于秦汉的宗法乡村，在以下各节中，我们还会讨论。

至战国时期，由于社会生产力的发展，个体小农家庭十分兴盛，宗法制度遭到破坏，处于解体过程中。在宗法制的废墟上，一种新的规范社会秩序的制度逐渐确立，这就是编户制。

编户亦称编户齐民，秦汉时特指编入国家户籍的平民。

《史记·货殖列传》："夫千乘之王，万家之侯，百室之君，尚犹患贫，而况匹夫编户之民乎！"《汉书·食货志》："其为编户齐民，同列而以财力相君，虽为仆虏，犹亡愠色。"颜师古注引如淳曰："齐，等也。无有贵贱，谓之齐民，若今言平民矣。"《汉书·梅福传》："孔氏子孙不免编户。"

编户制是一种户籍管理制度。按一户一籍的形式管理社会居民，整合社会秩序，在战国各国变法时已见端倪。秦献公十年（前375年），开始实行"为户籍相伍"，即以五家为一伍，编造

① 林甘泉先生用"家族公社"与"农村公社"来讨论先秦社会所有制形态，并认为"家庭公社先行于农村公社"。这一看法很有意义，但在其论述中未能展开。参见林甘泉《中国封建土地制度史》第一章，中国社会科学出版社1990年版。

户籍。秦孝公继位后，“令民为什伍，而相收司连坐”。[①] 连坐法以户籍为基础，通过户籍达到对社会的有效控制。《商君书》对当时户籍的具体形式有所描述，对建立户籍制度的目的亦不掩饰。《境内篇》说：“田境之内，丈夫、女子皆有名于上。”《去强篇》说：“举民众口数，生者著，死者削，民不逃粟，野无荒草，则国富。国富则强。”在商鞅变法的各项措施中，户籍制度与“废井田，开阡陌”后实行的新的土地政策密切相关联。凡是成家立业名列户籍的男子，按一夫百亩授予田地。因军功赐爵者还可以加赐土地，并把实受与加赐的土地登在户籍上，中央政府只要通过户籍便可以清楚掌握国家人口与土地状况。

秦统一前后，在其统治区域，开始全面整顿户籍制度。秦王政十六年（前231年）“初令男子书年”。[②] 此事发生于秦统一前十年。“十六年，七月丁巳，公终。自占年”，[③] 这里十六年也是指秦王政十六年。

秦朝编户户籍的具体登录形式，尚无详细的文献记载，但是，我们通过零散的资料可窥一斑。《睡虎地秦墓竹简·封诊式》有份题为“封守”的爰书：

> 封有鞫者某里士伍甲家室、妻、子、臣妾、衣器、畜产。●甲室，人：一宇二内，各有户，内室皆瓦盖，木大具，门桑十木。妻曰某，亡，不会封。●子大女子某，未有夫。●子小男子某，高六尺五寸。
>
> 臣某，妾小女子某。●牡犬一。

爰书不是户籍，但我们由爰书的内容可以推知当时户籍的格

---

① 《史记》卷68《商君列传》。

② 《史记》卷6《秦始皇本纪》。

③ 《睡虎地秦墓竹简·编年记》，文物出版社1978年版。

式。爰书说："以某县丞某书，封有鞫者某里士伍甲家室、妻、子、臣妾、衣器、畜产。"这个被查封的士伍甲的家室成员和财产，在政府的户籍册上应该有登记。有学者认为秦代实行土地国有制，所以秦简中未见有土地记载。但是秦始皇三十一年（前216年）颁布了"使黔首自实田"的命令，既然秦王朝以行政手段强令全国民户申报田地，那么土地也应该是户籍登记的一项重要内容。《封诊式》所载子女不以男女为序，而以年龄大小为序。对男子所记载的是身高而不是年龄，这应是秦国早期户籍登记的习惯。到了汉代，年龄在户籍登记中的重要性提高了。《急就篇》第二十九章云："籍受证验记问年。"

同时，编户制又是户籍制度的一种。秦汉时期，针对不同身份的人，采取不同的户籍管理形式。商鞅变法时，规定"宗室非有军功论，不得为属籍"。① 可见当时的宗室贵族有宗室籍。《汉书·文帝纪》载："夏五月，复诸刘有属籍，家无所与。"《汉书·平帝纪》诏曰："赐九卿以下至六百石，宗室有属籍者，爵五大夫以上各有差。"宗室籍在中央由宗正掌管。宗正"掌序录王国嫡庶之次，及诸宗室亲属远近，郡国岁因计上宗室名籍"。② 秦代又有宦籍，《史记·蒙恬列传》记载，赵高为中车府令，"有大罪，秦王令蒙毅法治之。毅不敢阿法，当高罪死，除其宦籍"。宦籍专门为官僚而设，到了汉代，宦籍已不见记载。此外，秦汉时，对于赘婿、商人和罪人亦有专门户籍。《睡虎地秦墓竹简·魏户律》："自今以来，假门逆旅，赘婿后父，勿令为户，勿予田宇。三世之后，欲仕仕之，仍署其籍曰：故某虑赘婿某叟之仍孙。"③ 文中"假门"即贾门，指商贾；逆旅是旅商的主人。他们和赘婿一样，不能入一般编户籍。这些人要经过三

① 《史记》卷68《商君列传》。

② 《续汉书·百官志》宗正条本注。

③ 《睡虎地秦墓竹简》，文物出版社1978年版。

代之后，其后代才可以做官，但仍要在户籍上注明是某里某赘婿的曾孙。汉武帝天汉四年（前 97 年）发天下七科谪出征匈奴，《汉书·武帝纪》注引张晏曰："吏有罪一，亡命二，赘婿三，贾人四，故有市籍五，父母有市籍六，大父母有市籍七，凡七科也。"七科谪始于秦代，说明秦代已有市籍。西汉时，市籍一项十分严格，汉初规定"市井之子孙亦不得为吏"；① 汉武帝下令"贾人有市籍及家属，皆无得名田"。② 至东汉时，市籍一项已不见记载，这大概缘于豪强地主势力的强化。在秦汉的户籍制度中，傅籍是重要的一项，"傅，著也。言著名籍，给公家徭役也"。③ 傅籍就是把成年男子登录在国家徭役名册上。《睡虎地秦墓竹简》有《傅律》，即有关傅籍的法律规定。凡是隐匿成童，申报废疾不确实的，以及属于免役老年之人而不加申报的，里典、伍老都要受到处罚。④ 汉代的傅籍是秦傅籍制度的延续，只是"始傅"的年龄有所变化。⑤

户籍管理是秦汉王朝重要的行政手段，是政府整合社会秩序的基本方法。根据个人出生与国家赋役的需要，以每家每户为基本单元，编定户籍。尽管秦汉时期有各种各样的户籍，⑥ 但以平民为对象的编户齐民籍是最基本和最重要的户籍制度，是秦汉社会行政的基石。有关汉代口数与户数的记载有 14 处，分别来源于《汉书·地理志》《续汉书·郡国志》《晋书·地理志》与皇

---

① 《史记》卷 30《平准书》。

② 《汉书》卷 24《食货志》。

③ 《汉书》卷 1《高帝纪》颜师古注。

④ 《睡虎地秦墓竹简·秦律杂抄》，文物出版社 1978 年版。

⑤ 《汉书·景帝纪》二年（前 155 年）："令天下男子二十始傅。"景帝二年以前是以二十三岁"始傅"；景帝二年把年龄提前了三年。但据《盐铁论·未通篇》所说："今陛下哀怜百姓，宽力役之政，二十三始傅，五十六而免。"则昭帝时又改为二十三岁。

⑥ 参见拙作《秦汉户籍制度考述》，《中国史研究》1993 年第 4 期。

甫谧的《帝王世纪》。综合14处口户的记载，我们可以以口户比的形式，测算出两汉家庭口数。西汉的记载有两处，均为平帝元始二年（2年）的口户数，其中《汉书·地理志》所记载口户比为4.87，《帝王世纪》为4.47。东汉记载12处，口户比在4.91与5.82之间。[①] 由此我们可以知道两汉家庭口数的基本状况，大约4—5口的个体小家庭是构成秦汉社会的基本单元。

以编户制管理居民，在国家的法律面前，各编户的社会地位是平等的，这就是所谓的编户齐民。然而随着编户之民社会身份的分化，其地位并不“齐”。《史记·货殖列传》说：“凡编户之民，富相什则更下之，伯则畏惮之，千则役，万则仆，物之理也。”这说明编户之间千差万别，其经济条件与社会地位参差不齐。这种情况在西汉王朝后期至东汉尤为普遍，但我们决不能由此就认为这一时期的编户制已遭到破坏，豪强地主“义门大家”组织已是社会基层组织的基本形式，豪强地主经济形态已是社会的基本经济形态。虽然从两汉的口户比比较来看，东汉的家庭人口数多于西汉，但平均每家五口多点的基本史实，也证明了东汉社会仍是由小家庭构成的，编户制仍一脉相承地延续下来。

相对宗法制而言，编户制是一种社会行政制度，以编户的形式管理居民，以户籍的形式整合社会秩序，是秦汉以降各王朝沿用不废的基本行政手段之一。宗法制是通过共祭一祖的形式，以血亲关系为纽带施行居民管理；编户制则以县为基本行政单位，居民按什伍乡里划分相居，各列户籍，施行居民管理，户籍是“国以之建典，家以之立度”的大事。[②]《释名·书契》云：“籍者籍也，籍疏人名户口故也。”书写于竹片木牍上的户籍似有两

① 参见拙著《心斋问学集》第三编第二节“秦汉人口数量估算”，团结出版社1993年版。

② 徐干：《中论》。

种形式：第一种登录较为详细，由政府统一存档管理；第二种为个人随身所带。《史记·扁鹊仓公列传》仓公言：“诚恐吏以除拘臣意也，故移名数左右，不修家生，出游行国中，问善为方数者事之。”文中名数，即名籍，出游之人，必须随身携带。这种名籍是国家登录时抄录的发给各户的名籍副本，有似现代户口簿之类。① 以户籍管理在编之民，杜绝居民流亡逃匿，不但可以安定社会生产生活秩序，而且还使政府掌握了大量劳动力，并作为征发徭役和征收赋税的基本资源。

一般来说，宗法制以血缘关系为行政的基础，编户制则以地缘关系为行政的基础。但是仔细研究，这种看法也有问题。编户制是按什伍乡里管理居民的，什伍乡里的居民大多由同宗同姓具有远近不同血亲关系的人所组成。这是继宗法制以降，中国传统乡村社会的基本聚落形态。所以秦汉及后代相承的编户制，在行政建制上虽以地缘关系为形式，但在实际内容上，却以血缘关系为内容。编户制具有鲜明的二重性。

秦汉时期编户制的二重性特征可以从宗族中“父老”的作用来理解。汉高祖刘邦起兵后，沛县令关闭沛县城门，以拒刘邦。刘邦乃射书城上，告谓沛县父老，“父老乃率子弟共杀沛令，开城门迎刘季（刘邦），欲以为沛令”。② 刘邦入咸阳时，也曾诏诸县父老豪杰，“与父老约法三章耳”。③ 楚汉相争时，“至

---

① 这种名籍副本又称作“符”，《说文》释“符”曰：“信也，汉制以竹长六寸，分而相舍。”简牍中这类名籍较多。《睡虎地秦墓竹简·秦律杂抄》有“游士律”一条：“游士在，亡符，居县赀一甲；卒岁，责之。有为故秦人出，削籍，上造以上为鬼薪，公士以下为城旦。”游士亡符，所居之县要受到惩罚，可见符之重要。《居延汉简甲编》第三十七简文：“长安有利里宗买，年廿四，长七尺二寸，黑色。”又一七九简文：“都里，不更司马奉德，年廿，长七尺二寸，黑色。”这类名籍大概与仓公所言名籍相同。

② 《史记》卷8《高祖本纪》。

③ 《史记》卷8《高祖本纪》。

陕，抚关外父老还”。① 破项羽后，奉项羽为鲁公的鲁地不降，刘邦“示鲁父老项羽头”，鲁乃降。② 以上诸例，可以看出父老在灭秦与楚汉相争时，地位举足轻重。③ 就“父老”词面意义而言，父老应是乡里年长者。《礼经》中也说父老负责维护乡里秩序，父老所率乡民称“子弟”。由此可知，血缘辈分在父老的推选方面起决定作用。关于这个问题，日本学者守屋美都雄有较为翔实的论述。④

编户制的二重性还可以从乡官的选拔方面来理解。《公羊传·宣公十五年》何休注曰：“在田曰庐，在邑曰里，一里八十户，八家共一巷，中里为校室，选其耆志有高德者，名曰父老；其有辩护伉健者，为里正，皆倍受田，得乘马。父老比三老、孝悌官属。垦正（里正）比庶人在官。”关于秦汉时期的乡官，前人论述较多，虽看法不同，但对乡官来自乡里选拔是不持疑义的。从乡里选拔的乡官，不食朝廷俸禄，仅可得到减免役赋之恩惠，与政府委派的地方官有本质的不同。这说明秦汉时期中央集权与乡村自治均是相对的，而这种特征又在传统中国沿袭下来。

当然，在探讨编户制二重性特征时，决不能把宗法制与编户制混淆，这毕竟是两种有根本区别的社会制度。宗法制度的血缘特征十分明显，编户制则具有地缘与血缘关系的二重性。此外，在长子继承权方面，两种制度更是截然不同。

我们在上文讨论宗法制度时，指出宗法制是嫡长子继承制度。编户制形成以后，嫡长子继承权仅仅表现在对爵邑的继承方面。汉代诸王列侯的爵邑是嫡长子世袭的。但无论贵族平民，财产则诸子均分。对平民而言，嫡长子继承权已毫无意义可言。秦

---

① 《史记》卷 8《高祖本纪》。

② 《史记》卷 8《高祖本纪》。

③ 《史记》卷 8《高祖本纪》。

④ 守屋美都雄：《中国古代的家族与国家》，东洋史研究会，1986 年。

汉以降的编户制是以小家庭为基础的，财产继承制度的诸子均分似乎是一个习惯法则。西汉高祖时，陆贾出使南越，得千金。“分其子，子二百金，令为生产”。陆贾共有五子，每人二百金，诸子均分。① 陆贾分金诸子是我们探讨汉代财产继承制度常引用的典型事例。这样的例证还有很多。薛孟尝与其侄共居，侄要求分财异居，薛孟尝则奴婢引其老者，田屋取其坏者，器物取其久者，“外有共分之名，内实十三耳”。② 秦汉时期财产均分习惯则为以后各朝代沿用。我们知道，嫡长子继承制的目的在于“敬宗收族”，③ 在宗法制社会中，家庭的财产是不确定的，所以，宗法制度下的“大宗”“小宗”不只是名称和象征，而是权利与责任。但是，在编户制度下，社会生产的发展已为“析产分居”提供可能，而家庭财产的概念也逐渐明确。因此，财产的继承关系便具有了实际意义。同时，财产诸子均分继承制度与编户制度相辅相成，直接促进了编户制度的完善与发展。

以上从各方面论述了宗法制与编户制，罗列其异同，综论其特点。我们认为从这两种不同制度，可以更准确把握先秦和秦汉社会各自不同的本质与特征，为以下讨论经学在秦汉社会中的功能，提供一些社会背景的参考。

第三节　从土坯型政体到框架型政体

政体，即政治体制，指一邦国在一定时期的行政结构和政治秩序。传统历史上政体具有不同的形式和规模。从政体发展的历

---

① 《史记》卷7《陆贾列传》。

② 《风俗通义》第四《过誉》。

③ 《礼记·大传》郑玄注：“尊祖故敬宗，敬宗故收族。”见《十三经注疏》本。

史来看，有氏族民主政体、部落联盟军事民主制、城邦国家、共和制国家、世袭制国家、封建政体、君主专制政体、官僚政治帝国、贵族政体、独裁集权政体、神权政体、民主制政体等；[①] 从统治形式来看，所有的政体，又可以简化为两种形式，专制政体与民主政体；从权力结构方面来看，所有的政体，又可以简化为两种形式，即官僚制政体和贵族制政体。从意识形态方面来看，则又可以分为君权政体、神权政体……学人囿于自己的领域，对政体的见地各不相同，这不难理解。[②] 实际上，全面地分析某政体个案，就可以发现，这一政体的特征是多元的。就两汉帝国而言，郡县与王国并行，虽然是典型的官僚制政体，但又有一些贵族制政体的特征。所以现代学者便以“封建国家中央专制主义集权制”一长串词汇来描述秦汉以降的国家政体，以求准确概括其实质。但是，这一概念仍有一些龃龉之处。其一，以封建本义而言，无论是中文字词本义还是西方经典理论的标准，应是指贵族制政体，这点，有不少学者均已指出，此不赘述。其二，就传统中国政体的权力结构的实际状况而言，中央专制集权与乡村自治分权是对立的统一体。所以以专制集权来概述中国传统政体本质，则不太恰当。其三，在学术界范围内，集权与极权两个概念经常混淆互用，难以形成共识。所以，本人在此想从行政结构构成这一角度，以土坯型结构和框架型结构来论述从先秦政体到秦汉政体的结构形式。且不求纯正无误，只企望达到片面之深刻。

---

① 历史上各种政体产生与存在并非有序，而是互相交杂。见爱森斯塔德(Eisenstadt)《帝国的政体》（*The Political Systems of Empires*, New York: Free press, 1963）。

② 尼古拉·马基雅维里说：“我们知道，历史上的王国总是用两种方法进行统治，其一是君主与其奴仆的统治，这些奴仆便被君主恩赐为大臣，辅助国事，其二是君主和贵族的统治，贵族的显要地位并非来自于君赐，而来自于其血统。”参见其著《君主论》。

所谓土坯型结构是指中国传统的建筑模式。土坯是泥草麻毛混合的类似于城墙砖形状的砖胎，如现代方砖，是传统广大农村建造房屋的基本材料。用土坯垒加成墙而营造房屋的建筑形式，我们可以称为土坯型结构。这种结构的建筑，造价低廉，无设计图纸，唯以习惯使然。其建筑整体性较差，容易产生结构分裂，但难以全面颠覆。所谓的框架型结构，是现代建筑中常用形式之一。指建造时先搭建主体框架结构，然后以砖石填充框架之间，以使建筑成型。这种结构的建筑费用较高，建筑整体性较强，不容易解体，但一旦主体框架被破坏，则立即会全面倾覆。

把先秦建立在宗法制之上的政体视为土坯型结构政体是恰当的。《尚书·尧典》说："克明竣德，以亲九族，九族既睦，平章百姓。"最后达到"百姓昭明，协和万邦"。[①] 以明德亲族，到"平章百姓""协和万邦"，这种行政之道与先秦在宗法制基础上建立的政体相一致。我们知道，上文中的百姓与现在所理解的百姓不同。对当时百姓的意义有不同的意见，但一般看法是，古代平民本无姓，有姓者必有官有土。[②] 故百姓即百官，而这时的百官，也就是由各氏族部落的首领演化而来的。《尧典》所阐明的这一套行政步骤，到了秦汉以降以编户为基础的政体，则转变为与《大学》所提倡的"修身、齐家、治国、平天下"十分类似的行政步骤。[③] 其实就是"以亲九族"变成

---

① 关于九族，汉代今文经学家与古文经学家观点相异。今文《尚书》夏侯、欧阳说九族为异姓亲族，即父族四，母族三，妻族二。古今经学家认为九族应是同姓，以自己为中心，上至高祖，下到玄孙。见马融、郑玄《尚书注》，《诗经·小雅·常棣》郑玄注，《礼记·丧服小记》注等。

② 百姓由"百官"转义为平民这一变化应为春秋以后。参见杨慎《丹铅总录》卷25《琐语》，阮元《清经解》卷8，阎若璩《四书释地又续·百姓》。

③ 《大学》："古之欲明明德于天下者，先治其国；欲治其国者，先齐其家；欲齐其家者，先修其身。"

"齐家"；"平章百姓"变成"治国"；"协和万邦"变成"平天下"。《尧典》是《尚书》首篇，《大学》是《四书》首篇，成书时代不同，行政步骤在词义上的细微变化，则折射出两种政体的区别。

据史料记载，中国最早以国家形式出现的政体，蜕变于氏族部落联盟。因此，早期的国家是氏族部落的集合形式，通过战争，弱小的氏族或被消灭，或臣服于强大的氏族，并承担相应的义务。这种联盟政体，政权和族权之间没有鲜明的界限。当时氏族很多，夏禹时大大小小的氏族部落成千上万。《左传·哀公七年》载："禹会诸侯于涂山，执玉帛者万国。"但到了夏代末年，则减少为三千。① 所以《吕氏春秋·周民》说："禹之时，天下万国，至于汤三千余国。"到西周时代，数量又大为减少。《尚书大传·洛诰》载："天下诸侯之悉来进受命于周而退见文武之师者，千七百七十三诸侯。"《史记·陈杞世家》亦载："周武王时，侯伯尚千余人。"等到武庚之乱、大封天下之时，所存的氏族更显得屈指可数了。《吕氏春秋》说"四百余"，《荀子·儒效》则说"七十一国"。这与周灭商后千七百七十三诸侯是无法比拟的。

早期的诸侯实际是氏族或氏族的变体。甲骨文中，有"三族""子族""多子族"之类的记载，可以考证的氏族至少有两百个以上。②

西周灭商后，采取"封建亲戚，以藩屏周"的政策，裂土分封，大行封邦建国之道。但所分之民仍是以族为单位，其中商殷遗民便是以族为单位分封到各地。分鲁公"殷民六族：条氏、徐氏、萧氏、索氏、长勺氏、尾勺氏。使帅其宗氏，辑其分族，

---

① 《逸周书·殷祝》："汤放桀而复薄，三千诸侯大会。"

② 参见丁山《甲骨文所见氏族及其制度》，中华书局 1988 年版。

将其类丑"① 分康叔"殷民七族：陶氏、施氏、繁氏、锜氏、樊氏、饥氏、终葵氏"。② 分唐叔"怀姓九宗，职官五正"。③

作为国家形式的政体来源于氏族部落联盟，在这个意义上可以说，国王权力的大小是随着自己所处的本族力量大小而变化的。国家的建立，它需要把一些非发达的氏族融化到自身之中。在新的政体结构中，氏族、宗族或家族仍是结构中的基本板块，还自成体系。他们表面慑于王室的压力，接受一定的约束，实际上这时的王权已没有能力使自己的势力渗入到各氏族内部。《左传·昭公四年》记载的一段文字正好说明这个问题："椒举曰：'夫六王二公之事，皆所以示诸侯礼也，诸侯所由用命也。夏桀为仍之会，有缗叛之；商纣为黎之蒐，东夷叛之；周为大室之盟，戎狄叛之。'"

由氏族、宗族和家族为社会基本单位构成的政体，也有自己的政体规则，这就是礼。所以椒举说"六王三公之事，皆所以示诸侯礼也"。礼是调节王国政权与氏族、宗族和家族关系的基本准则，"礼贵于和"，④ 本义是尊尊、亲亲，这说明了当时王国政体构成的方式。

以氏族、宗族和家族为单元，依照一定形式的约定所组建的

---

① 《左传·定公四年》。又，关于殷遗民，有些史学家认为这些人在周代变成奴隶，这种看法颇不妥。如上文所载分唐叔的一部分人一直到春秋，势力还相当强大。如《左传·隐公六年》载："翼九宗五正，顷父之子嘉父，逆晋侯于随，纳诸鄂，晋人谓之鄂侯。"也有一部分殷人做了商人。《尚书·酒诰》曾提到周初时，一部分殷遗民"肇牵车牛，远服贾"的情况。更有一部分殷遗民地位还相当荣耀，他们能穿旧日的礼服，参加王室宗庙的祭祀。《诗经·大雅·文王》写道："商之孙子，其丽不亿，上帝既命，侯于周服。侯服于周，天命靡常，殷士肤敏，裸将于京，厥作裸将，常服黼冔。"参见拙著《心斋问学集》第一编，团结出版社1993年版。

② 《左传·定公四年》。

③ 《左传·定公四年》。

④ 《论语·学而》："有子曰：'礼之用，和为贵，先王之道斯为美。'"

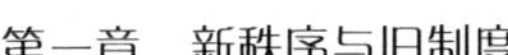

政体，我们可以称之为土坯型政体。在这一政体结构中，氏族、宗族和家族如一块块土坯，按一定模式结合在一起，土坯是基本的构建单元，相对整体结构，有自己的独立性。早期的土坯型结构政体，氏族部落联盟性质还很强烈，宗族和家族尚孕育在氏族内部，未完全独立。但是在王权产生的氏族中，由于本族势力强大，且融合了其他氏族，人口众多，社会生产与社会文化均较为先进，这个氏族已开始依照宗族和家族形式进行族务管理。在夏朝与商中期以前，大概是这种情况。中期的土坯型结构政体，公共权力得到加强，氏族之间的兼并融合，淡化了氏族之间的界限，文化的交流与传播，强化了氏族的一体性；而生产的进步与发展，又成为宗族与家族分化、独立的前提。这时的政体，王国特征十分鲜明，由于作为政体构成单元的土坯政体（宗族和家族）形状较小，所以政体的整体结构显得紧凑而缜密。从商中期到西周，大概是这种情况。晚期的土坯型结构政体，由于宗族和家族内小家庭独立倾向的发展和独立地位的确立，传统的以血缘为纽带进行行政管理的公共权力，已不适应新的形势，因而遭到破坏，土坯型结构政体处于瓦解过程中。而旧的氏族（诸侯国）因采取新的行政手段实施社会管理，其地位和独立性均得到加强。这种新的行政手段便是以地缘关系作为行政的基础。在春秋战国时期，大概是这种情况。

就以上的讨论，我们对土坯型结构政体有了基本的了解。以土坯型结构描述先秦之政体，主要以政体结构组成为基点。先秦社会是宗法制社会，土坯型结构政体与宗法制社会相适应，血缘关系是社会形成的基础，同时又是政体形成的理由。天子、诸侯、大夫等各级贵族之间，除了政治意义的支配从属关系之外，还有一层“大宗”“小宗”的血缘关系，用族权来解释政权的合理性，用政权来强化族权的支配作用。当然，这里所指的宗法制是广义的宗法制。有些学人，常会有这样的疑问：宗法制是先秦贵族的社会制度，而先秦平民的社会制度是什么样子？其实构成先秦社会的基本单元是氏族、宗族和家族，平民或平民家庭只是从属于氏族、宗族和家族的一部分，并无独立的社会地位。家庭的出现与家庭独立社会意义获得是两个不同的概念。所以这时的平民没有特殊的存在形式和社会地位。当然，顺延着这个疑问，我们又会对“礼不下庶人，刑不上大夫”① 这样的话感到困惑。似乎可以认为“礼”与“刑”标明了贵族、平民两种社会制度存在的可能。这样的困惑是错误的：其一，这句话出自《礼记》。《礼记》成书较晚，所反映的大概是春秋、战国以降的社会情况。其二，早期的刑法带有私法的性质，② 是民族、宗族或家族的内部法规；而政体统合的法则是礼，故“先王议事以制，不为刑辟”。③

结合宗法制，我们更容易理解土坯型结构政体的基本形式。这种政体的行政方式主要以血缘关系为核心，实行分族管理，政府的行政权力尚达不到每一个血亲集团的内部。政体结构的形成，以块（族）为单位，所以，整合社会秩序、维护社会团结的准则是来自于旧习惯中的“礼”，④ 土坯型政体中的职官，也是由各血亲集团的族长构成，并按照习惯法则，形成一套“世卿世禄”制度。

与土坯型结构政体不同，框架型结构政体出现，宣告了旧的政体形态的结束。框架型结构政体的产生，是小家庭分化独立的必然结果。春秋后期到战国时期，由于社会生产的进步，小农家庭经济有了长足的发展，个体小农家庭脱离了血亲宗族、家族，成为独立的社会存在。具有独立社会地位的小家庭的大量产生与

---

① 《礼记·曲礼上》。

② 中国最早的成文法之一邓析的“竹刑”，就是一部私法。据《左传·定公九年》杜预注说，邓析欲改郑旧制，不受君命，而私造刑法，书之于竹简，故言“竹刑”。

③ 《左传·昭公六年》。

④ 慎到曰：“礼从俗，政从上。”见《艺文类聚》卷38。

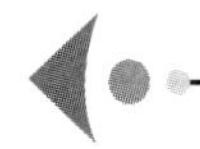

广泛存在，严重地破坏了以宗法制为基础的社会秩序，土坯型结构政体也处于瓦解过程中。为适应现实的社会秩序，各诸侯国均独立尝试用一些新的制度和方法进行行政管理。这些尝试主要表现在以下两个方面。

第一，以编户制代替宗法制。春秋后期，以成丁自立为户的小家庭构成了新的社会秩序，宗法制社会以血亲为纽带对居民进行管理的制度已遭到破坏，各诸侯国为了加强社会整合，均开始对旧的制度进行改革。关于这一问题，在上一节中已有讨论，宗法制时代户籍统计与相关制度，文献中记载较少。《国语·周语》记载，公元前 8 世纪初，周宣王败于姜氏之戎后，曾“料民于太原”。“料民”就是清查统计人口。宣王之举，遭到以大臣仲山父为首的王公们的反对。他们认为“古者不料民而知其多少”，因为国王只要通过司民、司商、司徒、司寇以及牧、工、场、禀等官员，就可知道人民的“少多、生死、出入、往来”，由此可见我国早期的户口管理与户口统计的雏形。但在宗法制社会中，王室所掌握的户口仅限于王畿。王畿以外的广大地区，各诸侯国的户籍制度均语焉不详。以宗族和家族为社会的基本单元，进行行政管理仍是上自周王室、下至各诸侯国最有效的手段。在文献记载中，以家庭为单位，实行户籍管理，最早见于秦国。秦献公十年（前 375 年），开始“为户籍相伍”，即以五家为一伍，编造户籍。秦孝公继位后，任用商鞅实行变法，“四境之内，丈夫、女子皆有名于上”。[①]“举民众口数，生者著，死者削，民不逃粟，野无荒草，则国富。国富则强。”“令民为什伍，而相收司连坐。”[②] 以家庭为单位，按户籍管理居民，是一种新的制度，适应了当时社会大量出现的以成丁自立为户的小农家庭的要求。而户籍制度的建立，又从国家制度方面，对小农家

① 《商君书·境内篇》。
② 《商君书·去强篇》。

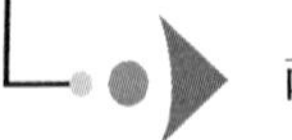

庭的独立地位给予了肯定。

第二，以郡县制代替分封制。关于郡县制，前人研究很多，① 基本澄清了郡县制产生与发展的脉络，但有些问题仍值得进一步推敲。

郡县原是单称，郡是郡，县是县。郡的起源稍晚于县，这从现存古文字遗存中可以证明。《说文》：“郡，周制。天子地方千里，分为百县，县有四郡。故《春秋传》曰：‘上大夫受郡’是也。至秦初，置三十六郡以监其县。从邑，君声。”② 姚鼐则不同意：

> 盖周法中原侯服，疆以周索，国近蛮夷者，乃疆以戎索。故齐、鲁、卫、郑名同于周，而晋、秦、楚乃不同于周，不曰都鄙而曰县。然始者有县而已，尚无郡名。吾意郡之称，盖始于秦、晋，以所得戎翟地远，使人守之，为戎翟民君长，故名曰郡。如所云阴地之命大夫，盖即郡守之谓也。赵简子之誓曰：“上大夫受县，下大夫受郡。”郡远而县近。县成聚富庶，而郡荒陋，故以美恶异等，而非郡与县相统属也。《晋语》夷吾谓公子絷曰：“君实有郡县。”言晋地属秦，异于秦之近县，则谓之曰郡县，亦非云郡与县相统属也。乃三卿分范、中行、知氏之县，其县与已故县隔绝，分人以守，略同昔者使人守远地之体，故率以郡名，然而郡乃大矣，所统有属县矣。其后秦、楚亦皆以得诸侯地名郡，

---

① 可以参见顾炎武《日知录》卷22“郡县”；姚鼐《惜抱轩文集》卷2“郡县考”；赵翼《陔余丛考》卷16“郡县”；顾颉刚《春秋时代的县》，《禹贡》半月刊第7卷第六、七合期，1937年；侯外庐《中国古代社会与亚细亚生产方式》第四章第四节，《侯外庐史学论文选集》，人民出版社1987年版。

② 沈涛：《古本考》：“案《水经·河水注》引‘上大夫县，下大夫郡’，与《左传》合。盖今本传写夺‘县下大夫受’五字。《玉篇》引作‘下大夫受县，上大夫受郡’，‘下’‘上’二字亦传写误倒。”

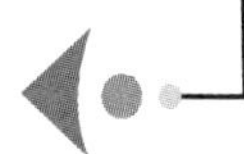

> 惟齐无郡，齐用周制故也。都鄙者，王朝本名，故晋、秦、楚虽为县，而未尝不可因周之称。而周必无郡之称，以郡者远地之称也。秦之内史，汉之三辅，终不可名之郡，况周之畿内乎?《周书·作雒篇》乃有“县有四郡”之语，此非真西周之书，周末诬僭之士为之也。①

姚氏认为郡非周制，而出自秦、晋，颇有见地，但对郡作为地方区划建置的事实并未认真剖析，仅以“以所得戎翟地远，使人守之，为戎翟民君长，故名曰郡”数语，大而概之，未得要领；而“如所云阴地之命大夫，盖即郡守之谓也”的断语，似乎更显唐突。关于郡，除《说文》以外，文献中相关的记载和解释还有以下诸种：

《左传·哀公二年》：“克敌者，上大夫受县，下大夫受郡。”杜预注：“《周书·作雒篇》：千里百县，县有四郡。”陆德明释之：“千里百县，县方百里；县有四郡，郡方五十里。”

《史记·秦始皇本纪》：“海内为郡县，法令由一统。”

《释名·释州国》：“郡，郡也。人所群聚也。”

《广雅·释宫》：“郡，官也。”②

《正字通·邑部》：“郡，县大郡小，秦并天下，郡大县小。”

《左传》中的郡与县与《史记》中的郡县是不同的。前者类似于宗法分封制度下的邑，是领地，克敌的上大夫与下大夫是封地的领主。后者则是国家的行政区划，由中央政府委派官吏直接管理。《释名》以下三种解释，均是字面意义上的解释，其中《释名》的解释恐怕本于《史记》的“人以群聚为郡”。综合以上各种看法，我认为：郡原本是一种社会聚落形式，作为国家行政区划的郡，则出现较晚；郡的规模较小，比县要小，姚氏怀疑

① 姚鼐：《惜抱轩文集》卷2“郡县考”。

② 王念孙疏证：“谓官舍也。”

《周书》“县有四郡”虽然较为武断，也还有道理，因为就郡县大小而论，我们还可以用《左传·哀公二年》的资料来佐证；郡从字形结构来讲，郡字从邑，应理解为君之邑，即国君直接管辖的采邑。根据前人考证，郡一般处在国之边疆，应视为通过战争掠取过来新的领土，新的领土归国王直接管理是可能的，当然也可以用来赏赐；由于记载郡的材料多见于与秦、晋有关的记述，故把作为行政区划建制的郡视为秦、晋制度是有道理的，这样也更容易理解秦国统一过程中和统一后采用郡县制管理国家的原因。

顾炎武说：“《汉书·地理志》言，秦并兼四海，以为周制微弱，终为诸侯所丧，故不立尺土之封，分天下为郡县，荡灭前圣之苗裔，靡有孑遗。后之文人祖述其说，以为废封建，立郡县，皆始皇之所为也。以余观之，殆不然。”① 此后，顾氏列举一系列的资料，举证郡县并非来源于秦。顾氏的说法自有所本，但郡县连称，作为一种制度，出自秦应是无疑的。对顾氏的说法，清人阎若璩校注云：“《战国策》张仪为秦连衡，说韩王，韩王曰：‘客幸而教之，请比郡县。’又张仪为秦破从连衡，谓燕王曰：‘且今时赵之于秦，犹郡县也。’又蒙嘉为先言于秦王曰：‘燕王愿举国为内臣，比诸侯之列，贡职如郡县。’又《国语》：晋公子奔秦，私于公子挚曰：‘君实有郡县。’君谓秦君，言秦亦自有郡县，则当秦穆公之世固已有郡有县矣。此证尤妙，可谓一言破的，何必纷纷。”②

至于县，后人的研究则更多。顾颉刚已指出文献中“县”一词的先后意义的差别。日本学者在顾氏基础上又有心得。③ 增渊龙夫指出：“春秋时代的县不是直接地和秦汉时代的县衔接起

① 顾炎武：《日知录》卷22“郡县”。

② 阎若璩：《日知录补正》“郡县”条。

③ 镰田重雄：《关于郡县制的起源》，《东洋史论集》，1953年。

来的，因此，它们的性质是矛盾的，必须进行一次社会组织的重大变革，这就是必须打碎过去的氏族秩序。”① 增渊龙夫对楚、晋各自的县进行了较为全面的考察，他的结论有一定的说服力。但是，截然地在秦汉的县和春秋的县之间划一个界线，也会产生一些新的疑问，若以县的本义为基点讨论县的产生与发展，我们则会得出一个更为清晰的结论。

县，本义是悬，悬挂，读作 xuán。金文写作“[illegible]”“[illegible]”。《说文》：“县，系也。从系持𥄉。”朱琣《假借义证》：“下即縣挂本字也。”林义老《文源》谓金文：“（縣）从木，人系，持首。”由此看来县作为行政区划单位名，是引申而来的。根据史料和前人的研究，县作为行政区划单位名，初流行于楚、晋，与郡一样，是对新开拓疆土的称谓。新开拓的疆土如未封赏，只好悬而不决，由国君直接管理，故称县。所以这时的县不是私邑，是公邑。郑玄说：“都县野之地，其邑非王子弟公卿大夫之采地，则皆公邑也，谓之县。县士掌其狱焉。”② 当然，也有以县作赏赐的，③ 赏赐后的县就不是公邑了。顾颉刚先生在《春秋时代的县》一文中区分楚、晋两地县之不同，认为晋国的县不是君主的直辖地，而是赐给家臣的采邑。所以，春秋时代的县就有了两种含义，一种是国王的直辖地，另一种则是私邑，和分封制形式下的领地异名同实。考虑到春秋时晋国贵族势力的强大，县在晋国多变为私邑另有隐衷，应视为特例。

《说文》又说：“周制，天子地方千里，分为百县，则系于国；秦汉县原于郡。”这一看法，应本于《周礼》，是秦汉人根据自身

---

① 增渊龙夫：《说春秋时代的县》，《日本学者研究中国史论著选译》，中华书局 1993 年版。

② 《周礼·秋官·县士》郑玄注。

③ 《左传·僖公三十三年》：“晋襄公以再命命先茅之县赏胥臣。”《左传·宣公十五年》：“晋侯赏士伯以瓜衍之县。”

所处的社会背景推论而来的。以县为周制，则更是谬以千里了。

关于郡县与郡县制也许还可以再进一步讨论，限于本书题目，在此就不展开了。郡最初的形式是国君直辖的邑，同郡一样，县也是对新开拓土地的称谓，由国君直接管理和处置。《礼记·王制》："天子之县内，方百里之国也。"郑玄注："县内，夏时天子所居州界名也。殷曰畿，周亦曰畿。"《礼记》把天子所治之地称为县，虽不知所本，但决不应该是臆测。郑玄以夏时王畿为县内，尽管这种说法尚无其他证据，夏时有无县内一说也是问题，但他对县的本质认定与我们以上对县的产生状况的考察是一致的。① 根据史料可知，郡源于秦、晋，县则流行于晋、楚。春秋时代县可能大于郡，但两者均是国君直辖地。在秦统一过程中，以郡县制代替分封制，以郡统县，其原因大概是因为郡本源于秦。自此以后，郡大县小。

郡县制的确立宣告了宗法分封制度的瓦解，是框架型结构政体正式取代土坯型结构政体的具体标志。春秋以降，社会生产的进步强化了个体家庭的独立性。个体家庭的分化独立，使传统的宗法制度无法适应新的社会变革的需要。在这一时期的史料中，"七口之家""五口之家"的记载屡见不鲜，小家庭已成为不可否认的社会存在，小家庭的独立亦成为无法避免的社会发展趋势。对当时各诸侯国来说，在新的形势下，采取什么手段进行行政管理，已成为王国政体改革与改制的重要课题，以国君直接管理新开拓土地或边疆地区居民郡、县的出现，便是对这一课题的答案之一。其一，小家庭规模较小，数量较大，淡化或丧失了血亲关系，更显凌乱。这样的个体小家庭，当然是构造新的政体的基本建材，但这样的建材如同不规则且小而多的砂石坯渣，无法

① 《史记·秦始皇本纪》："大矣哉！宇县之中，顺承圣意。"裴骃集解："宇，宇宙；县，赤县。"顾炎武《日知录》卷22："王畿谓之县，五鄙亦谓之县。"

自身垒叠成型，必须固定在一定框架中，借以强制的挤压方可固定成型。也许，框架型结构政体的合理性就在于此。郡县就如同新政体的框架主干，框架建立后，这个政体也就成型了。其二，不可否认，个体家庭的独立本源于社会生产的进步。旧的劳动形式已不适应新的生产发展的状况并成为障碍，因此，在私有意识不断强化过程中，以个体家庭为单位的独立生产已成为新的劳动形式。个体家庭冲破宗法血亲关系的束缚，成为独立的社会存在单元。但由于小家庭规模较小，生命力十分脆弱，缺少了血亲关系的保护，在战乱和无序的社会中，生存十分艰难。所以，这时的小家庭的主要需求是社会有序化。而郡、县作为新政体的框架正是社会有序化的很好的形式。也许在某种意义上可以说，统治来源于被统治的欲望，专制统治的基础同样建立在希望被支配的民众意识之中。其三，春秋战国时，由于各国的兼并战争，也迫使各诸侯王国对旧的政体进行改革，诸侯国的宗法贵族政治经济势力强大，既不利于政令的通达，也不利于国家所需费用的征缴。所以以国君直辖地——郡县形式进行行政管理，不失为行之有效的手段。战争状态下的利益需求，也从另一方面促进了政体的变革。

在我国，对框架型结构政体的尝试，自春秋已开始，至秦统一后，建立郡县制方告一段落。汉王朝建立后，根据自身所处社会状况，实行分封制与郡县制并行制度，错杂封国与郡县，通过混淆封国与郡县界限的政治手段，逐渐建立以郡县制为主体的框架型结构政体。自此以后，框架型结构政体遂为以后各王朝沿用不废。

第四节　“汉因秦制”辨正

史家多言“汉因秦制”“汉袭秦制”“汉循秦制”，这大抵

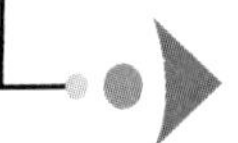

是一般的说法，指汉代秦而立后，仍继承了秦中央集权的专制政体制度。但是，这个一般的说法足以使我们这些后学混淆秦制和汉制的异同。

汉制袭秦的说法最早见于《史记》：

> 至秦有天下，悉内六国礼仪，采择其善，虽不合圣制，其尊君抑臣，朝廷济济，依古以来。至于高祖，光有四海，叔孙通颇有所增益减损，大抵皆袭秦故。自天子称号，下至佐僚及宫室官名，少所变改。孝文即位，有司议欲定仪礼，孝文好道家之学，以为繁礼饰貌，无益于治，躬化谓何耳，故罢去之。①

但这不是司马迁的说法。司马迁死后，《史记》“十篇缺，有录无书”。所缺十篇中，就有《礼书》，所以现存的《礼书》是后人所补。② 在司马迁的著述中，似乎没有汉袭秦制的说法。抑或司马迁之世，去秦不远，限于时政，太史公不敢横议；抑或太史公已看出秦制与汉制的差异，自有主见。汉袭秦制一说，多见于《汉书》：

> 秦兼天下，建皇帝之号，立百官之职。汉因循而不革，

① 《史记》卷23《礼书》。

② 《史记·太史公自序》中裴骃《集解》云：“《汉书音义》曰：‘十篇缺，有录无书。’张晏曰：‘迁没之后，亡《景纪》《武纪》《礼书》《乐书》《律书》《汉兴以来将相年表》《日者列传》《三王世家》《龟策列传》《傅靳蒯列传》。元成之间，褚先生补阙，作《武帝纪》《三王世家》《龟策、日者列传》。’”司马贞《索隐》亦云：“《景纪》取班书补之，《武纪》专取《封禅书》，《礼书》取荀卿《礼论》，《乐》取《礼·乐记》，《兵书》亡，不补。”由此可见，《礼书》为后人补缺之作。

明简易，随时宜也。其后颇有所改。①

高祖时，叔孙通因秦乐人制宗庙乐。②

汉兴，方纲纪大基，庶事草创，袭秦正朔。③

汉兴，高祖初入关，约法三章曰："杀人者死，伤人及盗抵罪。"蠲削烦苛，兆民大悦。其后四夷未附，兵革未息，三章之法不足以御奸，于是相国萧何捃摭秦法，取其宜于时者，作律九章。④

周之废兴与汉异。昔周立爵五等，诸侯从政，本根既微，枝叶强大，故其末流有从横之事，其势然也。汉家承秦之制，并立郡县。主有专己之威，臣无百年之柄。⑤

在《汉书》中，汉承秦制的议论还可以见到。汉承秦制是班氏基本看法。以上援引诸例中的最后一例，是班彪答隗嚣之语，看来班固的看法始于其父。但是在《汉书》中，班固在阐明这一观点的时候，还是有所犹豫的。虽然在《百官公卿表》中说"汉因循而不革"，可是在《叙传》中为《百官公卿表》作题解时则又说："汉迪于秦，有革有因。"⑥ 实际上，班固在谈到汉袭秦制时，多指汉初立国之时的一些具体制度。

根据以上诸例分析，其一，《汉书·礼乐志》记载，叔孙通因秦乐人所制的只是宗庙乐，而"汉兴，乐家有制氏，以雅乐声律世世在大乐官"。⑦ 叔孙通因秦乐所制的宗庙乐只是对"但

① 《汉书》卷19《百官公卿表上》。

② 《汉书》卷22《礼乐志》。

③ 《汉书》卷21《律历志》。

④ 《汉书》卷23《刑法志》。

⑤ 《汉书》卷100《叙传上》。

⑥ 《汉书》卷100《叙传下》。

⑦ 《汉书》卷22《礼乐志》。服虔注引制氏曰："鲁人也，善乐事也。"

能纪其铿铃鼓舞，而不能言其义”① 的制氏乐的改造。就宗庙乐本身，也有许多异于秦乐。“周有房中乐，至秦名曰寿人。凡乐，乐其所生，礼不忘本，高祖乐楚声，故房中乐楚声也。”②此外，汉代的律历与秦不同，“汉兴，北平侯张苍首律历事，孝武帝时乐官考正”。③

其二，《汉书·律历志》记载，汉建国初期，沿袭秦之正朔，“以北平侯张苍言，用颛顼历”，这与秦是一致的。“然正朔服色，未睹其真，而朔晦月见，弦望满亏，多非是”。④ 至武帝时公孙卿、壶遂、司马迁等人便建议“历纪坏废，宜改正朔”。⑤此后，始定太初历。

其三，秦汉法律之异同，学者研究用心最多。《史记·高祖本纪》记载，高祖举兵入关，“与父老约，法三章耳：杀人者死，伤人及盗抵罪，余悉除去秦法。诸吏人皆案堵如故”。这里高祖所说“悉除去秦法”，有些学者认为不太可能，为“一时姑为大言以慰民也”，⑥ 这种看法似有偏颇。考虑秦末战乱，在战争期间，删繁就简是为政之道，况且秦的繁刑苛法又是导致秦末败乱的直接原因，所以“法三章”后，“秦人大喜，争持牛羊酒食献飨军士”。⑦ 汉建国过程中，以三章之法代替秦法，但汉建国后，便发现“三章之法不足以御奸”，相国萧何便收拾整理秦

---

① 《汉书》卷22《礼乐志》。

② 《汉书》卷22《礼乐志》。

③ 《汉书》卷21《律历志》。

④ 《汉书》卷21《律历志》。

⑤ 《汉书》卷21《律历志》。

⑥ 《史记会注考证》引梁玉绳曰：“汉兴，约法三章……然则秦法未尝悉除，三章徒为虚语。《续古今考》所谓‘一时姑为大言以慰民也’。盖三章不足禁奸，萧何为相，采摭秦法，作律九章，疑此等皆在九章之内，史公只载入关初约耳。”

⑦ 《史记》卷8《高祖本纪》。

法典，“取其宜于时者，作律九章”。立国后的汉王朝，承秦之败俗和楚汉战乱之后果，亟待新的社会整合，完善法律制度建设是社会的迫切需要。而且“马上得天下”的汉王朝，治国的经验明显不足，故在旧朝法典基础上，整理出新律即九章律也就不足为奇了。但新律毕竟是“取其宜于时者”，出自秦律的汉律，创制伊始便有别于秦律。随着汉初政权的巩固，汉律改动很大。吕后元年（前 187 年）始除夷三族罪、妖言令，[①] 文帝元年（前 119 年）始除收孥诸相坐律令，二年始除诽谤律，十三年除肉刑。[②] 高祖至文景时期，是汉法律制度建设的重要时期，“在此期间最重要的改革应提到文帝时期的废除肉刑和规定刑徒期以及废收孥法。肉刑的废除，结束了先秦以来以墨、劓、刖、宫、大辟为主的传统的‘五刑’体系，为隋、唐以后笞、杖、徒、流、死为主的新的‘五刑’体系的建立创造了条件；刑徒刑期的确定，改变了在此以前刑徒终身服刑的制度；废收孥法则大大限制了家庭连坐的范围。这些措施大大促进了传统刑罚体系的革新，与繁苛的秦法相比无疑是一个进步”。[③] 与汉法相比较，秦法是旧的法律体系的延续；与秦法相比较，汉法则启迪了一个新的法律体系的诞生。虽然“至于秦始皇，兼吞战国，遂毁先王之法”，[④] 但秦律的基本框架与主要内容仍以旧的法律体系为本，并继承了其他六国变法改革的经验。而严刑苛法似乎又是导致秦末战乱的直接原因。正是通过对秦律和汉律异同的粗略讨论，可以看出“汉因秦制”一说，大可斟酌。

汉因秦制，表现最为明显的是在秦汉官制方面。《汉书·百

---

① 《汉书》卷 3《高后纪》。

② 《汉书》卷 4《文帝纪》。

③ 于振波：《秦汉法律与社会》第二章“汉代法律考述”，湖南人民出版社 2000 年版。

④ 《汉书》卷 23《刑法志》。

官公卿表》对秦汉各级职官有详细的解说。汉官来源于秦官，皆一一注明。《百官公卿表》所注明汉官，大多与秦官同。如相国、丞相、太尉、御史大夫、奉常、博士、郎中令、卫尉、太仆、廷尉、典客、宗正、治粟内史、少府、中尉、将作少府、詹事、典属国、主爵中尉、护军都尉、郡守、关都尉、县令、长等。爵制也一仿秦朝。汉立国之初，制度初创，国家官僚体系建立，模仿前朝，固不难理解。这是秦汉官制相同的一面。但是，同时我们又不能不澄清两种官制不同的一面。

首先，汉代职官称谓的来源有三，一为秦官，二为古官、周官，三为汉家自定。关于秦官，上已条列，且不讨论。关于古官，根据《汉书·百官公卿表》，有以下数种：

> 太傅，古官，高后元年初置，金印紫绶。
> 大师、太保，皆古官，平帝元始元年皆初置，金印紫绶。
> 太子太傅、少傅，古官。

关于周官，根据《百官公卿表》又有以下数种：

> 前后左右将军，皆周末官。
> 内史，周官，秦因之，掌治京师。
> 司隶校尉，周官，武帝征和四年初置。

关于汉朝自定职官，根据《百官公卿表》也有以下数种：

> 水衡都尉，武帝元鼎二年初置，掌上林苑，有五丞。
> 城门校尉，掌京师城门屯兵，有司马、十二城门候。中垒校尉，掌北军垒门内，外掌西域。屯骑校尉，掌骑士。步兵校尉，掌上林苑门屯兵。越骑校尉，掌越骑。长水校尉，掌长水宣曲胡骑。又有胡骑校尉，掌池阳胡骑，不常置。射

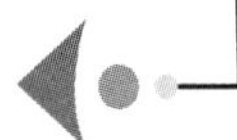

> 声校尉，学待诏射声士。虎贲校尉，掌轻车。凡八校尉，皆武帝初置。……西域都护加官，宣帝地节二年初置。……戊己校尉，元帝初元元年置。

由此可见，汉代的职官称谓来源较广，有继承传统者，也有自定名号者，若以汉因秦制一以蔽之，恐不妥当。

其次，汉代的职官，与秦称谓相同者，经过一段时间基本改称他名。以前的学者均认为这时因为汉王“独尊儒术”之故。实际西汉第一次大规模地改变职官称谓，是在景帝六年“十二月，改诸官名”。[①] 这次改名的有以下数例。奉常更名太常，原奉常属官太祝亦更名为祠祀，廷尉更名为大理，[②] 典客更名为大行令，[③] 治粟内史更名为大农令，[④] 将作少府更名为将作太将，将行更名为大长秋，主爵中尉更名为都尉。[⑤] 景帝六年改诸官名，主要是京师的职官，其实在地方早在景帝二年就已开始了这项工作，如郡守改为太守，郡尉改为都尉。西汉职官更名主要集中在三个时期，景帝时期，以景帝六年为代表；武帝时期，以太初元年为代表；然后就是王莽时期。查阅《百官公卿表》可以发现，秦官汉因者，至景帝以后，基本均已更作他名，就官职称谓而论，说明汉之帝王已开始在形式上划清与秦制的界限。其实，汉建国伊始，对秦的官僚制度体系并不是全盘接受的，比如监御史一职，秦时用掌监郡，汉则缺省，“丞相遣史分刺州，不

---

① 《汉书》卷5《景帝纪》。

② 武帝建元四年复为廷尉，哀帝元寿二年复为大理。王莽改曰作士。见《汉书》卷19《百官公卿表》。

③ 武帝太初元年更名为大鸿胪，王莽时改为典乐。见《汉书》卷19《百官公卿表》。

④ 此为后元元年事。武帝太初元年更名为大司农，王莽时改称义和。见《汉书》卷19《百官公卿表》。

⑤ 武帝太初元年更名右扶风。见《汉书》卷19《百官公卿表》。

常置”。[①] 而武帝元封五年“初置部刺史，十三州”[②]，“奉诏条察州”[③]，更是汉在地方监察制度上的创新。又如丞相一职，秦时有左相右相，皆金印紫绶。“高帝即位，置一丞相，十一年更名相国，绿绶”。[④] 秦置左右相本是继承作为诸侯国的传统。《汉书·百官公卿表》荀悦注曰：“秦本次国，命卿二人，是以置左右丞相，无三公官。”荀悦的解释可谓一语破的。

从秦汉制度细微处检讨二者异同，当然可以对“汉因秦制”一说提出异议。但是，若从秦汉制度基本框架评述二者差别，似乎班固所言“秦兼并天下，建皇帝之号，立百官之职。汉因循而不革”这样的话又有自己的道理。在上文中，我们重点讨论了先秦土坯型政体与秦汉以降框架型政体的各自特点。秦朝与汉朝政体均可归为框架型政体一类，汉因秦制之说，应当没有问题。实际上秦王朝政体与汉王朝政体共属框架型结构政体，中国专制制度的模式下官僚体系的建置与完备均肇始于这一历史时期。然而，如果仔细分析，我们则不难发现两者区别，而某些区别则是本质的。秦王朝的政体是战国时各国变法后政体的综合，是在法家理论指导下创建的具有完整意义的专制主义政体，这个政体的框架紧凑而严密。可是，就政体而言，理想上的完美总会带来实践的欠缺，在交通、通信尚简陋的历史年代，在旧贵族势力复辟之心尚未诛除的社会状况下，在新的政治制度的执行尚缺少可以资鉴经验的现实背景中，紧凑而严密的政体结构则缺乏韧性，而易于脆断。尽管秦始皇“躬操文墨，昼断狱，夜理书，自程决事，日县石之一”，仍免不了“奸邪并生，赭衣塞路，囹

---

① 《汉书》卷19《百官公卿表》。

② 《汉书》卷6《武帝纪》。

③ 《汉书》卷19《百官公卿表》。

④ 《汉书》卷19《百官公卿表》。

圄成市，天下愁怨，溃而叛之”。[①] 所以汉统一后，在政体规划方面，采取了分封制与郡国制并存的建国原则。[②] 汉初，“激秦孤立亡藩辅，故大封同姓，以填天下”。[③] 高祖大封同姓诸侯王，并认为秦王朝短促灭亡的原因，就是没有采取分封子弟为王的分封制。后来燕王刘旦在其上疏中更清楚指明了这一目的：

> 高皇帝览踪迹，观得失，见秦建本非是，故改其路，规土连城，布王子孙，是以支叶扶疏，异姓不得间也。[④]

分封制是周制，郡县制是秦制。“秦建本非是，故改其路”，所改变的结果就是分封制与郡县制并存。东汉光武帝时，就分封皇子一事，产生了争论：

> 初，巴蜀既平，大司马吴汉上书请封皇子，不许，重奏连岁三月，乃诏群臣议。大司空融、固始侯通、胶东侯复、高密侯禹、太常登等奏议曰：“古者封建诸侯，以藩屏京师。周封八百，同姓诸姬并为建国，夹辅王室，尊事天子，享国永长，为后世法。故《诗》云：‘大启尔守，为周室辅。’高祖圣德，光有天下，亦务亲亲，封立兄弟诸子，不违旧章。陛下德横天地，兴复宗统，褒德赏勋，亲睦九族，功臣宗室，咸蒙封爵，多受广地，或连属县。今皇子赖天，能胜衣趋拜，陛下恭谦元让，抑而未议，群臣百姓，莫不失望。宜因盛夏吉时，定号位，以广藩辅，明亲亲，尊宗庙，

---

① 《汉书》卷23《刑法志》。

② 一些学者常以郡县制与郡国制区别秦汉地方政体建制。笔者认为这种说法易于产生混淆。郡国制一说虽有利于指出汉代郡县与封国并存这一新的特征，但又容易模糊其与旧的分封制的共同本质。

③ 《汉书》卷38《高五王传》“赞”。

④ 《汉书》卷63《武五子传》。

重社稷，应古合旧，厌塞众心。臣请大司空上舆地图，太常择吉日，具礼仪。”制曰：“可。”①

在上引的奏议中，可以知道，分封皇子是“应古合旧”“不违旧章”。在我们习惯以“汉因秦制”来概括秦汉制度的时候，不应该忘记秦制与汉制这一本质区别。

西汉建国之初，分封诸侯王。诸侯王在封区，权力的独立性很强。“时诸侯得自除御史大夫群卿以下众官，如汉朝。汉独为置丞相。”② 诸侯王是王国内的最高统治者，各有纪年，王印也称玺。③“宫室百官同制京师”。④ 对于这种情况，汉初贾谊曾一一述列：

> 天子之相，号为参相，黄金之印；诸侯之相，号为丞相，黄金之印，而尊无异等，秩加二千石之上。天子列卿二千石，诸侯列卿秩二千石，则臣已同矣。人主登臣而尊，今臣既同，则法恶得不齐？天子卫御，号为大仆，银印，秩二千石；诸侯之御，号为大仆，银印，秩二千石，则御已齐矣。御既亦齐，则车饰具恶得不齐？……天子宫门曰司马，阑入者为城旦；诸侯宫门曰司马，阑入者为城旦。殿门俱为殿门，阑入之罪亦俱弃市。宫墙门卫同名，其严一等，罪也钧矣。⑤

在西汉初年，各诸侯王，除政治权力略同于中央政府外，经济权力也十分相仿。汉初的诸侯王，在封区内可以征收汉廷规定

---

① 《后汉书》卷1《光武帝纪》。

② 《汉书》卷38《高五王传》。

③ 武帝元狩四年以后改为印，以后皆称印。玺多为涂金，印多为铜质。参见陈直《汉书新证》，第126页。

④ 《汉书》卷14《诸侯王表》。

⑤ 《新书·等齐》。

的各项赋税。太史公曰："高祖时，诸侯皆赋。"① 《汉书·高帝纪》也记载：高祖十二年"皆令自量吏，得赋敛"。王国的赋税征收与中央政府同，地税实行"什五税一"②。汉初人口税分"算赋"与"口赋"，成年人每年每人出一百二十钱为"算赋"，未成年人每人每年出二十钱为"口赋"。③ 中央与王国一样。王国所收的赋税，为王国公共费用的开销，如官吏俸禄、军队供给等。另一部分山川园池和市井之税，则作为诸侯王的私用。此外，王国的徭役兵役亦如同汉廷。

从汉初各诸侯王的政治与经济权力来考察，可以看出汉王朝在政体选择上的犹豫和矛盾。周代的分封旧制所造成的众叛亲离隐约可见，项楚政权分封的失败更是历历在目。当然秦新政体这一庞然大物砰然解体倒塌的轰鸣，其绕梁的余音还震撼在耳边心头。所以汉初政体就变成为土坯型结构与框架型结构的混合体。在形式上采取分封制则是习惯使然，汉初统治者非常注重总结秦失败的教训，现今的学人对此问题综述也非常详明，但《汉书·诸侯王表》序中有段文字不太引人注意：

> 秦据势胜之地，骋狙诈之兵，蚕食山东，壹切取胜。因矜其所习，自任私知，姗笑三代，荡灭古法，窃自号为皇帝，而子弟为匹夫，内亡骨肉本根之辅，外亡尺土藩翼之卫。陈、吴奋其白挺，刘、项随而毙之。故曰：周过其历，秦不及期，国势然也。

也许正因为感受到秦"内亡骨肉本根之辅，外亡尺土藩翼

① 《史记》卷59《五宗世家》。《集解》引徐广曰："国所出有，皆入于王也。"

② 景帝元年改为三十税一。见《汉书》卷5《景帝纪》。

③ 亦作"口钱"。

之卫”是“秦不及期”的主要原因，汉王朝的缔造者才决定“惩戒亡秦孤立之败，于是剖裂疆土，立二等之爵，功臣侯者百有余邑，尊王子弟，大启九国”。①

当然，项楚分封的失败也是汉王朝真切感受到的。虽然汉初鲜谈项楚失败的教训，但在分封后，立即开始了对异姓诸侯王的围剿。对此《汉书·韩彭英卢吴传》“赞”作了如下总结：

> 昔高祖定天下，功臣异姓而王者八国。张耳、吴芮、彭越、黥布、臧荼、卢绾与两韩信，皆徼一时之权变，以诈力成功，咸得裂土，南面称孤。见疑强大，怀不自安，事穷势迫，卒谋叛逆，终于灭亡。张耳以智全，至子亦失国。唯吴芮之起，不失正道，故能传号五世，以无嗣绝，庆流支庶。

汉高祖立国后，先后用七年时间，基本上消平了异姓诸王，避免了重蹈项楚覆辙。但是在削平异姓诸王后，仍实行分封制，立同姓诸王。所以汉初的政体并不是完整意义的框架型政体，中央与王国的关系有点像盟主制的血亲共同体，从形式上更接近土坯型结构政体。从这点似乎又可以说：“汉因周制。”但是应该提出的是，这只是形式上的类似，在中央政权直辖地区与王国封区，皆实行郡县制，汉初所创建的“旧瓶新酒”的政体形式，以笔者猜想，本来是出于无奈，是权宜之计。然而恰恰是这种政体，适应了当时混乱的社会现实观。战乱后社会安定是最重要的政治任务，分封制则有利于收罗人心，尤其是满足与刘氏集团共谋帝业的六国旧贵族们复辟的欲望。新的郡县制虽有利于专制统治，但行政经验尚需积累和总结。最重要的是在交通与通信等条件尚不成熟的情况下，完整意义上的专制统治只能在较小规模的区域实现，而统一后的汉王朝，幅员辽阔，人口众多，若在全国

① 《汉书》卷14《诸侯王表》“序”。

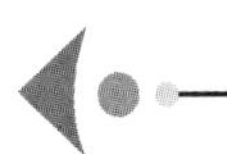

范围内继承秦框架型结构政体，绝不是明智之举。所以“旧瓶新酒”式的二重政体结构，赋予地方一定的自治权，则更有利于政令的施行和国家的安定。中央政府只是制度与政策的制定者，而各王国则是执行者。从这一点来讲，就不难理解王国的制度、机构建置、职官称谓一仿中央政体了；同样，也不难理解王国只能执法而不能立法了。

随着汉王朝安定统一局面的形成，国家机构建置的完备和行政经验的积累，汉中央政权便开始逐渐削弱王国的权力，二重结构政体开始了向框架型政体的转化。

综上论述，可以看出，班氏“汉因秦制”的说法，有不少问题。而且对以后史学家的影响既深且巨。《后汉书·百官志》开宗明义，就沿用此说：“汉之初兴，承继大乱，兵不及战，法度草创，略依秦制。”《晋书·职官志》亦在卷首说：“及秦变周官，汉遵嬴旧。”至于当今学人，沿用此说，更是信手拈来。笔者认为，“汉因秦制”一说易于混淆汉制与秦制的差异，不是一个妥实的提法，应该在自己的相关论述中避免沿用。如果非要引用，也应该查阅班氏的原说，多引几句，起码使读者知道“汉迪于秦，有因有革”。

当然，秦制与汉制为以后各王朝专制政体的建置提供了“范式”（model）。论及此问题，应该以秦制汉政连称为好。对于制度，秦的贡献不菲，而施政之道，糅杂经学于制度之中，缘饰经义于行政之内，则汉的贡献就十分巨大了。秦制与汉政，就是下面我们要讨论的课题。

第五节 秦制与汉政

通过以上的讨论，我们知道，秦汉和秦汉以降的政体，属于框架型结构政体。这一时期的框架型结构政体具有两个明显特

征：其一是专制，权力集中于以皇帝为中心的中央政府手中；其二是官僚队伍，为了社会整合的需要和政体结构的完整，庞大的官僚系统形成了政体的主体结构。从这个意义上，我们又可以把中国这一历史时期的框架型结构政体称为专制官僚政体。

专制官僚政体的出现，为权力的集中和皇帝的专权制造了可能。以皇帝为中心的官僚利益集团，便成为社会公共利益的代表和公共权力的象征。在土坯型结构时代，从某种意义上可以说，财产的形式是公有制，而权力是私有的，因为对每一个刚从民族部落蜕变的政体来说，相对其他氏族政体，权力的形式是私有的。公有的财产形式往往制造出私有的权力结构，这是一个悖论，但若从史实叙述来考察并不难理解。在框架型政体时代，财产的形式是私有制，而权力是公有的。因为每一个私有单元，且不管个别家庭单元的规模与势力有多大，相对于整个社会，毕竟是弱小孤立的。要维持这种私有制秩序，公共权力的建立与强化，就成为可能和必要的前提。私有的财产形式往往制造出公有的权力结构。这又是一个悖论，但若从历史现实来考察，也不难理解。

秦汉以降的中国传统社会政体应属于框架型政体。在一般意义上可以说，以皇帝为中心而组建的专制官僚政体，应该是国家的公共权力机关。但是，在特殊的历史条件下，皇权的私权性质又时常地凸显出来。所以在中国传统政体中，皇权经常被理解为私权，而作为“百官之长，群僚之首”的君相的相权则被解释为公权。① 传统中国的政体具有二重性特征，私有权的不完整和在形式上的曲解，使得传统的社会不具备完整的私有制性质，以皇帝为代表的官僚集团，可以以各种各样的理由剥夺普通民众的财富和自由。同样，不完整的私有权又是造成国家权力公共性质

① 参见拙著《心斋问学集》第五编“作为知性过程的历史”第六节“政体：君权与相权”，团结出版社 1993 年版。

不确定的主要原因。[①] 在社会动荡、王朝更替之时，新的政体的构建取向也是二重的。

秦统一后，政体结构基本上是统一前秦国政体的延续与放大。秦政体是法家理论社会实践的产物，是对春秋战国时期各国变法经验的总结，秦建立的框架型结构政体，其公共权力的性质，适应了独立和半独立的私有小家庭的社会需要，为个体家庭从氏族家族共同体分离作出了保证；其官僚系统的完备和有效性，也适应了对分散而庞大的个体小家庭社会整合的要求，为新的社会秩序的整顿和安定提供了前提。从理论上来说，秦政体的建构，制度的设置是合理的。中央君主专制，三公九卿分类各典其职；地方实行郡县制，按地域管理居民；制定成文法，以律平论；设置常备军，外御其侮；徭役赋税皆有定制，文字衡器也有规章。这种井然有序的政体与制度，设计结构是相当完善的。但完善的结构并没有能使秦“二世三世至于万世，传之无穷”，[②] 秦统一后不到二十年，这一设计完善的政体便轰然倒塌了。汉代秦而立后，政体的选择是矛盾的，“汉初受命，诸侯并政，制自项氏，十有人始”。[③] 在社会局面稍微安定以后，高祖便一一铲除异姓诸王，[④] “启立辅臣，支庶藩屏，侯王并尊”。[⑤] 灭异姓诸王后，高祖并没有完全选择秦制，而仍用周制，封同姓诸王，分

---

① 关于“不完整的私有权”，是我长期思考的一个问题，以后将有专文予以讨论，此不赘述。

② 《史记》卷6《秦始皇本纪》。

③ 《汉书》卷100《叙传下》。

④ 高祖立国后，立异姓诸侯王有八个。高祖先后用七年时间，基本削平异姓诸王，唯有长沙王吴芮因势弱无罪，得以自保。《汉书·韩彭英卢吴传》载：“昔高祖定天下，功臣异姓而王者八国。张耳、吴芮、彭越、黥布、臧荼、卢绾与两韩信，皆徼一时之权变，以诈力成功，咸得裂土，南面称孤。见疑强大，怀不自安，事穷势迫，终于灭亡。张耳以智全，至子亦失国。惟吴芮之起，不失正道，故能传号五世，以无嗣绝，庆流支庶。”

⑤ 《汉书》卷100《叙传下》。

封制下的郡县与封国并存的现象是汉制有别于秦制的基本标志。所以把秦制与汉制混为一谈的说法是不对的。

秦制虽然未能使秦之帝祚“传之无穷”，但对传统中国的影响是巨大的，以官僚专制为主要内容的框架型政体，不但对汉制影响巨大，也是后继各王朝仿效的样板。就制度而言，秦制影响大于汉制。

通过以上的讨论，我们已不会执着“汉因秦制”这类习惯的说法了。但是，同时又会产生一种新的疑问：秦的政体有效而完善，且对后世影响深远，为什么这样的制度却不能使秦国运长久呢？汉的制度杂用古制、周制、秦制，并无太多新意，可是汉之国祚却享四百余年，成为我国古代著名的汉唐盛世的一部分。对此问题，在上一节中我们讨论秦制与汉制异同时略有涉猎，在本节中我们拟从另外一个角度探讨这一问题。

唐代柳宗元在《封建论》一文中指出：“酷刑苦役，而万人侧目，失在于政，不在于制，秦事然也。”柳宗元把“制”与“政”区别开，讨论秦短命的原因，正中肯綮。秦的制度，受法家一派影响甚巨。秦统一前，秦的制度与行政应该说是成功的。在兵燹四起、战乱迭出的历史年代，法家所推行的是一套军国主义的方略，中央的君主专制有利于调和社会矛盾，地方的郡县制有利于加强社会整合，法严政威有利于安定社会秩序，“废井田，开阡陌”的土地政策有利于发展社会生产，而奖励耕战与军功爵等诸政策的施行则更强化了秦的军国主义特征。所以君民同心、政令一体的秦国能够击溃关中六国、统一中国就不难理解了。但是，在秦统一后，继续施行这种战时军国主义的政制就不可行了。秦统一后，主要的任务是恢复和发展社会生产。恢复和发展社会生产，需要安定的社会秩序作为保证。在战乱时期，各种社会矛盾皆被掩盖起来，法严政威有益于社会秩序的整顿。可是，在战乱之后，各种社会矛盾逐渐暴露，再用严法苛政整顿社会秩序已不合时宜，也不可能了。况且统一后的疆域风俗习惯不

尽相同，矛盾多种多样，战时军国主义那些简单策略显然无法应付，只能导致社会秩序的混乱和王朝的衰败。由此看来，“法家兴秦亦亡秦”的说法不无道理。

此外，从秦修长城一事上也可以看出，秦统一后，为政之道仍延续旧的军国主义传统。修长城主要是为抵御北方匈奴入侵，但这时匈奴犯境并不足以颠覆秦王朝的政权，大兴徭役、修筑长城是秦军国主义行政的惯性。孟姜女哭倒的不仅仅是长城，还有一个秦王朝。

汉王朝建立后，就为政之道有一场著名的争论，就是陆贾与高祖的“马上得天下与马上治天下之争”。关于这个问题，学者多有讨论。[①] 对于这段史实，《汉书》是这样记载的：

> 贾时时前说称《诗》《书》，高帝骂之曰：“乃公居马上得之，安事《诗》《书》!”贾曰：“马上得之，宁可以马上治乎？且汤武逆取而以顺守之，文武并用，长久之术也。昔者吴王夫差、智伯极武而亡；秦任刑法不变，卒灭赵氏。[②]乡使秦以并天下，行仁义，法允圣，陛下安得而有之?”高帝不怿，有惭色，谓贾曰：“试为我著秦所以失天下，吾所以得之者，及古成败之国。”贾凡著十二篇，每奏一篇，高帝未尝不称善，左右呼万岁，称其书曰《新语》。[③]

陆贾对高祖的答辩，从“宁可以马上治乎”的反诘展开，以“逆取而以顺守之”叙述了得天下与治天下的不同。以文武并用作为治国的根本原则，把“任刑法不变”，作为秦灭亡的原

① 参见林甘泉《“马上”得天下，不能马上治天下》，《中国社会科学院研究生院学报》1997 年第 1 期。

② 本注引郑氏曰：“秦之先造父封于赵城，其后以为姓。”

③ 《汉书》卷 43《陆贾传》。

因。陆贾对“马上治天下”的否定，得到高祖的赞同，这也是汉初行政从战乱之时武道转向和平时期文道的标志。因此，尽管汉代的制度中有不少秦代制度的内容，但为政之道却迥然不同。假若说秦制对后世影响甚大，而汉政却是以后各王朝效法的榜样。

除陆贾外，汉代对秦政得失的探讨还有很多。汉文帝时，贾山言治乱之道，便“借秦为喻”。在其著《至言》中，以周政和秦政成败相较，探讨汉政的取向：

> 至秦则不然，贵为天子，富有天下，赋敛重数，百姓任罢，赭衣半道，群盗满山，使天下之人戴目而视，倾耳而听，一夫大呼，天下响应者，陈胜是也。
>
> 文王之时，豪俊之士皆得竭其智，刍荛采薪之人皆得尽其力，此周之所以兴也。
>
> 秦王贪狼暴虐，残贼天下，穷困万民，以适其欲也。昔者，周盖千八百国，以九州之民养千八百国之君，用民之力不过岁三日，什一而藉，君有余财，民有余力，而颂声作。秦始皇以千八百国之民自养，力罢不能胜其役，财尽不能胜其求。

对秦政得失的探讨，贾谊论证得较为全面。文帝时“天下初定、制度疏阔”，贾谊“数上疏陈政事，多所欲匡建”，这些上疏，《汉书》略有记载：

> 商君遗礼义，弃仁恩，并心于进取，行之二岁，秦俗日败。故秦人家富子壮则出分，家贫子壮则出赘。借父耰鉏，虑有德色；母取箕帚，立而谇语，抱哺其子，与公并倨，妇姑不相说，则反唇而相稽。其慈子耆利，不同禽兽者亡几耳。然并心而赴时，犹曰蹶六国，兼天下。功成求得矣，终

> 不知反廉愧之节，仁义之辱。信并兼之法，遂进取之业，天下大败；众掩寡，智欺愚，勇威怯，壮陵衰，其乱至矣，是以大贤起之，威震海内，德从天下。①

贾谊从商鞅变法后，秦国风俗衰败入手，详述秦亡的原因。在这里，贾谊的论述似乎有一点矛盾，虽然商鞅变法使“秦俗日败”，但秦仍“蹷六国，兼天下”，这应该如何理解？实际上，贾谊讨论秦政的目的是评述当时的汉政。他看到了商鞅变法对秦“兼天下”的巨大贡献，也同样看到了在秦统一后法家的为政之道在安定社会秩序和发展社会生产力方面的失败，只不过碍于宏旨，不愿赘述罢了。贾谊在论述完秦俗日败的原因与状况后，立即用汉当时的社会风俗与秦作出比较，明确地指出“曩之为秦者，今转而为汉矣”，② 并批评了汉初政治的失误，要使汉不蹈秦亡的覆辙，必须“移风易俗，使天下回心而乡道”。③ 什么是“回心乡道”的“道”呢？这个道“类非俗吏所能为也”，④ 是异于秦的新的汉政，是德政。

贾谊倡导的德政以礼为起点，把礼作为整顿社会秩序的准则：

> 夫立君臣，等上下，使父子有礼，六亲有纪，此非天之所为，人之所设也。夫人之所设，不为不立，不植则僵，不修则坏。管子曰：“礼义廉耻，是谓四维；四维不张，国乃灭亡。”使管子愚人也则可，管子而少知治体，则是岂可不为寒心哉！秦灭四维而不张，故君臣乖乱，六亲殃戮，奸人

---

① 《汉书》卷48《贾谊传》。
② 《汉书》卷48《贾谊传》。
③ 《汉书》卷48《贾谊传》。
④ 《汉书》卷48《贾谊传》。

并起，万民离叛，凡十三岁，社稷为虚。①

把礼作为调解社会关系的准则后，又就太子教育问题为题，谈及孝道。把孝子之道，作为调解家庭关系的准则：

何三代之君有道之长，而秦无道之暴也？其故可知也。古之王者，太子乃生，固举以礼，使士负之，有司齐肃端冕，见之南郊，见于天也。过阙则下，过庙则趋，孝子之道也。故自为赤子而教天已行矣。②

对于秦政与德政所导致的结果，贾谊着重予以阐明：

夫礼者禁于将然之前，而法者禁于已然之后，是故法之所用易见，而礼之所为生难知也。

以礼义治之者，积礼义；以刑罚治之者，积刑罚。刑罚积而民怨背，礼义和而民和亲。故世主欲民之善同，而所以使民善者或异。或道之以德教，或敺之以法令。道之以德教者，徒教洽而民气乐；敺之以法令者，法令极而民风哀。哀乐之感，祸福之应也。

汤武置天下于仁义礼乐，而德泽洽，禽兽草木广裕，德被蛮貊四夷，累子孙数十世，此天下所共闻也。秦王置天下于法令刑罚，德泽亡一有，而怨毒盈于世，下憎恶之如仇雠，祸几及身，子孙诛绝，此天下之所共见也。

对秦亡天下原因的探讨，在两汉时期史不绝书。秦亡天下皆因秦政的失败，这一失败的秦政为汉之德政的创建与完善提供了

① 《汉书》卷48《贾谊传》。
② 《汉书》卷48《贾谊传》。

宝贵的经验。宣帝时，路温舒上书言：

> 臣闻秦有十失，其一尚存，治狱之吏是也。秦之时，羞文学，好武勇，贱仁义之士，责治狱之吏；正言者谓之诽谤，遏过者谓之妖言。故盛服先生不用于世，忠言切言皆郁于胸，誉谀之声日满于耳，虚美熏心，实祸蔽塞，此乃秦之所以亡天下也。①

路温舒认为当时的治狱之吏“上下相殴、以刻为明”是积习相袭，是秦政的纰缪。汉政治狱的根本应为遵循《尚书》所言：“与其杀不辜，宁失不经。”由此看来，秦政的根本是法，是法治，强调的是对人民的管理，故为政之道刻薄；而汉政的根本应该是德，是德治，强调的是人民自治，故为政之道宽厚。

就秦汉刑法而论，秦汉立法执法的根本原则也不相同。虽然大多数学人多从秦汉法律条文上考证秦汉法律的一致性，但似乎均没有从根本原则上讨论两者的区别。我们认为，秦法的根本原则在于强调对人民的管理，而汉法的根本原则更强调人民自治。汉兴之初，高祖入关时，便约法三章，“蠲削烦苛，兆民大说”。②

高祖统一后，由于时政的需要，萧何则依据秦法，“取其宜于时者，作律九章”。虽然九章法有不少秦法的内容，由于立法根本不同，执法也迥然相异。“萧、曹为相，填以无为，从民之欲，而不扰乱，是以衣食滋殖，刑罚用稀。”到了文帝时“惩恶亡秦之政，论议务在宽厚，耻言人之过失，化行天下。告讦之俗易，吏安其官，民乐其业。畜积岁增，户口浸息。风流笃厚，禁罔疏阔。选张释之为廷尉，罪疑者予民，是以刑罚大省，至于断

① 《汉书》卷51《路温舒传》。

② 《汉书》卷23《刑法志》。

狱四百，有刑错之风”。[①] 相较秦法，汉代法律较轻，尤其是文帝时废除肉刑，景帝时减轻笞刑，这些法律制度更变的根源，也来自于轻简宽厚汉政的要求。

秦政与汉政的主要区别，在于对人民自治的否定和肯定。当今学者似乎忽视这一问题，而执着于对汉初统治者的指导思想的讨论方面。西汉初时，统治者的行政指导思想是黄老之术？抑或是儒？是法？当然，倾向以黄老之术“无为”思想作为汉初统治思想核心是主流看法，汉初政治为黄老政治。我认为，这种讨论的本身并没有太多的意义。汉初的统治者从未给自己的政治贴上标签，而某些统治人物“性好黄老”,[②] “其治要用黄老术,”[③] 似乎也不足以作为汉初政治即为黄老政治的证明。[④]

汉高祖建国后，关于治国的方法曾与陆贾发生龃龉，这就是马上得天下和马上治天下的争论，在前文已有叙述。陆贾曾在高祖面前说《诗》《书》，并通过与高祖的争论，使高祖对治国之道的看法发生了转变。[⑤] 根据这段史实，我们好像又可以说，汉初治天下以《诗》《书》，汉初的政治是儒家政治。其实，这种看法如同把汉初政治视为黄老政治一样，都较为偏颇。

---

① 《汉书》卷23《刑法志》。

② 《后汉书·樊准传》：“昔孝文、窦后性好黄老，而清静之化流景、武之间。”

③ 《史记·曹相国世家》：“参之相齐，齐七十城。天下初定，悼惠王富于春秋，参尽召长老诸生，问所以安集百姓，如齐故诸儒以百数，言人人殊，参未知所定。闻胶西有盖公，善治黄老言，使人厚币请之。既见盖公，盖公为言治道贵清静而民自定，推此类具言之。参于是避正堂，舍盖公焉，其治要用黄老术，故相齐九年，齐国安集，大称贤相。”

④ 钟肇鹏《论黄老之学》一文，罗列了18位尊奉黄老人物。见《世界宗教研究》1981年第2期。

⑤ 汉初，陆贾所作《新语》，在某种意义上可视为汉初行政规范。《汉书·高帝纪》曰：“天下既定，命萧何次律令，韩信申军法，张苍定章程，叔孙通制礼仪，陆贾造《新语》。”

汉初行政之道的形成是对历史各朝兴亡教训探讨的结果。“亡”主要是指秦政的失败，“兴”主要是指秦以前古政的成功。对秦亡教训的总结，汉初已做得很多，为避免秦亡之辙，汉初的政治家多向先秦兴盛的各朝寻找历史经验。汉高祖十一年（前196年）二月，在讨论减赋问题时，高祖下诏曰：“盖闻王者莫高于周文，伯者莫高于齐桓，皆待贤人而成名。”① 汉文帝元年（前179年）正月，就立太子一事，文帝与臣僚意见不一。臣僚则引用古政，强化自己的观点：“古者殷周有国，治安皆且千岁，有天下者莫长焉，用此道也。立嗣必子，所从来远矣。”② 文帝听从了臣僚们的劝告，遂立启为太子，这就是后来的景帝。文帝二年十月，就列侯就国一事，诏曰：“朕闻古者诸侯建国千余，各守其地，以时入贡，民不劳苦，上下欢欣，靡有违德。今列侯多居长安，邑远，吏卒给输费苦，而列侯亦无由教训其民。其令列侯之国，为吏及诏所止者，遣太子。”③ 以古政为依据，诏列侯就国，可见汉政的经验来源于古政。在文帝时期，借古代行政经验，作为汉代行政规范的例证多见。文帝二年五月就除妖言罪也曾诏曰：“古之治天下，朝有进善之旌，诽谤之木，所以通治道而来谏者也。今法有诽谤妖言之罪，是使众臣不敢尽情，而上无由闻过失也。将何以来远方之贤良？其除之。”④

“行仁义、法先圣”，⑤ 从古政寻找行政之道是汉政的价值取向。在这种状况下，为政从简、清静无为似乎与黄老政治主张暗合；而为政以德、轻刑薄赋又和儒家政治圭臬神契。汉初的行政

① 《汉书》卷1《高帝纪》。
② 《汉书》卷4《文帝纪》。
③ 《汉书》卷4《文帝纪》。
④ 《汉书》卷4《文帝纪》。
⑤ 《新语·道基》。

之道一方面是统治者价值取向的主观结果，另一方面则是汉初社会现实的客观必然。换一个角度来讲，黄老之学的政治主张与儒学政治主张之间有一定的差距，但这种差距决不像他们与法家学说之间的差距那么大。黄老学说在阐述自己的政治主张时言必称古，儒学亦然，这与言必称今的法家学说迥然不同。所以，似乎可以说，与“以法为教，以吏为师”的秦政不同，汉代初年的行政之道应该是古政的延续，起码是对古代政治理想的继承。

汉代初年的行政之道适宜当时的社会现实。“休养生息”的政策本质就是承认人民有一定的自治权，所以对人民自治权的肯定就被解释为古政最基本的特征。汉政与秦政相异，就中央集权而言，汉实行封国与郡县并存的政策，中央权力的分割是从政体上保证地方相对的自治权。在社会基层，则“以户口率置三老、孝悌、力田常员，令各率其意以道民焉”。[①] 从乡村以户口多寡，选拔乡官，并“令各率其意以道民”，说明在汉初行政中，对社会基层相对自治权的承认和制度方面的保证。在汉政中，对地方自治权的肯定，适应汉初的社会现实，同姓诸侯王国的设立，一方面弥补了汉代中央政权规范社会秩序力度的不足，另一方面也减缓了中央集权对地方的政治、经济压力。可以说，这一时期的王国具有“变压器”的功能，中央集权政治巨大的政策惯性则通过王国得到减压和缓冲。在汉政中，对乡村自治权的肯定，则有利于利用旧的血缘关系安顿战后混乱的社会秩序，为社会生产的恢复和发展创造有利的社会环境。通过乡村自治政策，以乡村血缘关系为经纬，重新整合新的以地缘为基础的编户齐民社会关系是汉政的重要内容。在这里，血缘与地缘关系交替所造成的秩序混乱，新秩序与旧秩序嬗变所造成的社会动荡，得到了较好的解决，新的融合和适应带来了新的秩序和安定。对社会乡村自治

① 《汉书》卷4《文帝纪》。

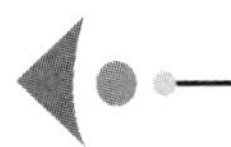

权的肯定遂得以在以后传统中国各王朝延续。

就汉政而言，汉政的基本特征与内容形成于汉初，是汉代的统治者对历史经验的总结。所以不应把汉政视为某一政治思想学说的产物。汉政思想、理论来源是多元的。汉文帝虽然“好道家之学”，以为儒学“繁礼饰貌，无益于治”，① 但在其废除肉刑的诏书中则赫然引用《诗经》作为理论依据，② 正如《新语·术事》所言：“制事者因其则，服药者因其良，书不必起仲尼之门，药不必出扁鹊之门，合之为善，可以为法，因世而权行。”而在《史记·儒林列传》中则又说“孝文帝本好刑名之言”。③ 汉政与经学的合流是在西汉中期，汉武帝“罢黜百家，独尊儒术”，是汉政与经学融合的标志。融合了经学的汉政，得到了理论上的诠释和支持，遂走向成熟。但是，这时的经学已不是传统意义上的儒学，对现实皇权政治的妥协，使其具有鲜明的实用性；对现实民间社会的妥协，使其具有典型的时代特征，并弥漫了民间迷信的朦胧气氛；从其他思想流派中汲取营养，则又使其具有融会百家精神。虽然司马谈在《论六家要指》中说儒学“博而寡要，劳而少功”，④ 但在司马谈以后，这一学说的蓬勃兴盛，则使其成为“王教之典籍，先圣所以明天道，正人伦，致至治之成法也”。⑤

秦制与汉政奠定了中国传统社会制度与行政的基础，在“硬件”与“软件”上为后来各王朝的制度与行政建置提供了基本范式。经学与政治的融合也就成了传统社会的主流思想体系，

---

① 《史记》卷23《礼书》。

② 《汉书》卷23《刑法志》十三年诏，引《诗经·大雅·泂酌》之诗：“恺弟君子，民之父母。”

③ 有的学者认为这里的“刑名”，即黄老，似有点牵强，见熊铁基《秦汉新道家论稿》，上海人民出版社1984年版，第184页。

④ 《史记》卷130《太史公自序》。

⑤ 《汉书》卷88《儒林传》。

对中国传统社会的影响巨大。为进一步理解经学在汉代制度与行政中所扮演的角色，考察其实际功效，我们在讨论经学形成的特殊社会背景的同时，似乎还有必要对经学文化渊源给予分类阐述。

第二章　传统的文化与文化的传统

——两汉经学的文化渊源

第一节　经书

经书之称谓，颇为繁杂，有六经、六艺之说，又有五经、七经①、九经②、十三经③之说。

六经之说见于《庄子·天运篇》："丘治《诗》《书》《礼》《乐》《易》《春秋》，自以为久矣。"汉代人多称六经为六艺。贾谊《新书·六术》曰："《诗》《书》《易》《春秋》《礼》《乐》六者之术谓之'六艺'。"《史记》中的《伯夷列传》《李斯列传》《儒林列传》《滑稽列传》等皆如此，《汉书》亦沿用不废。西汉末刘歆综合群书，编纂《七略》，其一为《六艺略》。当然，古时的六艺亦有另一种意思，④ 这不是此处所要探讨的问题。

汉代人称六经为六艺自有道理。《集韵·祭韵》："埶，《说文》：'种也'。或作艺。"种养为艺之本意。《尚书·金縢》：

---

① 参见《后汉书·张纯传》李贤注。

② 宋代有刻本白文九经：《易》《书》《诗》《左传》《礼记》《周礼》《孝经》《论语》《孟子》。

③ 南宋光宗绍熙年间有《十三经注疏》合刊本，十三经合辑以此为先。

④ 《周礼·地官·保氏》："保氏掌谏王恶，而养国子以道。乃教之六艺：一曰五礼，二曰六乐，三曰五射，四曰五驭，五曰六书，六曰九数。"

"予仁若考能，多材多艺。"《论语·述而》："依于仁，游于艺。"又《论语·雍也》："求也艺。"此三处艺已转引为才能、技艺。故《集韵·祭韵》讲："艺，才能也。"既然艺可谓为才能、技艺，那么古代人则可以把人的技能综合为六种，即礼、乐、射、御、书、数①，而六种记载人生基本技能的书被称为六艺亦不足为奇。以六艺代称六经，可见汉代人对经书的基本态度。《汉书·艺文志》序六艺为九种：

> 凡六艺一百三家，三千一百二十三篇。六艺之文：《乐》以和神，仁之表也；《诗》以正言，义之用也；《礼》以明体，明者著见，故无训也；《书》以广听，知之术也；《春秋》以断事，信之符也。五者，盖五常之道，相须而备，而《易》为之原。故曰："《易》不可见，则乾坤或几乎息矣。"言与天地为终始也。至于五学，世有变改，犹五行之更用事焉。

班固在此以五行更用诠释五学，② 视《易》为六艺之本；更以五常配五学，说明汉代人已经把六艺作为培养人基本才能的最重要的书籍。班固《汉志》原以刘歆父子《七略》为本。③ 而在刘氏以前，关于六艺之用话题还有不少。《史记·太史公自序》曰：

> 《易》者天地、阴阳、四时、五行，故长于变；《礼》

---

① 《周礼·地官·保氏》。

② 此五学则指上文除《易》以外的五种，与《大戴礼·保傅》、《汉书》卷48《贾谊传》中相传三代的太学加东、南、西、北之五学不同。

③ 《汉书·艺文志》："歆于是总群书而奏其《七略》，故有《辑略》，有《六艺略》，有《诸子略》，有《诗赋略》，有《兵书略》，有《术数略》，有《方技略》。今删其经，以备篇籍。"

> 经纪人伦，故长于行；《书》记先王之事，故长于政；《诗》记山川、溪谷、禽兽、草木、牝牡、雌雄，故长于风；《乐》乐所以立，故长于和；《春秋》辨是非，故长于治人。是故。《礼》以节人，《乐》以发和，《书》以道事，《诗》以达义，《易》以道化，《春秋》以道义。

《太史公自序》对六艺评判颇类似于《庄子·天下篇》。①《易》原是前人对自然与社会的基本认识，故可以以变化促道化，《礼》原本典制，故可以经纪人伦，规范个体行为；《书》原为史籍，先王之成败经验，故可以用于汉代之政治。《诗》原长于讽喻，托物见志，故可以达义道志。《乐》原以配合成律为乐，故可以发和。至于《春秋》原以是非判断为其所长，故可以用于具体行政，以道义治人。

六艺是汉代人对六经的称谓，对于六经教育，时人亦有较为中肯的评判。《小戴礼记·经解》首先探讨六经各自特点：

> 孔子曰："入其国，其教可知也。其为人也，温柔敦厚，《诗》教也；疏通知远，《书》教也；广博易良，《乐》教也；洁静精微，《易》教也；恭俭庄敬，《礼》教也；属辞比事，《春秋》教也。"

《小戴礼记》在叙述完六经教育的特点之后，同时亦指出各自的一些不足和长处：

> 故《诗》之失，愚；《书》之失，诬；《乐》之失，奢；《易》之失，贼；《礼》之失，烦；《春秋》之失，乱。其为

① 《庄子·天下篇》："《诗》以道志，《书》以道事，《礼》以道行，《乐》以道和，《易》以道阴阳，《春秋》以道名分。"

> 人也，温柔敦厚而不愚，则深于《诗》者也；疏通知远而不诬，则深于《书》者也；广博易良而不奢，则深于《乐》者也；洁静精微而不贼，则深于《易》者也；恭俭庄敬而不烦，则深于《礼》者也，属辞比事而不乱，则深于《春秋》者也。

以上我们对六经逐一进行探讨，综合以上引文，也许还会发现，六经排序亦有所不同。

《史记·太史公自序》的排序是：《易》《礼》《书》《诗》《乐》《春秋》。

《史记·滑稽列传》的排序是：《礼》《乐》《书》《诗》《易》《春秋》。

《庄子·天下篇》的排序是：《诗》《书》《礼》《乐》《易》《春秋》。

《小戴礼记·经解》的排序是：《诗》《书》《乐》《易》《礼》《春秋》。

当然，六经的排序在汉代经籍中还有不同的说法。根据后来经学家的意见，主要的排序有两种：其一是《庄子·天下篇》的排序；其二是《汉书·艺文志》的排序，即《易》《书》《诗》《礼》《乐》《春秋》。今文学家认为六经为孔子所作，排序以内容深浅为序，故赞成第一种说法。而古文学家则认为六经乃周公旧典，以各书制作时代先后为序，故赞成第二种说法。

关于六经，其本质、特点、得失、排序，古人的阐述似乎比我们更为明晰，这里要继续探讨的问题是：除六经之外，为什么又有五经的说法？五经实际上是指除《乐经》以外的五部经。在汉代《乐经》已不可见。《汉书·艺文志》著录古书，除《乐经》外，五者均首云：经若干卷，唯独《乐》一部，只有“《乐记》二十三篇”。对此《汉志》有以下解释：

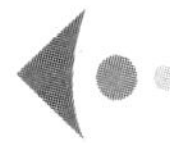

> 《易》曰："先王作乐崇德，殷荐之上帝，以享祖考。"故自黄帝下至三代，乐各有名。孔子曰："安上治民，莫善于《礼》；移风易俗，莫善于《乐》。"二者相与并行。周衰俱坏，乐尤微眇，以音律为节，又为郑、卫所乱，故无遗法。

与六经的排序一样，班固在这里采用的是古文学家的见解，但叙述较为含糊。古文学家认为古有《乐经》，因秦焚书而亡佚。今文学家持论正好相反，古本无《乐经》，《乐》在《诗》与《礼》中。

实际上，所谓六经只是一种说法，《乐经》本无或佚亡，剩下的只有五种，这便出来"五经"一说。西汉时，五经皆各置博士，号称"五经博士"，"五经"的名头就更响了。这是一般关于五经的说法，可是《白虎通德论·五经》却另有自己的解释：

> 经所以有五何？经，常也；有五常之道，故曰五经。《乐》仁，《书》义，《礼》礼，《易》智，《诗》信也。

《白虎通》为何把《春秋》去掉，其原因尚不可知。但以五常配五经是汉代人的基本思想。

第二节　脱胎于儒学的经学

顾名思义，经学是研究经的学问。故为诸经作传说、作笺、作注疏、作训诂或阐明义理、详述大意者均称为经学。这是一般意义上的经学。如此界定经学仍有失偏颇。在传统社会中，经并非儒家著作之专称。大而言之，佛有《佛经》，道有《道经》，被尊为经者何止千万卷；以先秦诸典而言，百家之说亦称为经。《墨子》有《经说》二篇，《荀子》尝引《道经》。至于《汉书·艺文志》所综述著作称之为经者亦不少，《老子》有《傅氏经说》三十七篇，《徐氏经说》六篇，又有《山海经》十三篇。《黄帝内经》十八卷、《外经》三十九卷，《扁鹊内经》九卷、《外经》十二卷，《白氏内经》三十八卷、《外经》三十六卷。[①] 又《国语·吴语》："载常建鼓，挟经秉枹。"注："兵书也。"参照以上诸例来理解这里要讨论的经学之内涵，似乎多有矛盾，这就需要我们对"经"字另费一番笔墨。

经，金文写作""[②]、""[③]、""。[④]《说文》："经，织也。从系，巠声。"姚文田、严可均校议："经，《御览》卷八百二十六引作'织从丝也'。此脱'从丝'二字。从与纵同。"徐灏注笺："下文云：纬，织横丝也，则此似当有'从丝'二字。"《玉篇》"经纬以成缯布也"。查经本意，本与纬并称，为织物纵横之线。经乃纵线，故可转借指南北之道路，[⑤] 南北之道自然可视为常道，故又可借指常规，[⑥] 经纶天下。《易经·屯卦》象曰："雷震屯，君子以经纶。"《周礼·天官·太宰》："以经邦国。"注："经，法也，王谓之礼经，常所秉以治天下也；邦国官府谓之礼法，常所以守为法式也，常者，其上下通名。"经既然作为常规，故又可引申为常典。《荀子·劝学》："其数则始乎诵经，终乎读礼。"注："经谓《诗》《书》。"《释名》亦曰："经，径也，常典也。如径路无所不通，可常用也。"《文心雕

① 按以上三家皆分内外经，中华书局标点本断排标点，恐易使读者误。

② 虢季子白盘。

③ 毛公鼎。

④ 齐陈曼簠。

⑤ 《周礼·考工记·匠人》："经涂九轨。"疏："南北之道为经。"

⑥ 《尚书·大禹谟》："与其杀不辜，宁失不经。"传："经，常。"《左传》宣公十二年："兼弱攻昧，武之善经也。"

龙·宗经》解释则更明确："经也者，恒久之至道，不刊之鸿教也。"

经由织布纵丝引申为常典，就是由此一步一步衍生的。不过，有些学者对此问题另有推论，近代古文学大师章太炎考定"经"是以丝编缀竹简，本为书籍之泛称。[①] 此说常为后学接受。陈延杰亦持此说：

> 推经之意，本以纬并称，今借为载籍之名者，盖以简册涣散，须从（纵）丝编连之者也。《史记》云："孔子读《易》，韦编三绝。"许慎说："册，象其札一长一短，中有二编之形。"亦以连编诸简，始名为册也。《南史·王僧虔传》："有盗发楚王冢，获竹简书青丝编"，则编册用书，连缀用丝，故借从（纵）丝之名为典籍之号，汉儒经训为常道，乃引申之义，而非经之本意也。[②]

这样的推论，问题较多。其一，缀简之绳是皮是丝，恐怕较早应为皮绳。而后发现简版册书，则用枲，枲乃麻绳。[③] 其二，经为纵丝，以纵丝缀直简，不合常理。其三，就"经"一字转借引申过程而论，作为"常典"之义出现较晚，最早出现在《左传》《荀子》诸书，而经的"常道"或引申为"治理""策划"之义则出现较早。除以上所举诸例外，《诗·大雅·灵台》有"经始灵台，经之营之"语，《周礼·天官·冢宰》又有"体国经野"句。这些均说明章太炎及诸先生之说恐难成立。

---

① 章太炎《国学讲演录·经学略说》："经之训常，乃后起之义。《韩非·内外储》首冠经名，其意殆如后之目录，并无常义。今人书册用纸，贯之以线。古代无纸，以青丝绳贯竹简为之，用绳贯穿，故谓之经。经者，今所谓线装书矣。"华东师范大学出版社 1995 年版。

② 陈延杰：《经学概论》，商务印书馆 1930 年版。

③ 枲字，见《居延汉简》甲九一八。

经既是常典，“不易之称”，[①] 当然不是一般人所留下的东西。《博物志》：“圣人制作曰经，贤者著作曰传。”为什么圣人制作曰经呢？“盖经者非他，即天下之公理而已。”[②] 这里“经”已非常典，而专指周公旧典或孔子删定（或云孔子制）的儒家著作。而这种意义的专指，是秦汉以降的事。

实际上，先秦圣人旧典，并非皆称为经。《周礼》言春官宗伯之属外史掌三皇五帝书。何谓三皇五帝书？《左传·昭公十二年》言楚左史倚相能读《三坟》《五典》《八索》《九丘》。综合本注与《尚书》疏引贾逵注：“伏羲、神农、黄帝之书谓之三坟，言大道也。少皞、颛顼、高辛、唐虞之书，谓五典，言常道也；虞、夏、商、周诰奥义，其归一揆，八卦之说，谓之八索，言八五之法。九州之志，谓之九丘。九州所宜，土地所生，风气所宜，皆聚此书。”

先秦儒家圣人旧典改称为经，是汉儒的功劳。先秦儒家旧典，其作者、成书与成书年代多有争论，然均可视为孔子及后学一派著作无疑。孔儒一派，在先秦只忝列诸子中，其理论仅局限于字面，多未付诸实践。至战国末及秦汉，影响甚至不及道家。《吕氏春秋》《管子》《淮南子》均是这一时代作品，虽内容庞杂，但皆有以道家为宗之倾向，司马迁叙述百家，亦先黄老而后六经。儒家旧典真正被视为经典应是在汉武帝时期，是儒家取得独尊地位以后事。对此蒙文通先生曾有论断：

> 六艺经传之事，盖以类此。汇各家之学，而综其旨要于儒家，宗道者综诸子以断其义，纯为空言；宗儒者综诸子而备其制，益切于用。自宗儒之经术，继宗道之杂家而渐盛，遂更夺其席而代之。于是孔氏独尊于百世。“罢黜百家，表

---

① 郑玄：《孝经注》。

② 《四库全书》“经部总叙”。

> 彰六经”，仲舒之说，建元之事，其偶然耶。窃尝论之，六艺之文，虽曰邹鲁之故典。而篇章之盈缺，文句之异同，未必洙泗之书。将或出于后学者之所定也。故经与传记，辅车相依，是入汉而儒者于百家之学，六艺之文，弃驳而集其纯，益推致其说于精渺。持义已超绝于诸子，独为汉之新儒学，论且有优于荀孟，讵先秦百代所能抗行者哉。①

儒家至汉代取得独尊地位后，此时儒学已不同于先秦儒学，可以称作汉代经学。② 汉代经学因地位之显隆，遂对社会政治与社会生活发生实际影响，儒学著作被视为社会政治生活之“经”亦不足为怪了。“空言”与“备制”是先秦儒学与两汉经学的主要区别。为进一步探求先秦儒学与两汉经学之差异，我们拟从以下各方面进行分类讨论。

第一，经学是汉代的儒学。每一代的学术无不受其时代制约，并深深烙下时代印记。儒学流传至两汉，由于获得其他学说歆羡的独尊地位，这种印记自然更为鲜明。正如蒙文通先生所言，汉代儒家著作，由于篇章的盈缺，已非洙泗旧典，而增字解经、推衍经义又恰是汉代学者愿意做并擅长做的事。《汉书·儒林传》载：“（兒宽）初见武帝，语经学，上曰：‘吾始以《尚书》为朴学，弗好。及闻宽说可观，乃从宽问一篇。’”《尚书》乃旧史，本属朴学，应不错，可这些旧的诰命档案文书，经兒宽解说后获得新的意义，有了获得实践的价值。

先秦旧籍传至两汉，由于年代久远，背景生疏，加之脱漏错

① 蒙文通：《儒学五论》，路明书店 1944 年版。

② 研究经学同人有称汉代儒学为新儒学者，笔者以为不妥。汉代儒学被称为新儒学，宋代儒学亦被称为新儒学，现代也有新儒学一派。故称谓杂乱，有混淆视听之嫌。汉儒学就是指两汉之儒，在汉为新，于今为旧，故以汉经学称之较为妥当。

杂严重，故汉代经师，遇经文难解处，常私述己意，增字解经，结果造成经说与经文背离。《论衡·本性篇》：

> 微子曰："我旧云孩子，王子不出。"纣为孩子之时，微子睹其不善之性，性恶不出众庶，长不为乱不变，故云也。

王充所述事引自《尚书·酒诰》，刻子作孩子，仅从引文而论，本看不出纣性恶一面，然汉时纣与桀已成为残暴君王化身，《论衡》所释，固有汉人常识所本，增字解经，并非独王充擅长，如此例证，在现今可见汉代经师传注中比比皆是，不胜枚举。汉代经师之所以这样做，目的是让同时代人读懂旧籍，当然亦不排斥炫耀师门、弘扬家学等追求。正因为如此，汉代经说愈来愈繁杂。

《汉书·夏侯胜传》载："从父子建，字长卿，自师事胜及欧阳高，左右采获，不从五经诸儒问与《尚书》相出入者，牵引以次章句，具文饰说，胜非之曰：'建所谓章句小儒，破碎大道。'建亦非胜为学疏略，难以应敌，建卒自颛门名经。"

考其师承可知，夏侯建授张山拊，山拊授秦延君（恭）。《汉书·儒林传》："恭增师法至百万言。"补注引沈钦韩语："《御览·学部》引桓谭《新论》曰：'秦延君说曰若稽古至二万言。'《文心雕龙·论说篇》：'秦延君注《尧典》十余万字。'"经说这一烦琐倾向在汉代已遭到一些学者批评。

《汉书·艺文志》："古之学者耕且养，三年而通一艺，存其大体，玩经文而已，是故用日少而蓄德多，三十而五经立也。后世经传既已乖离，博学者又不思多闻阙疑之义，而务碎义逃难，便辞巧说，破坏形体，说五字之文，至于二三万言。后进弥以驰逐，故幼童而守一艺，白首而后能言。安其所习，毁所不见，终以自蔽。此学者之大患也。"

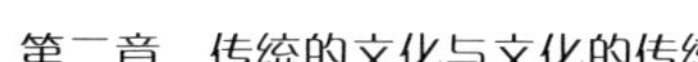

综述以上诸例，我们可见儒学与经学在经文方面的差异。经学是汉代儒学，自然有汉代的特色。

第二，经学是神圣化的儒学。经学既然是汉代的儒学，定于一尊之宠荣，使这一新儒家获得有神圣化的特性，儒学创始人孔子也拥有圣人和素王的地位。《法言·学行》："天之道不在仲尼乎？驾说者也；不在兹儒乎？如将复驾其所说，则莫若使诸儒金口而木舌。"《潜夫论·考绩》亦载："夫圣人为天口，夫贤人为圣译。是故圣人之言，天之心也；贤者之所说，圣人之意也。"

《史记》列孔子为世家，而其他诸子百家皆合为列传。司马迁并非尊孔，然列孔子为世家，足可见孔儒一派在司马迁之时已对当时社会产生了影响。《史记·孔子世家》说：

> 太史公曰：《诗》有之："高山仰止，景行行止。"虽不能至，然心向往之。余读孔氏书，想见其为人。适鲁，观仲尼庙堂、车服、礼器，诸生以时习礼其家，余祗回留之不能去云。天下君主，至于贤人，众矣，当时则荣，没则已焉。孔子布衣，传十余世，学者宗之，自天子王侯，中国言六艺者，折中于夫子，可谓至圣矣。①

孔子既是圣人，孔子留下的著作自然就成为垂遗于汉的经典，是孔子专门为汉制作的。

《公羊传·哀公十四年》："君子曷为《春秋》？拨乱世，反诸正，莫近诸《春秋》。"何休解诂引春秋纬《演孔图》说："得麟之后，天下降血书鲁端门，曰：趋作法，孔圣没，周姬亡。彗东出，秦政起，胡破木。书记散，孔不绝。子夏明日往视之，血书飞为赤乌，化为白书，曰《演孔图》，中有作图制法之状。孔子仰推天命，俯察时变，却观未来，豫解无穷，知汉当继

① 洪适：《隶释》卷1。

大乱之后，故作拨乱之法以授之。”

汉代一些碑刻中，这种说法亦十分普遍。韩敕碑说：“孔子近圣，为汉定道。”史晨碑说：“西狩获麟，为汉制作。”又如《尚书》一名，《伪孔序》正义引郑玄注：“尚者上也，尊而重之，若天书然，故曰《尚书》。”

第三，经学是谶纬化的儒学。论及两汉经学，我们则不能不注意经学谶纬化思潮。从事思想史研究的学者，大多把谶纬思潮视为异端，或称为神秘主义、庸俗迷信等诸类，故现代学者对经学谶纬化研究着力较少。

关于谶纬名称，台湾学者陈槃说：“今按谶、纬、图、候、符、书、录，虽称谓不同，其实止是谶纬，而纬复出于谶。故谶、纬、图、候、符、书、录之七名者，其于汉人，通称互文，不嫌也。盖从其占验言之则曰谶，从其附经言之则曰纬，从河图及诸书之有文有图言之则曰图，曰书，曰录，从其占候言之则曰候，从其为瑞应言之则曰符：同实异名，何拘之有？”①

谶纬起源较早，其流行于两汉，盛行于西汉末至东汉。纬书的纬是织布的横线，与经书的经相对立。谶书一词最早见于典籍是《后汉书·张衡传》：

> 立言于前，有征于后，故智者贵焉，谓之谶书。

关于纬书最早的记载是荀悦的《申鉴·俗嫌》：

> 世称纬书为仲尼所作。

虽然汉代已有人不相信纬书是圣人作品，但纬书出于孔子已是颇为流行的看法。《隋书·经籍志》亦沿用此说：“说者又云，

---

① 陈槃：《谶纬命名及其相关之诸问题》，《史语所集刊》21本1分。

孔子既叙六经，以明天人之道，知后世不能稽同其意，遂别立纬及谶，以遗来世。”

谶纬在两汉思想上十分重要，故现代学者有认为谶纬是汉代思想的基础。① 自孝武帝将儒学定为一尊后，谶纬思想便逐渐掺杂融入经学之中，并成为统治集团意识形态的重要组成部分。西汉末王莽代汉，便是利用谶纬取得的“符命革命”；而光武推翻新莽，建立东汉王朝，又可称为“图谶革命”。光武帝在中兴汉室后，更加尊重谶纬，并宣布图谶于天下。②

郑玄是对汉代经学贡献巨大的学者，在其对经书注释中多引纬书。日本学者池田秀三对郑玄学说谶纬内容倾注心力进行研究，他说：“郑玄认为，纬书构成了经学的基础，如果不精通纬书，就不可能真正理解六艺。”③

第四，经学是阴阳五行化的儒学，糅杂谶纬于经文之中是汉人治经一大贡献，而糅杂阴阳五行说于经义之中，是汉人治经另一特色。至秦汉之际，阴阳五行说可以说是影响较为普遍的“科学迷信”。这里之所以称阴阳五行为科学迷信，是因为这种在现代人看来既庸俗又迷信的学说，是汉代人最基础的“科学”学说。我们知道阴阳五行学说有其悠久历史，是古代人认识自然社会一个最基本的方式。古代人认识自然一同现代人，皆从已知推论未知，再从未知推论未知……这种根据经验事物推论未经验事物的理论方法，不仅可以运用于自然界，而且亦可以运用到社会与人事，这就是《周易》所说的“天垂象，见吉凶，圣人象之；河出图，洛出书，圣人则之”。

---

① 安居香山：《纬书与中国神秘思想》，田人隆译，河北人民出版社1991年版。

② 《后汉书》卷1《光武帝纪》。

③ 池田秀山：《纬书郑氏学研究序说》，日本《哲学研究》第548号，1983年。

五行思想模式形成据说与天文学五星运行知识有关。① 如果这种看法成立，那么，五行学说也就成为中国古代最基本的科学思维模式，故斥五行思想为庸俗迷信，实是现代自负式的愚昧。

阴阳与五行本为两种不同思维模式，这两种学说在先秦邹衍一派中始合而为一。② 秦汉之时，阴阳五行说影响较泛，仅从《吕氏春秋》与《淮南子》二书即可看到。推动阴阳五行说与经文合流的首位功臣，当然是董仲舒。《汉书·五行志》讲述了汉代阴阳五行说与经说合流状况：

> 汉兴，承秦灭学之后，景、武之世，董仲舒治《公羊春秋》，始推阴阳，为儒者宗。宣、元之后，刘向治《谷梁春秋》，数其祸福，传以《洪范》，与仲舒错，至向子歆治《左氏传》，其《春秋》意亦已乖矣；言五行传，又颇不同。是以揽仲舒，别向、歆，传载眭孟、夏侯胜、京房、谷永、李寻之徒所陈行事，讫于王莽，举十二世，以传《春秋》，著于篇。

阴阳五行与儒家学说合流是汉代经学另一鲜明特点。

第五，汉代经学是通经致用式的儒学。与先秦儒学不同，汉代成为经学的新儒学更有强烈的目的性，这就是通经致用。皮锡瑞说：

> 武、宣之间，经学大昌，家数未分，纯正不杂，故其学

---

① “五行说先是以五惑的运行为本，并采取联想类推的方法形成的。因此，五行说与五星运行的知识是相辅相成的。它的起源与天文学的建立也应该是一致的。”饭岛忠夫：《中国古代史和天文学》，1939 年刊，第 32 页。

② 参见李汉三《先秦两汉之阴阳五行学说》，台北：钟鼎文化出版社公司 1967 年版。

> 极精而有用。以《禹贡》治河，以《洪范》察变，以《春秋》决狱，以三百五篇当谏书，治一经得一经之益也。①

皮鹿门之言不误，汉代经师的确在通经致用方面着力颇勤。皮氏所列诸项，在汉代史籍中均可以找出具体例证。《汉书·平当传》：“当以经明《禹贡》，使行河，为骑都尉，领河隄。”颜师古注：“《尚书·禹贡》载禹治水次第，山川高下，当明此经，故使行河也。”

以《洪范》察变事，典型事例见《汉书·夏侯胜传》：“会昭帝崩，昌邑王嗣立，数出。胜当乘舆前谏曰：‘天久阴而不雨，臣下有谋上者，陛下出，欲何之？’……是时光（霍光）与车骑将军张安世谋，欲废昌邑王。光让安世，以为泄语，安世实不言，乃召问胜，胜对曰：‘在《洪范传》，曰“皇之不极，厥罚常阴，时则下人有伐上者”，恶察察言。故云臣下有谋。’光、安世大惊，以此益重经术士。”

以《春秋》决狱，当然是指董仲舒。《汉书·艺文志》六艺略《春秋》家著录公羊董仲舒决狱十六篇，王先谦补注：“《后汉书·应劭传》：故胶西董仲舒老病致仕，朝廷每有政议，数遣廷尉张汤亲至陋巷问得失，于是作《春秋决狱》二百三十二事。”

以《诗》作谏书则更为著名。《汉书·儒林传》载：“王式，字翁思，东平新桃人也。事免中徐公及许生。式为昌邑王师。昭帝崩，昌邑王嗣立，以行淫乱废。昌邑群臣皆下狱诛，唯中尉王吉，郎中令龚遂以数谏减死论。式系狱当死，治事使者责问曰：‘师何以亡谏书？’式对曰：‘臣以《诗》三百五篇朝夕授王，至于忠臣孝子之篇，未尝不为王反复诵之也；至于危亡失道之君，未尝不流涕为王深陈之也。臣以三百五篇谏，是以亡谏书。’使

---

① 皮锡瑞：《经学历史》三，思贤书局本。

者以闻，亦得减死论，归家，不教授。”

第六，经学是以汉律古的儒学。任何时代的学术无不有其深刻的时代烙印，至汉代摇身一变为经学的儒学自然也无法回避。两汉学人在把经学神圣化的同时，在解释经义时习惯以汉代的常识作比附。

《尚书·尧典》：“乃命羲和，专为授时。帝曰：‘畴咨若时登庸。’”

张守节《史记正义》云：“言将登用之嗣位。”张说原本扬雄《美新》：“隆下以至圣之德，龙兴登庸。”

汉代人以为登庸就是登帝位。至于马融、郑玄则附会上下文为一事。马云：“羲和为乡官，尧之末年皆以老死，庶迹多阙。故求贤顺四时之职，欲用代羲和。”郑注《大传》云：“尧始得羲和，命为六卿，后稍死。驩兜、共工等代之。”马郑皆释羲和为六卿，登庸为代羲和。①

实际上，尧之时代，帝位、六卿存在与否尚不可知，汉人读经，若遇此类问题，便以汉代事实与制度牵强比附，这种以汉律古事在汉人经传中十分常见。《尚书·皋陶谟》有“钦四邻”，《洛诰》有“乱为四辅”语。《尚书大传》云：“古者天子必有四邻，前曰疑，后曰丞，左曰辅，右曰弼。”

《大戴礼记·保傅篇》亦说：“《明堂之位》曰：笃仁好学，多闻而道慎，天子疑则问，应而不穷者，谓之道。道者，导天子以道者也。常立于前，是周公也。诚立而敢断，辅善而相义者，谓之充。充者，充天子之志者也。常立于左，是太公也，洁谦而切直，匡过而谏邪者，谓之弼。弼者，常立于右，是召公也。博闻强记，接给而善对者，谓之承。承者，承天子之遗忘者也，常立于后，是史佚也。故成王中立而听朝，则四圣维之，是以虑无失计，而举无过事。”

---

① 见《尚书·尧典》注，《十三经注疏》本。

汉人对四邻、四辅之释颇多，汉人尚莫衷一是，其所述三代之事，则更不可信。皮锡瑞有一段话十分中肯："一代有一代之制度，未可据后而强同之也；一代有一代之事实，尤未可凭胸臆而强易之也。"①

王充《论衡·正说篇》，更以经书篇数与星宿相配，《尚书》二十九篇，法北斗七宿，四七二十八篇，其一北斗，合共二十九篇。以汉律古就是到了如此荒唐的地步。

第三节　自然秩序与社会秩序：经学与道学

儒学到了汉代，变成经学，原因是多方面的，其文化之渊源也是多重的，这似乎暗合了《易经·系辞》"天下一致而百虑，同归而殊途"所讲的道理。太史公认为"博而寡要"是儒学一派的主要缺点。然而太史公没有看到这一缺点，同时又是儒学的优点，使儒学更具有包容性。在新的社会背景下，"博而寡要"的儒学更易于吸纳其他各派的优点，融会新知；更易于进行自我改造，与时俱进，继而成为显学，为帝王师。所以儒学演变为经学，是一个自觉与不自觉的过程。这一演化过程可以通过学术发展的内纯致治法则进行解释。

毋庸讳言，经学的形成是综合先秦诸子百家学术成就的结果。学术内纯化的力量，使儒学对自身元概念的探索从未停顿；学术致治的方向，使儒学更能结合现实，并成为显学。儒学变成经学的过程，是对其他各派学术成果综合的过程，正如经学的经典《中庸》一书所指出："故君子尊德性而道问学，致广大而尽精微，极高明而道中庸，温故而知新，敦厚以崇礼。"

---

① 皮锡瑞：《经学通论》卷1"论古文尚书说变易今文乱唐虞三代之事实"。

儒学与道学是两个对立的学术派别。春秋之时，儒墨之学兴盛，是当世显学。至战国时期，道学渐兴，对社会的发展产生了一定影响。[①] 道学的形成与发展是我国地域文化转向的标志。在某种意义上可以说，先秦诸子百家的形成是地域文化发展的产物，限于文化传播的困难和文化的地域性，深究各文化的渊源，均可找到地方文化的烙印。司马谈《论六家要指》从各派的职业习性阐述各派学术特征，虽然很有见地，但失之偏颇，其原因是未能指明各派形成对地域性文化的影响。

一般来说，先秦的文化大致是东与西的文化。以当时的中国历史版图来说，黄帝打败蚩尤是西方战胜东方。[②] "黄帝崩，葬桥山。其孙昌意之子高阳立，是为帝颛顼也。"[③] 颛顼代黄帝而立，又可以看作是东方的胜利。颛顼是东方部落的首领，据《山海经·大荒东经》神话中说少昊孺颛顼于东海，可见他是东夷少昊之后的部族首领。[④] 又《左传·昭公十七年》记载："卫，颛顼之虚也，故为帝丘。"帝丘在今河南省内黄县。传说时代的帝系比较混乱，但是从一些片段中，我们仍可以窥见东西文化的嬗替与融合。五帝之后的禹夏是西方民族，大禹是古代治水的英雄，在古代部落中，被西方的羌戎尊为宗神。而商代夏而立，又可以视为东方战胜西方，而武王伐纣的胜利，则又是西方再次崛

① 关于道家一派形成的时间，学者争论颇多。主要的争论是《老子》一书的作者是春秋老聃，还是战国的李耳；老聃、李耳是否为一人。但是就流传至今的《老子》一书而论，其所处的社会背景当是战国无疑，况且其书还对儒、墨、法多有评述，故此派形成应晚于儒、墨二派。侯外庐等《中国思想通史》第八章"老子思想"中进一步提出："继承老子遗绪的庄子，更是毫无隐词地'剽剥儒、墨'。"因此，笔者认为老子思想之晚出于孔墨之后，应该是比较可信的说法。

② 《国语·晋语》云："黄帝以姬水成。"姬水是指今陕甘的渭湟之间。而蚩尤旧说为东方九黎部落的酋长，有关传说多在今山东西部地区。

③ 《史记》卷1《五帝本纪》。

④ 又见于《国语·楚语》。

起。西周末时，东方经济文化的兴盛，又导致周王朝被迫迁都，政治中心东移。周的迁都是东周的开始，可以认为是东方的复辟。至于秦统一中国，无疑是西灭东，而汉的统一，则又是东亡西。秦汉以前，中国政治文化是东与西的问题，而秦汉以后，中国政治文化变为南与北的问题，这种转向很有意义，值得探讨，兹限于本文题目，不再赘述。

楚国是道家的温床。战国时期，道家文化的兴起，表明南方文化已开始登上以上演东西文化大戏为主的舞台，角逐自己的一席之地。战国时期，就国力而论，与秦相当者，唯有楚国。道家文化的勃兴，也是楚国国力强盛的反映。同时，勃兴的道家一派，在其思想深处也留下楚地域文化的痕迹。司马谈是道家一派的认同者，在其对道家的评价中也褒扬有加：

> 道家使人精神专一，动合无形，赡足万物。其为术也，因阴阳之大顺，采儒、墨之善，撮名、法之要，与时迁移，应物变化，立俗施事，无所不宜，指约而易操，事少而功多。
>
> 道家无为，又曰无不为，其实易行，其辞难知。其术以虚无为本，以因循为用。无成势，无常形，故能究万物之情。不为物先，不为物后，故能为万物主。有法无法，因时为业；有度无度，因物与合。故曰“圣人不朽，时变是守。虚者道之常也，因者君之纲”也。①

道学一派以虚无为本，推崇“无名之朴”。② 以“小国寡

---

① 《史记》卷130《太史公自序》。

② 《老子》第一章说：“无，名天地之始，有，名万物之母。”第三十二章说：“道常无名。”

民”为社会理想，倡导“治大国者若烹小鲜”的无为而治的治国之道等，所有这些与楚国的地域文化不无关系。在《史记·货殖列传》一书中，司马迁综合当时可见的史料，对楚国的风物人情、社会状况有一个很好的描述：

> 总之，楚越之地，地广人稀，饭稻羹鱼，或火耕而水耨，果隋蠃蛤，不待贾而足，地势饶食，无饥馑之患，以故呰窳偷生，无积聚而多贫。是故江淮以南，无冻饿之人，亦无千金之家。

虚无之学派兴起于南方，与其所处之地的自然地理状况有关。“地广人稀”，“地势饶食，无饥馑之患”，无疑是“小国寡民”社会理想的基础。老子的道学在个人的品德方面推崇贵柔、[①] 知足、[②] 不敢为天下先，[③] 这种对品德修养的要求无疑与“江淮以南，无冻饿之人，亦无千金之家”的社会状况暗合。

道学一派兴起之时，其学术观点与其他各派俨然对立，尤其是对当时的显学儒家一派更持批判的态度。《老子》三十八章：

> 上德不德，是以有德。下德不失德，是以无德。上德无为而无以为，下德为之而有以为，[④] 上仁为之而无以为，上义为之而有以为。上礼为之而莫之应，则攘臂而扔之。故失道而后德，失德而后仁，失仁而后义，失义而后礼。夫礼

---

① 《吕氏春秋·不二》：“老聃贵柔。”《老子》七十六章：“人之生也柔弱，其死也坚强，……强大处下，柔弱处上。”

② 《老子》四十六章：“祸莫大于不知足，咎莫大于欲得。故知足之足常足矣。”

③ 《老子》六十七章：“我有三宝，持而保之。一曰慈，二曰俭，三曰不敢为天下先。”

④ 汉墓出土帛书中无此句。

者，忠信之薄而乱之首。

老子以无为的原则，对儒家的仁、义、礼、信进行了系统的批判。从老子的论述可知，道即无为，是上德的根本，上德以道为法。上德之下便是仁，有为而无以为的仁居诸德之首；仁下是义，有为而又想有作为；最下的是礼，是对道德的背叛。在这里，老子对礼的批判十分幽默。“上礼为之而莫之应，则攘臂而扔之”，意思是说，讲礼之人，以礼待，并要求对方以礼回敬。如果对方不回敬以礼，就要伸手去拉他。这样，双方无疑会争执起来。

对儒家所提倡的仁、义、忠、孝，道家则指出这非人性本来具有。《老子》十八章说：“大道废，有仁义。智慧出，有大伪。六亲不和有孝慈，国家昏乱有忠臣。”道的本性不是仁义教化的产物，只有“绝仁去义”，人民才可以回归其本来无欲无为的本性。所以老子才会说：“圣人不仁，以百姓为刍狗。”①

同样的观点又可见于庄子：

> 夫大道不称，大辩不言，大仁不仁，大廉不嗛，大勇不忮，道昭而不道，空辩而不及，仁常而不成，廉清而不信，勇忮而不成。五者圆而几向方矣。②

先秦时期，道学一派自身也有一个分化发展的过程。一些研究楚文化或新道家的学者更倾向把传说中比老子早的鬻子视为道学一派的创始人。③ 但是，一般的说法，老子应该是先秦道家的创始人。老子以后，道家分化为两大流派，一是庄子所倡导的老

① 《老子》第五章。
② 《庄子·齐物论》。
③ 可以参见张正明《楚文化史》第四章，上海人民出版社 1987 年版。

庄一派，从地域文化的角度，可以认为是南方道学；一是齐国道家所倡导的黄老学派，可以认为是北方道学。

南方一派的道学应该是道学正宗，以“无为”为本。庄子以后，此派有统合儒、墨、名、法诸家的倾向，学术内纯化过程也十分明显。《庄子·天下篇》说：

> 不离于宗，谓之天下，不离于精，谓之神人；不离于真，谓之至人。以天为宗，以德为本，以道为门，兆于变化，谓之圣人。以仁为恩，以义为理，以礼为行，以乐为和，熏然慈仁，谓之君子。以法为分，以名为表，以参为验，以稽为决，其数一二三四是也，百官以此相齿。

在这段文字中，道德是统摄各家的基础。在道家倡导的道德的基础上，儒学一派孔子的仁、孟子的义、荀子的礼等均遵循各自顺序，安其所在，法家、名家、阴阳术数各家亦各有所用。把儒家排序于诸家之前，并不吝笔墨予以阐述，也表明了反儒学的道学对儒学的尊重，同样也说明战国后期，儒道二家学说合流的文化趋势。看来司马迁“世之学老子者则绌儒学，儒学亦绌老子”的说法有值得商榷的地方。

北方的道学源于齐国，因与法家合流，又被称为黄老刑名之学。这派道学则以“无为而无不为”为本，积极投身于社会政治活动，学术的致治化倾向比较明显。也许就因为其着力致治，而无暇自我纯洁，故此派湮没于后起的法家一派。所以现在的学者已有把慎到、申不害、韩非归为道家而不归为法家的了。

司马迁在《史记》中把老子、韩非合为一传，自有其道理。北方道学的起源应与齐的稷下学派有关，师承关系可见于《史记》：

> 华成君，乐毅之孙也。而乐氏之族有乐瑕公、乐臣公，

> 赵且为秦所灭，亡之齐高密。乐臣公善修黄帝、老子之言，显闻于齐，称贤师。太史公曰：始齐之蒯通及主父偃读乐毅之报燕王书，未尝不废书而泣也。乐臣公学黄帝、老子，其本师号曰河上丈人，不知其所出。河上丈人教安期生，安期生教毛翕公，毛翕公教乐瑕公，乐瑕公教乐臣公，乐臣公教盖公。盖公教于齐高密、胶西，为曹相国师。①

根据太史公的叙述，我们可以胪列北方黄老学派的传授状况，以求获得更为直观的认识。

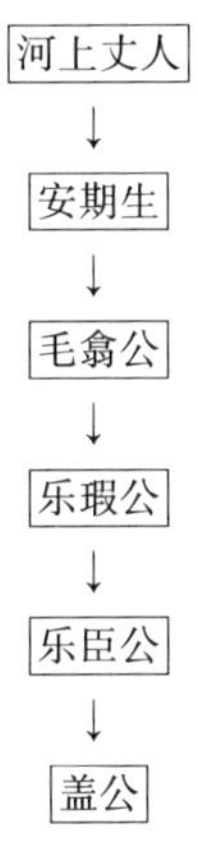

案：第一，河上丈人。《史记》云："不知其所出。"根据师承传授时间判断，应为战国末年人。晋葛洪《神仙传》有河上公，疑即由此附会。"河上公者，莫知其姓字，汉文帝时，公结草为庵于河之滨。帝读《老子经》，颇好之……有所不解数事，时人莫能道之，闻时皆称河上公解《老子经》义旨，乃使赍所不决之事以问。"② 《隋书·经籍志》著录河上公著注《老子》，但不见《汉书·艺文志》。此书应为六朝人伪托。

---

① 《史记》卷80《乐毅列传》。
② 葛洪《神仙传》三。

第二，安期生也是先秦时人。《史记·封禅书》记载武帝从方士李少君言，“始亲祠灶，遣方士入海求蓬莱安期生之属”。安期生是何许人也，按照李少君的说法，“安期生，仙者，通蓬莱中，合则见人，不合则隐”。由此可见，安期生不像是道学中人，更像民间方士。① 道学传至齐地，与当地民间文化融合，所以北方道学更具有方士文化的特征。

第三，关于毛翕公。根据现存的史料，已不可考。笔者疑此人可能就是战国时越国的处士毛公，秦兵攻魏时，曾与薛公共劝寄居于越的魏公子信陵君回国救援，击败秦兵。②《汉书·艺文志》名家有“毛公九篇”。本注：“赵人，与公孙龙等并游平原君赵胜家。”师古注认为此人即信陵君门下的毛公。又汉代《毛诗》传授者也叫毛公，同是赵人。③ 这似乎不是巧合，两毛公应有关系。如果以上的猜想有一定道理，可见北方道学一派，至战国末期，已始与其他各家糅杂。

第四，乐瑕公、乐臣公。据《史记·乐毅列传》所载，是乐毅的后人，均是黄老之学的传人。秦灭赵以后，两人逃亡到齐的高密。根据《史记》提供的师承关系，乐瑕公应长于乐臣公，生活时代主要在有秦一代。由于秦时“以法为教，以吏为师”，乐瑕公传乐臣公应是秘密相授，而乐臣公生活时代主要在汉初，故《史记》独言乐臣公“显闻于齐，称贤师”。乐臣公又作乐巨公，《史记·田叔列传》载：“田叔，赵陉城人也。其先齐田氏苗裔也。叔喜剑，学黄老术于乐巨公所。”《汉书·田叔传》又作“距”，恐皆“臣”字所误。通观《田叔传》可知，学“黄老术”的田叔秉性行为，与道学一派的人物迥异，完全是侠客

---

① 关于安期生，详细的考释可参见赵翼《陔馀丛考》34“安期生浮丘伯”。

② 事见《史记》卷77《魏公子列传》。

③ 《汉书·儒林传》：“毛公，赵人，治《诗》为河间献王博士。”

风范。这似乎表明至秦汉时，道学的内容已十分复杂。

第五，有关盖公的记载最早见于《史记·曹相国世家》："参之相齐，齐七十城。天下初定，悼惠王富于春秋，参尽召长老诸生，问所以安集百姓，如齐故诸儒以百数，言人人殊，参未知所定。闻胶西有盖公，善治黄老言，使人厚币请之。既见盖公，盖公为言治道贵清静而民自定，推此类具言之。参于是避正堂，舍盖公焉。其治要用黄老术，故相齐九年，齐国安集，大称贤相。"《汉书》记载与《史记》同。其他关于盖公记载还可见晋皇甫谧《高士传》。盖公所倡导的治政之道以清静为本，是道家理论在政治领域中的实际运用。

从战国末至秦汉道家一派的传承中可以看出其内纯致治的学术发展过程，而不断汲取其他各家思想内容和地域文化的精髓又是北方道学一派的特点。也许就是因为北方道学过于囿于学术的致治，其学术的本体已发生改变。引入黄帝的概念，道学变成了黄老之学；与儒家的结合，使汉代《道德经》变成《德道经》，与法家、名家的糅杂，黄老学又被称为刑名之学。故道学的北方一派至汉代已显出学术分化的趋势。

西汉初年，继秦末社会大动乱之后，经济凋敝，秩序混乱，首当其冲的工作是安定社会、恢复生产。在这种社会局面下，道家"清静无为"的政治之道便产生了一定的社会影响。

汉初政治思想中的两个重要人物是陆贾和贾谊，研究思想史或哲学史的学者，习惯上把他们归为道家、儒家或法家，然后再勉为其难地论述，其各自本于自己学派，汲取其他学派营养。这种对历史人物贴标签的做法，如同戴有色眼镜审查历史一样，其结论大有可商之处。关于陆贾，史书明载，他常在高祖面前说《诗》《书》，应该说是儒家中人。可有些学者，尤其是研究"汉代新道学"的学者，执拗于"道家助刘氏得天下"的宏论，把他们算作道家中人。关于贾谊，"年十八，以能诵《诗》《书》

属文称于郡中”①，看来即使他不是儒家中人，也应受儒家文化影响颇深。经学古文派还把贾谊列为左氏《春秋》的传人。② 况且贾谊原是河南守吴公的门人。吴公“故与李斯同邑，而尝学事焉”，贾谊与法家自有缘分，把贾谊视为道学一派的人物，应该比较勉强。

实际上，把陆贾和贾谊归为任何一个学派都不准确。两人均是汉初的政治人物，对他们而言，学术不是立业之本，也不是理想所在。陆贾说：“善言古者，合之于今；能术远者，考之以近。”③ 其功利目的，昭然若揭。至于贾谊，志向更是在于政治，而不在于学术。故刘向称赞道：“贾谊言三代与秦治乱之意，其论甚美，通达国体，虽古之伊、管未能过也。使时见用，功化必盛。为庸臣所害，甚可悼痛。”就是因为二人立业本于政治，所以当时各派的思想只不过是他们阐述政治之道的材料；所以他们的政治主张是切合时用，百家糅杂；所以他们实用的态度，融会各派的方法，为后起的并获得独尊地位的汉代经学所仿效。因此从这个意义而言，把他们称为两汉经学的始作俑者并不为过。

陆贾的事迹与思想主要见于《史记》《汉书》本传与其著《新语》一书中。现存《新语》一书真伪，学者多有争论。《史记》称陆贾著十二篇，粗述存亡之征，“号其书曰《新语》”。④《汉书·陆贾传》记载与《史记》同，只不过文字叙述稍异，可见《汉书》抄袭于《史记》。这十篇《新语》，颜师古注曰：“其书今见存”，说明唐代还可以见到。但在《汉书·艺文志》

① 《汉书》卷48《贾谊传》。

② 参见《汉书》卷30《艺文志上》、卷88《儒林传》，陆德明《经典释文》诸书。

③ 《新语·无为》。

④ 《史记》卷97《郦生陆贾列传》。

中，却把列为儒学一派陆贾的著述注明为“二十三篇”，这与本传的十二篇不合，这一矛盾，班固并未交代，故后人多认为《新语》一书是唐以前人依托之作。关于《新语》一书，笔者理解可归为以下几条意见：其一，陆贾著《新语》，合十二篇，史籍明载，当无疑义；其二，《汉书·艺文志》记载：陆贾二十三篇，并没有提及《新语》，“二十三篇”可能是包括《新语》在内的陆贾的全部著述，并不专指《新语》一书；其三，《新语》在流传过程中，可能有佚散，或经过后人修订，但陆贾的主要思想应保留其中。

《新语》一书分上、下二卷。① 卷上有道基第一，术事第二，辅政第三，无为第四，辨惑第五，慎微第六；卷下有资质第七，至德第八，怀虑第九，本行第十，明诫十一，思务十二。根据该书的卷目，可知其思想庞杂，以切合时务为纲，非一家之言，一派之说。《道基》一篇为该书卷首，表面看来，以“道”为基，陆贾应该“以道家思想为主”无疑，② 但细读此篇，问题较多。该篇开宗明义讲道：

> 《传》曰：天生万物，以地养之，圣人成之，功德参合而道术生焉。故曰：张日月，列主辰，序日时，调阴阳，布气治性，次置五行。

引用这段文字的学者，常将“《传》曰”二字省略，故把《传》的话当作陆贾的话。其实《传》所引出的这段话应来自于《易传》，而不是来自于道学一派。天生万物，地养万物，圣人

① 见明万历年间新安程荣编辑的《汉魏丛书》。

② 见祝瑞开《两汉思想史》第三章，上海古籍出版社 1989 年版。汤志钧等人著《西汉经学与政治》从其说。主张陆贾思想以道家为主的学者颇多，兹不列述。

依照先天法则，规划人世间的秩序，这才是道术产生的本源。陆贾讲的是道术而不是道，其急功近利的态度一语破的。最重要的是在这段短短的文字中，他提出“圣人”的概念。在老子的道学中，“圣人不仁，以天地为刍狗”；而在孔儒一派中，圣人是最核心的概念之一。陆贾的道与其说是道家中的道，毋宁说是儒家一派的道。在论述完天地、圣人、道术后，接下来便是阴阳、五行一套理论。

在《道基》篇中，孔子的仁、孟子的义又是陆贾所倡导的道术的核心：

> 夫谋事不并仁义者后必败，殖不固本而立高基者后必崩。故圣人防乱以经，艺工正曲以准绳。德盛者威广，力盛者骄众。齐桓公尚德以霸，秦二世尚刑而亡。故虐行则怨积，德布则功兴。百姓以德附，骨肉以仁亲，夫妇以义合，朋友以义信，君臣以义序，百官以义承。曾闵以仁成大孝，伯姬以义建至贞。守国者以仁坚固，佐君者以义不倾。君以仁治，臣以义平。乡党以仁恂恂，朝廷以义便便。美女以贞显其行，烈士以义彰其名。阳气以仁生，阴节以义降。《鹿鸣》以仁求其群，《关雎》以义鸣其雄。《春秋》以仁义贬绝，《诗》以仁义存亡。乾坤以仁和合，八卦以义相承。《书》以仁叙九族，君臣以义制忠。《礼》以仁尽节，《乐》以礼升降。仁者，道之纪；义者，圣之学。学之者明，失之者昏，背之者亡。……《谷梁传》曰：“仁者以治亲，义者以利尊，万世不乱，仁义之所治也。”

通读这段话，以仁为道之纪，以义为圣之学，人间秩序皆以仁义为规则，儒家的著述皆以仁义为根本，陆贾俨然成了儒学思孟一派的传人。而后引《谷梁传》，陆贾似与《谷梁》一派也有瓜葛。当然，把陆贾说成儒学中人或儒学传人并不可靠，但我们

毕竟可以认识到，在陆贾的政治思想中，儒家的影响十分浓烈。也许因为陆贾是汉初的政治人物，入世精神极其强烈，这与老庄学派倡导的出世思想也是格格不入的。《新语》第二篇是《术事》，第三篇是《辅政》，第四篇是《无为》，讲的均是政治之道。百家的学说，只要有益于政治，且不管宗法门派，均融会贯通。“放制事者因其则，服药者因其良。书不必起仲尼之门，乐不必出扁鹊之方，合之则善，可以为法。”① 就陆贾本人而论，他并没有把自己归为某一门派。

无为本是道家的主张，《新语》也把它列为该书纲目。“夫道莫大于无为，行莫大于谨敬。”② 在该篇中，陆贾列举了虞舜、周公无为而治的成功事例。并在《至德》篇中对无为而治的效果有生动的描述：“是以君子之为治也，块然若无事，寂然若无声，官府若无吏，亭落若无民，闾里不讼于巷，老幼不愁于庭。……在朝者忠于君，在家者孝于亲。”所谓的无为，实际上是对社会自然秩序的认同，而不要与秦王朝一样，用刑太深而导致社会秩序的破坏。在《无为》篇中，陆贾所列举的反面例证，并不是有为者，而应该说是对社会自然秩序的破坏者。周襄王不能孝事后母，导致众叛亲离；秦始皇骄奢靡丽，导致天下豪富奢侈逾度；齐桓公好妇人之色，导致社会淫乱；楚平王纵怒，导致上不能制下。由此可见，无为的主要内容就是对社会自治的承认，就是“尚宽舒”“行中和”。儒家仁义思想中的宽厚、中和与道家的持柔、虚无的思想巧妙地结合在一起。所以从某种意义上可以说陆贾的无为不是为政的原则，而是为政的手段，而这种手段对安定战乱后的社会秩序，恢复社会生产大有益处。

战国末年至秦末汉初，道家“道”的概念已为儒家一派化

① 《新语·术事》。

② 《新语·无为》。

用。关于道家之道的解说，恐怕不少于百种，不是这里要讨论的问题。一般来说道家的道首先应该是指最高的自然法则。所以道家的哲学气味甚浓。孔儒一派也是讲道的。但儒家的道指的是人世间的道理，应视为最高的社会法则。故“夫子之言性与天道，不可得而闻也”①。“天道”就是自然的法则，儒家创始者对此不感兴趣。但至战国末时，道家所讲的道逐渐为儒家一派所接受，并把天道作为先天的法则，而人道只能依照这个先天的法则行事。在近年出土的郭店楚简中，儒道文献杂藏一起，由此可见当时儒道融合的现象，学者对郭店楚简研究着力甚巨，② 在此对郭店楚简所反映的儒道之关系就不多述了。

在《新语》一书中，道已经涵盖了自然之道与社会之道两重意义，这种思想为后来的经学家所接受。董仲舒在《举贤良对策》中说：“道之大原出于天，天不变，道亦不变。”③

陆贾是从诸子百家到经学过渡的重要人物，他积极入世的精神，兼容并蓄的思想，对经学家，尤其今文经学派影响很大。

继陆贾之后，促进儒道合流的另外一个重要人物便是贾谊。贾谊生于高祖七年（前200年），卒于文帝十二年（前168年），主要思想见于《史记》《汉书》的本传和《新书》一书。与《新语》一样，《新书》的真伪也是个问题。贾谊著述事，《史记》贾谊本传不载。《汉书·贾谊传》“赞”曰：“凡所著述五十八篇，掇其切于世事者著于传云。”《艺文志》儒家著录载：“贾谊五十八篇。”《新书》之名可能是后人仿《新语》名加上

① 《论语·公冶长》。

② 参见李存山《从郭店楚简看早期道儒关系》，白奚《郭店儒简与战国黄老思想》，载《道家文化研究》，生活·读书·新知三联书店1999年版。

③ 《汉书》卷56《董仲舒传》。

的。汉代人的著述常冠以“新”字，似以别古人。[①]《新书》五十八篇，今佚三篇，[②]《隋书·经籍志》作“贾子十卷”，与现在可见的《新书》十卷相同。由于该书多取贾谊本卷内容，且割章裂段，上下次序颠倒，所以有人认为是伪作。但也有学者认为“贾谊《新书》字句有讹误，内容可信”。[③] 就《汉书》记载而言，贾谊有五十八篇著述，应该是真实的。当我们怀疑现存的《新书》是采抄《贾谊传》的时候，应该逆向考虑一下，《贾谊传》是不是杂抄《新语》一书而成的？实际这一猜想的答案十分简单，因为班固已明白地告诉我们，即“凡有所著述五十八篇，掇其切于世事者著于传云”。只不过认为《新书》为伪作的学者，对上述后一句话未加留意而已。《贾谊传》是《汉书》比较长的传记之一，没有丰富的材料为基础，是无法成就的。当然，在我们认定《新书》的确可以反映贾谊基本思想的同时，有以下两点应该注意：一是《史记》未载贾谊有何著述，故《新书》是否贾谊亲手所编，当是疑问，也许是贾谊后人编定的。贾谊死后，家学得到流传。[④] 二是该书讹误较多，多有佚散，在流传至今的过程中，不能保证它未受到后学的加工整理。

贾谊是汉初的政治人物，由于郁郁不得志，政治上的作为并

---

① 除陆贾《新语》、贾谊《新书》以外，又可见刘向《新序》、桓谭《新论》等。以新为名，可以别旧。汉代相较先秦，当然是新；不守古典章句的著述，自然被视为新学。《汉书·张禹传》：“新学小生，乱道误人，宜无信用。”新旧之分，十分明显。《北堂书钞》三国魏应璩与王子雍书：“足下著书不起草，占授数万言，言不改定，事合古典。”古与新在当时学术思想中，是迥然不同的概念。孙诒让《札迻》卷7《贾子新书》说：“新书者，盖刘向奏书时所题，凡未校者为故书，已校定可缮写者为新书。”但孙氏所本，不得而知。

② 《汉魏丛书》本拆“过秦论”为二篇，故为56篇。

③ 任继愈：《中国哲学史》第二册第四章。未见考证，不知所本。

④ 《汉书·贾谊传》：“孝武初立，举贾生之孙二人至郡守。贾嘉最好学，世其家。”

不突出，但其政治思想对以后时代影响很大。与陆贾一样，他的政治主张以积极入世为主，多实际方法，少理论空想。对各派思想以实际政治需要为根本，持拿来主义态度。这种务实的思想，是西汉初年学术思想的主要特征。

《新书》的篇目比较混乱，大多是后人所加。该书的主要目的是总结亡秦的教训，匡扶时政。融合儒、道，在该书中表现更为明显。

道的概念在贾谊思想与《新书》一书中屡屡可见：

且夫天地为炉，造化为工；阴阳为炭，万物为铜，合散消息，安有常则？……至人遗物，独与道俱。众人惑惑，好恶积意；真人恬漠，独与道息，释智遗形，超然自丧；寥廓忽荒，与道翱翔。①

炎帝者，黄帝同父母弟也。各有天下之半，黄帝行道，而炎帝不听，故战涿鹿之野。②

夫移风易俗，使天下回心而乡道，莫非俗吏之所能为也。③

何三代之君有道之长，而秦无道之暴也？其故可知也。古之王者，太子乃生，固举以礼，……过阙则下，过庙则趋，孝子之道也。④

《明堂之位》曰："笃仁而好学，多闻而道慎，天子疑则问，应而不穷者谓之道。道者，导天子以道者也。"⑤

怀王问于贾君曰："人之谓知道者为先醒，何也？"贾

① 《汉书》卷48《贾谊传》。

② 《新书·制不定》。

③ 《汉书》卷48《贾谊传》。《新书·俗激》篇中"回心"作"移心"。

④ 《汉书》卷48《贾谊传》。又见《新书·保傅》。

⑤ 《新书·保傅》。

君对曰："此博号也。大者在人主，中者在乡大夫，下者在布衣之士乃其正名，非为先醒也。彼世主不学道理，则嘿然惛于得失。……"①

曰：数闻道之名矣，而未知其实也。请问道者何谓也？对曰：道者，所从接物也。其本者谓之虚，其末者谓之术。虚者，言其精微也，平素而无设储也。术也者，所从制物也，动静之数也，凡此皆道也。……夫道之详，不可胜述也。曰：请问品善之体何如？对曰：亲爱利子谓之慈，反慈为嚣；子爱利亲谓之孝，反孝为孽；爱利出中谓之忠，反忠为倍。……故守道者谓之士，乐道者谓之君子，知道者谓之明，行道者谓之贤。且明且贤，此谓圣人。②

道者，德之本也。德生物又养物，则物安德之理也。诸生者，皆生于德之所生。而能人象德者，独玉也。……道者无形，平和而神，道物有载物者，毕以顺理和适行。……物所道始谓之道，所得以生谓之行德。德之有也，以道为本。故曰：道者，德之本也。德生物又养物，则物安利矣。安利物者，行仁也，仁行出于德，故曰：仁者，德之出也。德生理，理立则有宜，适之谓义。义者，理也，故曰：义者，德之理也。德生物又养长之而弗离也，德以安利，德之遇物也忠厚。故曰：忠者，德之原也。德之忠厚也。信固而不易，此德之常也。故曰：信者，德之固也。德生于道而有理，守理则合于道，与道理密而弗离也。③

从以上所引贾谊关于道的论述可以看出，道的概念涵盖了自然之道与社会之道，即天道与人道。在《鹏鸟赋》中，"与道翱

① 《新书·先醒》。
② 《新书·道术》。
③ 《新书·道德说》。

翔”的贾谊，精神是放纵的，“超然自表”后的“遗形”，是老庄道学出世的形象表达，是中国传统知识分子内心的追求。但一旦入世，内心的追求几乎荡然无存，“无形”的道则变成了社会的道德本体，具有了神秘的灵性，仁、义、礼、智、信、乐也就成为道的社会表现形式。自然秩序与社会秩序和谐地统一起来。

贾谊的思想是矛盾和复杂的，与贾谊仕途多舛、英年病夭的坎坷身世不无关系。官场丧沮后的唱赋与入朝对策的侃谈形象地勾勒出他矛盾的人格。就现存资料而论，贾谊的思想虽然与道家一派有某种渊源，但其思想的主体则多是孟荀儒家一派的东西。贾谊所讲的君道、王道、师道、孝道均是社会之道，就是讲到自然之道，也马上与德联系一起，并用孟学一派“四端”（仁、义、礼、智）理论加以诠释，探求自然之道的目的是给社会之道寻找合理的依据，其目的论的色彩十分浓厚。对万物生成的解释，贾谊的观点与荀子相同，认为天地万物是阴阳造化的作品，并提出“气”的概念，“物有形而道德之神专而为一气。”① 这种思想是经学大师董仲舒“精气”理论的前奏。

假如说陆贾所讲的“道”，还有一些道家思想的原味，尚存一些清净无为的内容；那么贾谊所讲的“道”，则更像是经学一派所讲的“道”，“平和而神”，多了一些无不为的内容。这反映了汉代思想从诸子百家学向“定于一尊”经学演化的实际状况。贾谊“强干弱枝”，加强集权统治以及重伦理教化的政治主张，在后来勃兴经学政治思想中则得到更好的反映。

西汉初年，陆贾、贾谊调和儒、道的思想，在一些方面为经学的形成奠定了基础。也许正是因为二人是政治人物，秉承实用应世的态度，才可以促进学派思想的合流。但是，对那些严守家训师道的学术人物来说，思想的分界线是很难逾越的。

《史记·儒林列传》所记的一场儒道相争于朝堂的事十分

---

① 《新书·道德说》。

著名：

> 清河王太傅辕固生者，齐人也，以治《诗》孝景时为博士，与黄生争论景帝前。黄生曰："汤、武非受命，乃弑也。"辕固生曰："不然。夫桀、纣虐乱，天下之心皆归汤、武。汤、武与天下之心而诛桀、纣，桀、纣之民不为之使，而归汤、武。汤、武不得已而立，非受命为何?"黄生曰："冠虽敝，必加于首；履虽新，必关于足。何者？上、下之分也。今桀、纣虽失道，然君之上也；汤、武虽圣，臣下也。夫主有失行，臣下不能正言匡过以尊天子，反因过而诛之，代立践南面，非弑而何也?"辕固生曰："必者所云，是高帝代秦，即天子之位，非耶?"于是景帝曰："食肉不食马肝，不为不知味；言学者无言汤、武受命不为愚。"遂罢。是后学者莫敢明受命放杀者。

景帝时期，社会生产有了一定的发展，因战乱而凋敝的社会经济得到了恢复。因此，"与民休息"的"无为"的统治者，好像也睁开了蒙眬的双眼，开始想变得有所作为了。因此儒家那一套治国平天下的理论便渐渐有了用武之地。汉初，文人、学者并不得宠于时政，像叔孙通能为汉制作礼仪，位至太常者，绝无仅有。"故诸博士具官等问，未有进者"。[1] 景帝时，当权者是窦太后，窦太后好黄老之术，而景帝则颇倾向儒学一派。许多当时大儒，在文帝时只能作为博士，可到了景帝时，便作太子少傅、诸王太傅。[2] 以儒者为太子诸王师，为以后儒学获得独尊的地位创造了条件。黄生与辕固生的争论发生于景帝时期，两人均是博

---

① 《史记》卷121《儒林列传》。

② 王臧为景帝的太子少傅，辕固生为清河王太傅，韩生为常山王太傅。事见《史记》卷121《儒林列传》。

士。争论是黄生挑起来的。这个黄生大概就是《太史公自序》“习道论于黄子”的黄子。从争论中以看出，作为当时道学一派代表人物的黄生，对儒家“受命”理论十分厌烦，从黄子所引用冠履例证①，可见他对这场争论是有备而来。而辕固生性格耿直，情急之下，引出高祖代秦而立的话题，把学术的争论引向政治是非。在这种情况下，景帝便结束了争论。

辕固生的耿直，还表现在他对窦太后的态度上，这几乎使他送命。窦太后好《老子》，有次召辕固生问《老子》书。固曰：“此是家人言耳。”窦太后大怒：“安得司空城旦书？”幸好得到景帝相助，才免一死。② 不过，窦太后把儒家的著作斥为“司空城旦书”很有意义。“司空城旦书”本指法律文书，窦认为儒家求治过急，故把儒家学说比喻成“司空城旦书”。秦因苛刑而亡，是汉初人一般的共识，儒家的著述与秦政治之道无异，窦太后的责骂应该是很严厉的了。那么，这里就引申出一个新的问题：汉代的儒家一派与法家一派渊源究竟如何呢？

——这就是我们下面要讨论的问题。

第四节　社会学说与国家学说：经学与法家

谈及汉代政治，有的学者以武帝“罢黜百家，独尊儒术”立论，认为汉代政治是经学化的政治；有的学者以宣帝“霸王道杂之”立论，认为汉代政治是杂家化的政治；有的学者则着力研究法家思想在汉代政治中的实际作用，认为汉代的政治是礼法兼综，或曰外儒内法、儒表法里、阳儒阴法、礼表法里等。这

① 见于《韩非子·外储说左下》，太公《六韬》。

② 见《史记》卷121《儒林列传》。

些论说均有道理，“独尊儒术”是事实；“霸王道杂之”是汉政的具体特征；而外儒内法式的行政之道，可以找出无数具体事例，儒生文吏的融合，又可以为中国传统士大夫政治定型。[①] 对以上三种观点，要作一个是非判断是不可能的，也是不应该的。大凡学术均是学人基于自己的知识领地，以兴趣为指向作出的探索，均具有独特的风格和鲜明的个性，均是对历史事实某一方面的准确诠解，与那些“活剥王昌龄、生吞郭正一”式的著作相较，更值得尊重与珍惜。

我们的看法是，以思想或思想流派为起点研究汉代政治，可以在一定层面上揭示汉政的本质。但是，在研究过程中，应该注意把政治思想与政治分开，从逻辑上来讲，这是两个互不隶属的概念；从实际情况分析，汉代政治是统治者通过典章制度、政策法规对国家的行政治理，是已经发生的历史事实。而政治思想则是思想家们的一些想法和理论，这些想法和理论是否被运用，运用后是否产生功效，尚需考察。立足思想史研究汉代政治，着力点应该是整理和分析一学说或一流派政治思想的实际影响。[②]

毫无疑问，经学对汉代政治的实际影响是巨大的，在下文专列一章对此全面探讨，此不多述。经学之所以有这样的作为，是经学本质所决定的。两汉经学是先秦儒学的变种，由儒学演化而来。“叩其两端而执其中”的儒学，天生就具中庸调和的学术精神，便宜其在演化过程中兼容并蓄，发展壮大。“时中”的儒学较其他学说，更通权变，更合乎时宜，更具有现实主义的观念。儒学至汉代蜕变为经学，虽仍以儒学为主体，但已吸收了其他学派的内容。以内纯致治的学术发展规则来考验，儒学向经学的演

---

① 阎步克:《士大夫政治演生史稿》第十章，北京大学出版社 1996 版。

② 姜广辉分儒学为原典儒学、汉魏经学等，并提倡用解释学的方法分析经学经说，从而达到对“中国传统的诠释”，是一个较好的尝试。见其文《传统的诠释与诠释学的传统》，《中国哲学》第 22 辑。

化过程似乎是一个很好的样板。

儒法二家是思想学说截然对立的学派。大概言之，儒家学说偏重于社会，故多述关系调解之法则，以民为本；法家学说偏重于国家，故多述律令制度之法则，以君为本。因此，强调社会是儒家一派的特色，具体政治实践中，重教化而轻刑法；强调国家是法家一派的特色，具体政治实践中，重刑法而轻教化。章太炎说："著书定律为法家"①，其实未能准确把握法家学说的本质。

两汉经学因时制宜，与时俱进，在其思想内容中融会了法家一派的国家学说。虽然西汉早期的思想家一般认为秦亡的主要原因是严刑峻法，但并没有因噎废食，轻视刑法的作用。贾谊说："夫礼者，禁于将然之前；而法者，禁于已然之后。是故法之所用易见，而礼之所为生难知也。若夫庆赏以劝善，刑罚以惩恶，先王执此之政，坚如金石；行此之令，信如四时；据此之公，无私如天地耳，岂顾不用哉。"西汉初年，政治思想家对"德治""礼治"的强调，是对"法治"的反动，是可以理解的。实际上，在汉王朝的政治实践中，则保留了许多法家学说的内容。贾谊之后，晁错对秦王朝覆灭的理解则更为公允。

晁错的学识杂凑儒法二家。《史记》晁错本传讲："晁错者，颍川人也，学申商刑名于轵张恢先所。"《汉书》晁错本传本于《史记》，辞句稍有不同："晁错，颍川人也，学申商刑名于轵张恢生所。"这段文字并不难理解，申商即申不害、商鞅。刑名是法家循名责实、赏罚严明的治国学说。《史记》《汉书》不同的是，《史记》把晁错的老师张恢称为先；《汉书》则称为生。先与生均是先生单称，但在汉的文化背景下，意义是有差别的。汉对已死之人的尊称多用先字，如"先君""先帝""先严"等。

---

①《章氏丛书》之《检论》卷三。

《汉书》对叔孙通的叙述，也略名称为先。[①] 生在汉代是对有才学的人专称，儒生多以生为号。《史记·儒林传》载："言《礼》自鲁高堂生。"《索隐》："自汉以来儒者皆号'生'，亦'先生'省字呼之耳。"先与生称谓，使《史记》作为法家的张恢至《汉书》则摇身一变成为儒者了。故师古注曰："轵县之儒生姓张名恢，错从之受申商法也。"[②] 儒法合流从此细微处可窥一斑。晁错本来从张恢学申商，入仕后则又被选派从伏生受《尚书》。[③]

由于晁错学识深受儒、法二家的影响，所以他对秦亡看法也与当时其他思想家不完全相同。西汉初年的政治思想家一般相信，严刑峻法是秦灭亡的主要原因之一，晁错则认为"奸邪之吏，乘其乱法，以成其威，狱官主断，生杀自恣。上下瓦解，各自为制。"[④] 秦的制度虽然有点问题，但不是导致"天下大溃，绝祀亡世"的根本，秦亡的根本原因之一是政不是制。也许可以这样理解晁错的思想，法家学说帮助秦王朝所设计的硬件系统即制度，并无太多问题，而问题出在软件系统方面即行政之道。汉总结秦灭亡的历史教训，应更换新的软件系统，这套系统便是晁错从伏生那里得到的儒家的行政之道。晁错说："其立法也，非以苦民伤众而为之机陷也，以之兴利除害，尊主安民而救暴乱也。"[⑤] 立法精神的改变，使法律更容易达到法律本身所要求的目的。

从晁错一生事迹、上书与对策可以看出，儒家的社会学说和法家的国家学说，在他的思想中得到很好的融会。晁错从伏生处

---

① 《汉书》卷43《叔孙通传》："夫叔孙先非不忠也。"

② 《汉书》卷49《晁错传》。

③ 《汉书·晁错传》："孝文时，天下亡治《尚书》者，独闻齐有伏生，故秦博士，治《尚书》，年九十余，老不可征。乃诏太常，使人受之，太常遣错受《尚书》伏生所。"

④ 《全汉文·贤良文学对策》。

⑤ 《意林·晁错新书》。

返，被任命为太子舍人、门大夫，旋即迁为博士，他上书曰：

> 人主所以尊显功名扬于万世之后者，以知术数也。故人主知所以临制臣下而治其众，则群臣畏服矣；知所以听言受事，则不欺蔽矣；知所以安利万民，则海内必从矣；知所以忠孝事上，则臣子之行备矣。①

这段文字中，关键一词是“术数”。张晏注曰：“术数，刑名之书也。”臣瓒曰：“术数谓法制，治国之术也。”师古曰：“瓒说是也，公孙弘云：‘擅生杀之力，通壅塞之途，权轻重之术，论得失之道，使远近情伪必见于上，谓之术。’此与错所言同耳。”把“术数”视为法家刑名治国之术是正确的，而在这个术数范畴中，则有许多儒学内容。晁错的政治理论以法家的国家理论为骨，以儒家的社会理论为肉，讲究的是“临制臣下而治其众”，是听言受事不被“欺蔽”，是“安利万民”，而臣子百姓以“忠孝”备行。统治者要以德治政，“臣闻帝王之道，包之如海，养之如春”②。

如果说汉从秦所继承的最大遗产是国家制度的建置，那么两汉经学从法家一派得到最多的是国家理论学说。汉代的儒者把这两种理论糅杂，从而为汉统治者提供了一套完整的国家社会的政治理论。这种情况在晁错时已可以见到：

> 天下乐其政，归其德，望之若父母，从之若流水；百姓和亲，国家安宁，名位不失，施及后世。此明于人情终始之功也。③

---

① 《汉书》卷49《晁错传》。

② 《文选》之《班孟坚答宾戏》李善注。

③ 《全汉文·贤良文学对策》。

在这里儒家的社会道德理论，则变为国家政治伦理。对国家概念的强化，对君主尊严的强化，大一统观念的强化，国家制度法规的强化是法家一派政治学说的特点，至汉代，这些基本为经学融会，并作为自己政治理论的重要组成部分。董仲舒说：

治国者以积贤为道，身以心为本，因以君为主，精积于其本，则血气相承受。贤积于其主，则上下相制使。①

巨谨案《春秋》谓一元之意，一者，万物之所从始也，元者，辞之所谓大也。谓一为元者，视大始而欲正本也。《春秋》深探其本，而反自贵者始。故为人君者，正心以正朝廷，正朝廷以正百官，正百官以正万民，正万民以正四方。②

臣闻制度文采玄黄之饰，所以明尊卑，异贵贱，而劝有德也。故《春秋》受命所先制者，改正朔，易服色，所以应天也。然则宫室旌旗之制，有法而然者也。

《春秋》大一统者，天地之常经，古今之通谊也。今师异道，人异论，百家殊方，指意不同，是以上亡以持一统，法制数变，下不知所守。③

《韩诗外传》亦载：

有大忠者，有次忠者，有下忠者，有国贼者，以道覆君而化之，是谓大忠也。以德调君而辅之，是谓次忠也，以谏非而怨之，是谓下忠也。④

---

① 《春秋繁露·通国》。

② 《汉书》卷56《董仲舒传》。

③ 《汉书》卷56《董仲舒传》。

④ 《韩诗外传》卷4，《汉魏丛书》本。

《京氏易传》谈到乾卦时说：

> 乾，纯阳用事，象配天，属金，与坤为飞伏，居世。《易》云："用九，见群龙无首，吉"，九三三公为应。肖乾乾夕惕之尤。甲壬配外内二象。积算起已巳火，至戌辰土，周而复始。五星从位起镇星，参宿从位起壬戌。建子起潜龙。建巳至极主亢位，配于人事为首，为君父。……人事吉凶见乎其象，造化分乎有无。六位纯阳，阴象在中。阳为君，阴为臣；阳为氏，阴为事，阳实阴虚，明暗之象，阴阳可知。①

先秦儒家理论的着重点在于调节社会关系。一般来说，在儒家的创始人孔子的思想体系中，"仁"是社会伦理规范的核心。"仁"字拆开，就是"二人"，孔学的初始就是从人与人的关系入手。关于"仁"，孔子讲了很多，仅《论语》一书，就有"仁"字一百多处，但均是从"仁"的外延属性方面去讲，多不述其内涵。故后人对"仁"的理解多有不同。或以"仁乃心之德"，仁是个人内心品质；或以"仁者爱人"，仁就是"博施于民而能济众"的圣王事也；② 或以"仁"为"全德之名"。③

在孔子的思想中，"仁"的地位很高，孔子似乎不轻易以"仁"来为他人定性。④ 孔子又说"克己复礼为仁"，礼又是一个重要概念，一般是指对个人在社会关系中所处角色的规定。

---

① 《京氏易传》卷上，《汉魏丛书》本。

② 《论语·雍也》。

③ 《论语·阳货》：子张问仁于孔子。孔子曰："能行五者于天下为仁矣。""请问之?"曰："恭、宽、信、敏、惠。恭则不侮，宽则得众，信则人任焉，敏则有功，惠则足以使人。"

④ 《论语·公冶长》记载，有人说"雍也仁而佞"。孔子则答道："不知其仁，焉用佞。"

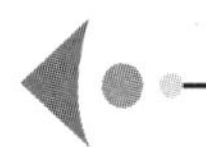

“礼之用，和为贵；先王之道，斯为美。”① 以“仁”为核心，以亲亲、和和、尊尊方法来实现仁，说明孔子之学对社会的重视。

继孔子之后，孟子所继承发展的孔子儒学，亦侧重对社会关系伦理规范的探讨，并把孔子学说中的一个重要伦理概念——义，提到与“仁”并列的位置。“亲亲，仁也；敬长，义也。”②仁义是调节社会关系的最高准则，道德是人类社会生活的本质。在“仁”与“义”的关系上，孟子说：“仁，人之安宅也；义，人之正路也。旷安宅而弗居，舍正路而不由，哀哉！”又说：“仁，人心也；义，人路也。舍其路而弗由，放其心而不知求，哀哉！”仁是内心的修养，义是实践的方式。

从某种意义上来说，孔孟儒学是一种社会学说，着力建造社会的行为规范体系，侧重对个人道德与社会伦理的探讨。现代的西方学者，习惯把儒学视为一种道德体系而非哲学体系，不无道理。从个人修养、行为规范、教化等方面达到社会秩序的安定，是孔孟儒学一派的基本思路，这一特征又为汉代经学所继承。孔孟儒学解决社会问题总体的思路深受他们所处历史时代环境的影响，宗法制度虽已遭到破坏，“礼坏乐崩”，但依旧是社会的基本组织形式，社会秩序的整合，仍依赖于旧的社会基础。春秋战国之际，周王室的衰微，诸侯国的争霸兼并战争，使社会混乱无序，列强的并立抗争，统一局面前景黯淡。因此孔孟儒家从整合社会秩序入手，从而达到国家的整合，是十分自然的思路。儒家置社会于国家之前的观点，也就此成形。而这一观点对后来传统思想影响甚大，从秦至清，儒家一派的学者均未能很好地澄清国家与社会的关系。《大学》一书提出的“修身、齐家、治国、平天下”的纲目，就是把社会秩序的安定，置于治国之后，作为

① 《论语·学而》。

② 《孟子·尽心上》。

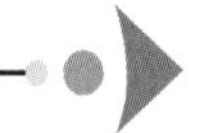

终极目的；宋儒推崇的“为万世开太平”的理想，亦把实现社会的太平作为努力奋斗的目标。

与儒家不同的是，战国末期勃兴的法家学说则把国家置于社会之前，从社会的治理入手，达到国家的整合和秩序的安定。法家解决社会问题的思路，同样与其所处的历史时代的环境有关。战国末年，统一帝国的趋势初现征兆，法家一派便因时适事，提出了与儒家思路完全相反的解决社会问题的理论。以统一的国家为基础，以法规、制度为纲目，设计出一整套理论方案。

此时的儒家，如荀子，也从法家理论中得到启迪，开始从法家国家学说中汲取营养，儒法的合流在荀子之时已经滥觞。

荀子是战国末期儒家学派最后一位大师。荀子，赵国人，“年五十始来游学于齐”。由于他在齐稷下学宫的游学讲学，在学士中声望卓越，并三次任祭酒,① 其学说深受其他各派的影响。“荀卿之学，出于孔氏，而尤有功于诸经。”② 从汉代诸经传承关系来看，大多皆源于荀子，荀学是先秦儒学与两汉经学之间的关键人物。关于荀学与汉代经学各派的关系，本书的下章将予以讨论。这里所要研究的是在儒学荀学一派中是怎样对法家学说进行批判地吸收的。

荀学含有法家思想成分，前人业已有叙述，如侯外庐等著《中国思想通史》指出：

> 荀子是后期儒家的伟大代表，他始终没有离开儒家的立场。他看到当时七雄的斗争日烈，秦国统一中国的倾向日强，所谓礼乐已经扫地无存了。因此，他不能不说明礼的起源（在孔子时代，这是不必要的，只简单说“礼也”或“非礼也”就够了），借以证明，要避免争乱，就必须振兴

---

① 《史记》卷74《荀卿列传》。

② 汪中：《荀卿子通论》。

礼乐以辨明“别”（类别）与“和”（调和）；另一方面，他又扩大了礼的涵义，接近于法。①

朱伯崑《先秦伦理学概论》：

> 孟轲排斥法家，而荀况，则容纳了法家的学说。无论是政治问题，还是哲学问题、伦理学问题都吸收了法家的观点。②

杨荣国编《简明中国哲学史》：

> 荀子所谓“礼”，实际上带有“法”的意味。③

当然，谈及此问题的学者还很多，兹不一一列述。这些看法，虽然指明了在荀学中儒法合流的现象，但未能进一步明确儒法合流的真正动因。

上面指出，孔孟儒学是从社会入手解决社会问题，原本囿于时代限制。至荀子时，他已看到了从国家入手解决社会问题的可能——所有这些皆因时代的变化和法家思想的启迪，故在荀学中，儒家的社会学说与法家的国家学说似乎有机地结合在一起，并提供一套完整的解决社会问题的办法。但究其本质，荀学是一个矛盾的结合体，以儒家思想为本，以法家思想为用，时常会使荀子捉襟见肘，处于尴尬的境地。这是荀学的不足，也是荀学的特点，反映了荀子本人在学说出发点方面的犹豫。

---

① 《中国思想通史》第15章。

② 《先秦伦理学概论》第1章第1节。

③ 见杨荣国《简明中国哲学史》第1章，人民出版社1973年版，第60页。

孔子讲“仁”，强调的是通过个人修养整合混乱的社会秩序。孟子多讲“仁政”，强调统治者通过正己以达到正人，使社会秩序得到安定。荀子则讲“礼”，把“礼”作为最基本的社会规范。“礼”原本是孔儒学说中一个重要概念，是规范人与人关系的法则，但在荀子思想中，“礼”则成为儒法思想的汇流的闸门，把儒家的社会学说与法家的国家学说调节、汇合，把道德生活与社会政治统一起来。

孔子主张“礼贵于和”，礼的实质是“尊尊、亲亲”。但荀子认为“礼者，贵贱有等，长幼有差，贫贱轻重皆有称者也”。[①] 从两人对礼看法差别可以看出，孔子讲“礼”，本于旧自然血亲关系，出自于对社会习惯的认可；为实现各阶层之间和谐，对立双方均有责任。[②] 荀子讲“礼”，则本于新的现实的社会关系，强调通过对等级差别的肯定，维护社会的安定。故荀子的“礼”，有社会强制的意味。

荀子把礼作为修身治国的根本。“人无礼则不生，事无礼则不成，国家无礼则不宁。”[③] 人们的日常行为，也必须依礼而行。

> 天地者，生之始也；礼义者，治之始也；君子者，礼义之始也。为之，贯之，积重之，致好之者，君子之始也。故天地生君子，君子理天地；君子者，天地之参也，万物之总也，民之父母也，无君子则天地不理，礼义无统，上无君师，下无父子，夫是之谓至乱。君臣、父子、兄弟、夫妇，始则终，终则始，与天地同理，与万世同久，夫是之谓大本。[④]

---

① 《荀子·富国》。
② 《论语·八佾》：“君使臣以礼，臣事君以忠。”
③ 《荀子·养身》。
④ 《荀子·王制》。

在荀子的思想中，礼不单纯是人与人交往的一种礼节、仪式、礼貌态度，而是最高的社会规范。“礼者，法之大分，类之纲纪也，故学至乎礼而止矣。夫是之谓道德之极。”① 在这里，礼是社会的规矩，是衡事量物的准则。所以荀子的礼不是社会习惯法则，而有社会强制法则的意味。《荀子·大略》说：

> 水行者表深，使人无陷；治民者表乱，使人无失。礼者，其表也，先王以礼表天下之乱，今废礼者，是去表也。

荀子的礼治学说是以对礼起源的探讨为基础的。荀子从人的情欲方面着重探讨了礼的起源与情欲的关系：

> 礼起于何也？曰人生而有欲，欲而不得，则不能无求，求而无度量分界，则不能不争。争则乱，乱则穷。先王恶其乱也，故制礼义以分之，以养人之欲，给人之求。使欲必不穷乎物，物必不屈于欲，两者相持而长，是礼之所起也。故礼者养也。②

人生而有欲，而欲望无限，可是社会财物却不可能无限，故帝王制定礼义，规定界限，使社会得到安宁。同样的观点，荀子还有阐述：

> 夫贵为天子，富有天下，是人情之所同欲也。然则从人之欲，则势不能容，物不能赚也。故先王案为之制礼义以分之，使有贵贱之等，长幼之差，知愚、能不能之分，皆使人载其事而各得其宜，然后使谷禄多少辱薄之称，是夫群居和

---

① 《荀子·劝学》。

② 《荀子·礼论》。

一之道也。[1]

社会等级的差别是礼义规定的，贵与贱、亲与疏、长与幼都应该用礼来排列秩序。“亲亲、故故、庸庸、劳劳，仁之杀也”；而“贵贵、尊尊、贤贤、老老、长长，义之伦也，行之得其节，礼之序也”。[2] 荀子的贵贵、尊尊的礼和孔孟亲亲、和和的礼已有明显不同。在《王制》篇，荀子对这一观点还有进一步的发挥：

> 分均则不偏，势齐则不一，众齐则不使。有天有地而上下有差，明王始立而处国有制。夫两贵之不能相事，两贱之不能相使，是天数也。势位齐，而欲恶同，物不能澹，则必争，争则必乱，乱则穷矣。先王恶其乱也，故制礼义以分之，使有贫、富、贵、贱之等，足以相兼临者，是养天下之本也。《书》曰：“维齐非齐。”此之谓也。

在对贫富总的看法上，荀子走到孔子的反面，其观点与孔子迥然相异。孔子说：“闻有国家者，不患寡而患不均，不患贫则患不安。盖均无贫，和无寡，安无顷。”[3] 孔子解决贫富的方案是平均财富，并以此达到社会关系的和谐安定。可荀子的理想社会却是一个等级森严的社会，他借用《尚书》“维齐非齐”[4] 这句话对自己的论证做了一个很好的总结：要做到齐必须用不齐来

① 《荀子·荣辱》。

② 《荀子·大略》。

③ 《论语·季氏》。根据前人诠释，上文中的第一个“寡”字应作“贫”，第一个“贫”字应作“寡”。

④ 此语见《尚书·吕刑》。

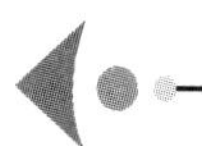

实现。

荀子对礼起源的探讨又是以他的“性恶”理论为基础的。性恶论是荀子人性论的基本观点，是其“礼治”学说最基本的理论依据。在儒家一派中，孔子只是说“性相近”，对人性的善恶未作深入探讨；孟子则是性善论者。荀子对孟子的性善论进行了批判，指出：“生之所以然者谓之性”①，人的本性是恶的。他在《性恶》一文中开宗明义讲道：

> 今人之性，生而有好利焉，顺是，故争夺生而辞让亡焉；生而有疾恶焉，顺是，故残贼生而忠信亡焉。生而有耳目之欲，有好声色焉，顺是，故淫乱生而礼义文理亡焉。然则从人之性，顺人之情，必出于争夺，合于犯分乱理而归于暴。

法家是性恶论的推崇者，荀子对性恶论有完整的阐述，说明在学术观点上与法家的合流。故有的学者认为荀子的性恶论，来源于齐国的法家，是有道理的见解。② 由于人性是恶的，故设礼义教化，置法律治理就不可避免：

> 人之性恶。故古者圣人以人之性恶，以为偏险而不正，悖乱而不治，故为之立君上之势以临之，明礼义以化之，起法政以治之，重刑罚以禁之，使天下皆出于治而合于善也。是圣王之治而礼义之化也。今尝试去君上之势，无礼义之

---

① 《荀子·正名》。

② 朱伯崑说：“就伦理学来说，其（荀子）性恶论即来源于齐国的法家。如《管子·枢言》中的‘人心之悍，故为之法’；‘妻子具而孝衰于亲’；‘爵禄盈而忠衰于君’等语，均为《荀子·性恶》所寻。齐国法家不仅推崇法，也推崇礼，可谓礼法并重。”见《先秦伦理学概论》第一章第三节。

化，去法政之治，无刑罚之禁，倚而观天下之民之相与也，若是，则夫强者害弱而夺之，众者暴寡而哗之，天下之悖乱而相亡，不待顷矣。①

礼法并举是荀学的一个显著特点，是儒家社会学说与法家国家学说融合的例证。但荀子讲礼法总是置礼于法前，认为礼义是立法的精神，② 这表明荀子本人则未彻底“背叛”儒学一派，但同时“礼治”的思想，礼法并举的观点则启迪了他的弟子。他的弟子韩非便把这一学说发展到极端，走向与儒家完全不同的法家的道路。

对于礼法并举，《荀子·成相篇》多有记载。据说《成相篇》是荀子晚年废居兰陵，利用民歌的韵律形式写的一首长诗。③《成相篇》说：

治之经，礼与刑，君子以修百姓宁。

君法明，论有常，表仪既设民知方，进退有律，莫得贵贱孰私王。

刑称陈，守其银，下不得用轻私门，罪祸有律，莫得轻重威不分。

除《成相篇》外，此类记载还很多④，在荀学理论中，礼法

① 《荀子·性恶》。

② 《荀子·劝学》：“隆礼，虽未明，法士也。”

③ 关于《成相篇》是否出于荀子，多有争论。《汉志》载有《成相杂辞》十一篇，今已佚。参阅明方以智《通雅》三，清俞樾《诸子评议》十五《荀子四》。侯外庐等《中国思想通史》第1卷认为“由于《成相篇》的内证可以确定此篇是荀子的著作，因此，我们可以放心引用他散见于各篇的表达他的这一思想的语句”。见该书第557页。

④ 如《荀子·大略》亦载：“君人者，隆礼尊贤而王，重法爱民而霸，好利多诈而危。”

并举就是指“以礼治国”“以法治国”,“礼治”和“法治”在某种意义上是相通的。这种学说与孔孟儒学从社会入手,强调个人修养、社会教化而达到社会整合的思路是不同的,荀学已开始强调从国家强制的角度入手来整合社会秩序。

儒学中荀学一派对两汉经学影响巨大。其一,在“传经”事业上,后人多把荀子作为诸经的重要传人,荀子对“传经”的贡献,在儒学一派中恐无人望其项背。根据清汪中《荀卿子通论》的考证,《诗经》《春秋》《礼经》《易经》的传授皆与荀子有关。《鲁诗》是荀子传下来的;《韩诗》中引荀子以说《诗》凡四十四处;《毛诗》也是由荀子传至大毛公的。《春秋经》的《谷梁》《左氏》两卷也是荀子所传。《易经》也与荀子有关,① 至于《礼》,可以说是与荀子的关系更为密切。《荀子》中的《礼论》《乐论》,可见于《礼记》中的《乐记》《三年问》《乡饮酒》;《荀子》中的《修身》《大略》,又见于《大戴礼记·曾子立事》篇,故现代学者指出:“汉人编纂《礼记》,就大量地采用了他(荀子)的理论。自此以后,儒家的礼论,只能做些注疏的工作,再没有新的发展了。”② 综上所述,礼的思想是荀学的核心。荀子说:“学恶乎始,恶乎终,曰:其数,则始乎诵经,终乎读礼。”荀学中礼的思想和礼治的观点可见已被视为儒学一派对其学说内核自我纯洁的过程。以礼为核心,既能为社会秩序混乱的原因提供一个合理的解释,又能为整合社会秩序设计出切实可行的方案。荀子的思想源于儒家。他所处时代与孔子不同,他的礼治的学说,也就变成由儒到法的闸门,故荀子的弟子,已开始把荀学中的“礼”改作“法”,就形成了一套崭

① 汉刘向《叙录》说:“荀卿善为《易》,其义亦见《非相》《大略》二篇。”

② 侯外庐等《中国思想通史》第1卷,人民出版社1957年版,第576页。

新完整的“法治”理论。

荀学的思想为两汉经学所继承，粗浅的理解可以这样表述，即以儒为本，以法为用。在两汉经学中，荀子的礼治思想，大一统的整合思路、等级观念等多通过各种形式保留下来，并得到继承。但对荀学性恶论的观点，汉儒们是犹豫的。

《易经》说：“穷理尽性以至于命。”① 董仲舒则说：

> 人受命于天，有善善恶恶之性，可养而不可改，可豫而不可去，若形体之可肥臞，而不可得革也。是故虽有至贤，能为君亲含容其恶，不能为君亲令无恶。《书》曰：“厥辟去厥祇。”②

董仲舒把人性视为上天所赋，善恶已固定不可更改。天有阴阳属性，人性也有贪、仁两种品质。“天两，有阴阳之施；身亦两，有贪仁之性”。“善出性中，而性未可全为善也。”③ 所以人性的善恶是两方面的，要启迪善的一面，尚需教化，故董仲舒说：

> 天令之谓命，命非圣人不行；质朴之谓性，性非教化不成；人欲之谓情，情非制度不节。④

荀子之礼，有教化的内容，但主要用于“治”；董仲舒讲礼，有“治”的内容，但主要用于教化。从性恶论到性有恶有善的折中，从礼治到礼教的转变，可以看出经学家对荀子的扬弃。

---

① 《易经·说卦传》。
② 《春秋繁露·玉杯》。
③ 《春秋繁露·深察名号》。
④ 《春秋繁露·举贤良对策》。

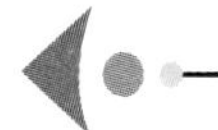

同样，对荀学肯定贫富差异，反对财富平均分配的思想，汉儒们也持反对态度。荀子认为“分均则不偏”，“势位齐而恶欲同，物不能澹，则必争。”[①] 正如上面所指出的，荀子这一思想是对孔孟平均思想的“背叛”，在这一问题上，汉儒则回到孔孟的基本立场：

> 孔子曰不患贫而患不均，故有所积重，则有所空虚矣。大富则骄，大贫则忧。忧则为盗，骄则为暴。此众之性也。圣者则于众人之性，则乱之所从生，故其制人道而差上下也。使富者足以示贵而不至于骄，贫者足以养生而不至于忧，以此为度，而调均之。是以财不匮则上下相安，故易治也。[②]

汉代经师的观点是在贫富之间寻找一个合理的尺度，以度为标准调均财富，这样才能使上下相安，社会“易治”。经学对荀学的扬弃就以上两个方面可见一斑。

在两汉经学中，法家的国家学说得到了很好的融会吸收，尽管是碍于“法家亡秦”的历史教训和门户之争，经学家们不愿宣称他们与法家学说的共同点，但并不妨碍他们从法家的国家学说中寻找营养，致力儒学的内纯致治。因此在两汉经学的著作中，“大一统”国家思想是他们规范整合社会秩序首当其冲的选择；“各处其宜”的等级观念，虽然被他们用亲血关系的解释来遮掩，但仍是其学说的重要组成部分；“事在四方，要在中央，圣人执要，四方来效”[③] 等对中央专制集权的类似论述，在汉儒著作中屡见不鲜，法家以国家为本治理社会的思想也时常闪现于经学家的理论中。至两汉之时，法家学说从表面上看虽已衰落，

---

① 《荀子·王制》。

② 《春秋繁露·度制》。

③ 《韩非子·扬权》。

但学说的精华却比较完整地保留在经学之中。

必须指出的是，经学的根本仍是先秦的儒学，对法家学说的吸收是局部的、有限的。比如，法家学说理论基础——性恶论，便被经学扬弃。遵循这一思路，在经学家看来，社会教化的作用与功效仍大于以礼治国、以法治国，解决社会问题的原则，仍应以社会为本，国家的强制只能起辅助作用。当然，在学说的出发点方面，汉代经学家仍是矛盾的，以社会作为学说根本，也可以说以民为本，即民本思想；以国家作为学说根本，也可以说以君为本，即君本思想。经学家的矛盾自有原因。

一方面，国家统一局面的形成和君主专制集权出现是既成的事实，强化君权的力量，强化国家的作用是学说的必由之路；另一方面，乡村社会的自治化向中央集权的挑战和儒学作为社会学说的传统，又迫使经学家对学说的必由之路产生怀疑。经学家的心理是矛盾和犹豫的，经学所反映的思想也是矛盾和犹豫的。社会的二重性是导致经学学说二重性的根本缘由。

第五节　公育制思想与天的人格化：经学与墨学

先秦时期，儒、墨共为显学。墨学一派的创始人是墨翟，其出生稍晚于孔子，大概可以认定为春秋战国之交时代的人。[①] 墨子是“贱人”,[②] 曾做过木工，技术高超，与当时著名工匠鲁班

① 墨子的生卒年代，考证家聚讼至今，尚未有确信的看法。有关各家考证，也可参见侯外庐等《中国思想通史》第一卷第七章第一节。

② 《墨子·贵义》记载楚献惠王使者穆贺对墨子说：“子之言则成善矣，而君王天下之大王也，毋乃曰：贱人之所为而不用乎。”但是，自称为贱并不能说明其身份低贱，孔子也说过“吾少也贱”之类的话。

齐名。[①] 据《淮南子·要略训》记载："墨子学儒者之业，受孔子之术，以为其礼烦扰而不悦，厚葬靡财而贫民，服伤生而害事，故背周道而用夏政。"如《淮南子》此说果然，那么就可以说，墨家一派原是从儒家分化出的反对派，和儒家自有渊源。

韩非称："世之显学，儒、墨也。"[②] 墨学虽为当时的显学，但墨子却未能忝列诸子之中，在太史公的《史记》中留下一个传记。司马迁为何没有为墨子作传？其原因不得详知。《史记》对墨子的记载散见于诸子各卷中。司马谈《论六家要指》谈到了墨家：

> 墨者亦尚尧舜道，言其德行曰："堂高三尺，土阶三等，茅茨不剪，采椽不刮。食土簋，啜土刑，粝粱之食，藜藿之羹。夏日葛衣，冬日鹿裘。"其送死，桐棺三寸，举音不尽其哀。教丧礼，必以此为万民之率。使天下法若此，则尊卑无别也。夫世异时移，事业不必同，故曰"俭而难遵"。要曰强本节用，则人给家足之道也。此墨子之所长，虽百家弗能废也。

班固《汉书·艺文志》亦谈到墨家：

> 墨家者流，盖出于清庙之守，茅屋采椽，是以贵俭；养三老五更，是以兼爱；选士大射，是以上贤；宗祀严父，是以右鬼；顺四时而行，是以非命；以孝视天下，是以上同。此其所长也。及蔽者为之，见俭之利，因以非礼，推兼爱之意，而不知别亲疏。

---

① 参见《墨子》之《鲁问》《公输子》二章。

② 《韩非子·显学》。

现存的《墨子》一书，出于《道藏》。传统学者对墨子不甚重视，甚至歧视，[①] 故有关墨学的论述不多。唯清末孙诒让有《墨子间诂》一书，对墨家一派的材料作了爬梳整理工作，是研究墨学的重要著作。

近现代学者，对墨学一派较为注重，而以阶级分析的方法作为评述墨子的始点。或认为墨子代表“王公大臣”；[②] 或认为墨子代表“国民阶级”；[③] 或认为墨子代表“中层阶级”；[④] 或认为墨子代表“从奴隶制的压迫下解脱出来的小生产者阶层的要求”；[⑤] 诸如此类的看法众多。相较以上诸家观点及相关论证，比照《墨子》一书，我们认为，墨子是先秦诸家中较具有平民意识的人物，因此把墨学解释为平民的社会学说较为妥当。

也许是墨出于儒，故墨学一派与儒家一样，同出一辙，立足于从社会出发解决社会问题，是一种社会学说。相较儒家，墨学的社会化倾向更为严重。他主张“兼爱”——“爱无差等”，主张“贵义”——“一同天下之义”；提倡“节俭”“节用”；并用“义利合一”“志功合一”的功利主义原则作为检验理论实际效果的标准。所有这些，均可以看出，墨学一派整合社会秩序的方法。

关于儒墨合流，前辈学者也有论证。蒙文通《儒学五论》载有专文，即《论墨学源流与儒墨汇合》，此文是研究儒墨合流的一篇重要文章，笔者认为当今研究这一问题的论述尚无出其右者。蒙氏的观点可归纳如下：

第一，尸子是儒墨合流中的重要人物。“前论汉师之微言，

---

① 清代汪中曾为《墨子》作序，就被当时儒者斥为“名教”罪人。

② 郭沫若：《十批判书》。

③ 侯外庐等：《中国思想通史》。

④ 范文澜：《中国通史简编》。

⑤ 朱伯崑：《先秦伦理学概论》。

若封禅之言禅让天子，巡狩之言黜陟诸侯，辟雍之选贤，明堂之议政，凡诸大端，莫不归本于明堂，导源于墨子。以极端平等之思想，摧破周秦阶级之政治，墨家之要义，一变而为儒者之大经。自取墨的为儒，而儒之宏卓为不可及也。非入汉而墨霍之学失其传，殆墨学之精入于儒，而儒遂独尊于百世也。而论明堂最能推明本义者，则为尸子固为诵法墨子者也。尸子有《止楚师》一篇，即公输般攻宋事，其曰：'禹之治水，死陵葬陵，死泽葬泽，桐棺三寸，制丧三日。舜死南巴，衣衾三领。'皆本墨子以为说也。尸子书虽不完，然本诸儒墨者十八、九，并儒墨为一家者，未有先于尸子者也。"

第二，《礼记·礼运篇》中的"大同"之说出自墨学。蒙氏引《墨子大义》一书述云："《礼运》大同之说，颇与儒家言出入，学者或疑为非孔氏书，或以为学老庄者掺入之。实则墨子之说，而援之以入儒耳。盖儒者数传之后，墨家兼爱尚同之理想，已大见重于人世。孔子所谓尧、舜犹病者，而墨子以为实行不难，子游弟子等，乃援儒入墨，谓仲尼亦有此说云耳。明知墨家之兼爱，与儒家之礼不相容，别为大同、小康二说。谓姑先行小康之治，以徐跂于大同，此《礼运》之所由作也。《礼运》大同说，与其他儒家言不甚合，而与墨子书意义多符，文句亦无甚远。天下为公，则尚同也；选贤与能，则尚贤也；讲信修睦，则非攻也；不独亲其亲，不独子其子，则兼爱也；货恶其弃于地，力恶其不出于身，则节用、非命也；使老有所终，壮有所用，幼有所长，鳏寡孤独废疾者皆有所养，则老而无妻子者有所侍养以终其寿。幼弱孤童之无父母者，有所依放以长其身之文也；货不必藏于己，力不必为己，则余力相劳，余财相分，余道相教之义也；谋诈闭而不用，盗贼窃乱不作，亦盗贼无有，谁窃谁乱之语也。总观全文，大抵摭拾《墨子》之文，其为墨家思想甚为显著。"

又谓："篇中下文，圣人能使天下为一家，中国为一人，亦

《墨子》尚同篇语。”

第三，墨学法夏，《孝经》亦本夏法，故《孝经》与墨学的关系密切。蒙氏说：“墨既托夏，而儒之取墨，亦不谓之墨法，而托法夏。法夏，从墨之义也。”“章枚叔《孝经》本夏法说曰：《孝经·开宗明义章》曰：‘先王有至德要道。’《释文》引郑氏说云，禹，三王最先者。斯义最宏远。余以郑氏综撮全经，知其皆述禹道，故以先王属禹，非凭臆言之也。禹说不存，当以墨子为说。墨子兼爱，《艺文志》序墨家者流云：‘以孝视天下，是以尚同。’《三才章》曰：‘先之以博爱，而民莫遗其亲。’博爱即兼爱，其证一也。《感应章》曰：‘故虽天子，必有尊也。’言有父也，言有兄也，《援神契》释以尊事三老、兄弟、五更。《白虎通德论》曰：‘不臣三老五更者，欲率天下为人子弟。’《艺文志》序墨家曰：‘养三老五更，是以兼爱，’此又墨家所述禹道与《孝经》同，其证二也。”“其在《墨子》外者，《左氏传》曰：‘禹会诸侯于涂山，执玉帛者万国。’《异义》引公羊说，殷三千诸侯，周千八百诸侯，是殷周无万国，独夏有此。《孝经·孝治章》曰：‘故得万国之欢心，以事其先王。’自非夏法，何有万国之数？其证一也。《周礼》五刑各五百，为二千五百章。《曲礼》曰：‘刑不上大夫。’《正义》引张逸曰：‘谓所犯之罪，不在夏三千，周二千五百之科。’《书·吕刑序》曰：‘吕命穆王训夏赎刑，其书言五刑之属三千。’是则条律之科，夏周有殊。《孝经·五刑章》曰：‘五刑之属三千，而罪莫大于不孝。’非夏法则不得此数，其证二也。”

第四，两汉今文学派有取墨家成其义者。蒙氏说：“本师井研廖氏，以今文家言为儒家取阴阳家说。余于儒家政治思想一篇中，以今文为儒家有取于墨家以成其义。盖世变异，而各家之学遂有兴有废。近人每以儒家言多为世族张目，为拥护旧社会。战国之世，旧社会日即于崩溃，而儒因湮晦，及汉初而新社会乃渐底于成。然此有令人大惑不解者，儒以旧社会之崩坏而始晦，至

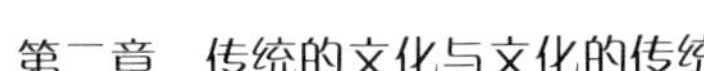

汉世新社会已长成而儒反以大显。汉武之罢黜百家，表彰六经，非国史上之奇迹欤？斯则儒家之显，正以儒学之日新，能奄有异家之长，以为我用。盖战国之世，君权扩张之时代也，惟法家能用之。儒家《春秋》公羊之徒讥世卿之类？是非孔孟之说，而公羊之流取法家以为说也。六王既毕，专制淫威，极于暴秦，而儒家浮丘子之徒，则主于官天下以传贤，而讥始皇，是已取墨家选天子之说。儒之取法家，义系于《春秋》，儒之取墨学，制具于礼家。自取法、墨以为儒，而儒之宏卓，益不可及。上视孔孟为旧儒学，此则为新儒学也。新时代之必以新学术，于今文之学见之。”①

蒙文通论儒、墨合流，所用的是传统学者的治学方法，考证详密，推论精当。也许就因为蒙氏的论述基于旧学，故不为时人重视推崇。把尸子作为儒、墨合流的重要人物，这一猜想，大胆而新颖。据一般史料记载，尸子是战国时期鲁国人，名佼，著《尸子》一书，二十卷，②《汉志》列为杂家。相传尸子曾为商鞅的门客，商鞅被车裂后逃亡入蜀，《尸子》一书，便是在蜀地所成。③《尸子》一书的明堂之论，实近于墨家思想。蒙氏说尸子明堂论导源于墨家“极端平等之思想”，笔者认为，这种理解稍有不谐。两汉时期，明堂一事不仅仅是经学家的理论，也是一种政治实践。“天子坐明堂”，明堂是宣明政教的地方。关于明堂，历史上诸家多有考证，笔者也有专文予以讨论。笔者认为明堂原是在孝的观念形式下的一种追祭祖先的场所，后来成为一种议政的地方。尽管对明堂的具体形式和功能多有假说，但各家的

---

① 以上引文均见蒙文通《儒学五论》，路明书店 1944 年版。本版舛误较多。在上文中，除对标点略有校正外，文字的错漏一般不作更改。

② 《隋书·经籍志》说有九篇之佚，为魏黄初中带所续。南宋尤袤《遂初堂书目》尚有著录，至明全佚。清代章宗源等有辑本。

③ 见《史记·荀卿列传》“楚有尸子、长庐”，集解引刘向《别录》。

观念均不否认明堂制度所具有的民主政治的成分。古代学者皆以明堂、清庙、太庙、太室、太学、辟雍为一事。① 墨子谈兼爱平等，亦谈贤人政治，前者是社会学说，后者是政治学说。墨子说："今王公大人，其所富，其所贵，皆王公大人骨肉之亲，无故富贵，面目美好者也。……是故以赏不当贤，罚不当暴，其所赏者已无故矣，其所罚者亦无罪。是以便百姓皆修心解体，沮以为善，垂其股肱之力，而不相劳来也；腐臭余财而不相分资也；隐匿良道而不相教诲也。"② 对任人唯亲的积弊，墨子看得十分透彻。统治阶层的继替的任人唯亲，造成社会赏罚混乱，是社会失控、秩序混乱的一个重要原因。为革除这一积弊，墨子则提出以"尚贤"为核心的"圣人政治"观点。社会的管理者，应该"贤人"担任。"甚尊尚贤而任使能，不党父兄，不偏富贵，不嬖颜色，贤者举而上之，富而贵之，以为官长；不肖者抑而废之，贫而贱之，以为徒役。"③ 墨子所倡导的"不义不富，不义不贵，不义不亲，不义不近"，④"同一天下之义"⑤ 的"善政"，只能由贤者来制定和监督执行。⑥ 墨家的政治学说是贤人政治，贤人政治是古代民主政治的翻版。在这点上，《尸子》"明堂说"的民主精神与墨家一派的民主政治是相同的。尸子本为商鞅的门客，商鞅是中央专制集权政治的倡导者，尸子本应是法家一派的拥彗者，为何抑专制而倡民主？也许因为他亲睹门主惨死于专制制度之下，大为震撼，遂逃隐蜀地，援墨入儒，为民主之说张目。应该指出，明堂一说所讲的民主不同于墨子的民主。墨子的

---

① 参见《淮南子·本经》"明堂之制"高诱注，蔡邕《明堂月令论》。清代阮元《明堂论》考证较详备，见《揅经室集》三。

② 《墨子·尚贤下》。

③ 《墨子·尚贤中》。

④ 《墨子·尚贤上》。

⑤ 《墨子·尚贤下》。

⑥ 《墨子·尚贤中》。

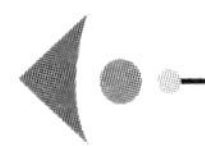

民主，“别亲疏”，讲的是社会公权下的民主；明堂说所讲的民主在慎终追远——孝的血亲关系中的民主，是承认君权权威条件下的民主。应该承认，汉代的经学家是有点民主精神的，这在古文经学一派中表现得更突出。汉代经师民主精神大概来源于墨家一派的启迪。但是，正统经学似乎并没有勇气对国家权力的“公”与“私”的问题提供一个标准的答案。实际上，要让汉代的经师回答这样的问题，的确有点勉为其难，他们的先师都回避的问题，他们又怎么能讲清楚呢？

若循着“公权”“私权”的思路考察，蒙氏认为“大同”一说出于墨子亦不谬矣。《礼运》一篇列于《礼记》之中，的确稍嫌突兀，“大同”之说，与儒家正统的学说也不甚洽。认为《礼记》提出大同说，是受了道家的影响，是古代学者的猜想，[①]并无切实凭据。对这种看法，今人朱伯崑提出反证。“道家反对举贤才，他们向往的理想社会是无为而治，但大同说头一条便讲‘选贤与能’，显然非道家理论。”至于“大同说”出处，朱氏回答是，“秦汉之际，很可能有些儒者利用儒家的思想资料来表达革命农民的理想，其观点被保存在《礼运》中。”[②] 朱氏的看法代表现代大多数学者看法。[③] 更有甚者，把“大同”说视为孔子学说；也有一些教科书用“大同”说描述中国原始公有制社会的形态。原为古代思想家的理想，其来源尚未可定，便衍生出诸多妙用，实为不妥。朱伯崑批驳“大同”说出于道家，思路明晰，举证恰当，可当回答“大同”说出处，却陷入混乱，乏证可陈。“儒者利用儒家的思想资料来表达革命农民的理想。”其

---

① 道家认为礼义的出现源于道德衰落，《老子》说：“礼者，忠信之薄而乱之首。”

② 朱伯崑：《先秦伦理学概论》第一章之第四节。

③ 见侯外庐《中国历代大同理想》；胡寄窗《中国经济思想史简编》第三章第三节等书。

一，儒者表达农民之理想，似乎与朱氏一贯思路不合，朱氏从未把儒者视为农民阶层的，尤其是革命农民代表人；其二，儒家的思想材料大概没有与“大同”说类似的材料，没有这类资料，又怎能被“利用”呢？有一点更应该引起注意，持“大同”说出自儒家学者，均不能举出像样的论据，谈到此问题，或过于武断，或过于模糊。上文所引关于“大同说”出于墨家，却一句一解，句句有据。在先秦诸子中公有的思想，讲的最多的是墨子。墨子“尚同”，实际是对公有制度的设计。墨子讲“尚同”，不应该理解为对远古公有制社会的追忆和怀念，而“尚同”一说有鲜明的时代烙印。墨子说：

> 明乎民之无正长，以一同天下之义，而天下乱也，是故选择天下贤良圣知辩慧之人，立以为天子，使从事一同天下之义。
>
> 凡国之万民上同乎天子，而不敢下比。天子之所是，必亦是之；天子之所非，必亦非之。去而不善言，学天子之善言；去而不善行，学天子之善行，天子者固天下之仁人者也。举天下之万民，以法天子，夫天下何说而不治哉！[①]

以上两段话皆出自《尚同》篇。在《墨子》一书中“一同天下之义”的说法很多，[②] 可见墨子对自己所处的分裂战乱的时代深恶痛绝，他提出了以公有制为基础“天子”专制的政体方案。所以说，墨子的“尚同”不是他的社会理想，而是他的社会问题解决方案。在这个方案中，“选择天下之贤者，立为天子”[③]，天子似乎是民选的，代表人民利益，并且“万民上同乎

① 《墨子·尚同中》。
② 如《墨子·尚贤下》有“同天下之义”之句。
③ 《墨子·尚同上》。

天子，而不敢下比”。墨子提出以公有制为基础的社会问题解决方案，对两汉经学影响很大。在下文讨论今文经学与古文经学时，我们要着重研究这个问题。公有制是专制政体的基础，抑或私有制是专制政体的基础，古代的思想家没有从理论上解决好这一问题，而政治实践也摇摆其间，由此也就引发了上文提到的君权的“公”与“私”问题，社会的二重性与思想的二重性互为因果。不过从理论上或零星史实可知，公有制专制也许比私有制专制更为残酷，因为完整意义的公有制无法真正成为现实，公有总是以国有的形式出现，而国家的统治阶层就成为国有财产的支配者，并通过对财产的支配来支配他人命运。

《礼记》“大同”说是墨家学说，应无疑义。《礼运》描写大同社会的第一句话便是“大道之行也，天下为公”。这与墨家“尚同”一致。还说“货恶其弃于地，力恶其不出于身也”，以不劳动为羞耻，这也与墨家把“舍余力不以相劳”的人视为“禽兽”的观点相同。[①] 墨子的理想社会是一个人人劳动、有财相分的社会，没有“不与其劳获其实，以非其有所取”[②] 的社会剥削。人们有余财不是“弃于地”，而是“勉以分人”。[③] 可见墨子“分财”与“劳动”的思想与“大同”说颇为一致。上文蒙氏引《墨子大义》认为“货恶其弃于地，力恶其不出于身”，是墨子“节用、非命”观点的延伸，稍不妥。

墨学的“大同”说应该说不是墨子本人的作品，而是后学所作，当然已与儒家学说掺和一起。如果说“大同”讲的是墨家的社会治理方案，那么，与“大同”相对应的则是儒家提出的以“小康”为标题的社会治理方案。儒、墨之显学就这样被拼凑起来，合而为一。也有人认为《礼运》篇出自荀子后学之

---

① 《墨子·尚同中》。
② 《墨子·尚同中》。
③ 《墨子·尚同中》。

手，因为此篇提到“圣人耐以天下为一家，以中国为一人者”，明显是指秦统一后的社会状况。[①] 我们认为，纵然《礼运》出自荀子后学，但荀子之后学显然受到墨学的影响。

“大同”说不仅对两汉经学影响较大，而且通过经学影响到汉代的实际政治，汉代选官制度有“贤良方正”一科，汉代又有一套完整的“申养老之义”的社会养老制度，恐是墨学思想余绪的推波助澜。汉代皇帝时常对“鳏寡孤独废疾者”加赐米帛，[②] 大凡也是受到墨家学说的影响。不过这时的墨学已成为经学的一部分，以经学面目出现并发挥其特殊的作用。此外“大同”说对传统知识分子的影响也是巨大的，自秦汉以后，“大同”说逐渐演变成知识精英的最高社会理想；独不抑知识精英如此，一些农民起义的领袖和革命者也以“大同”为最高理想，从洪秀全到孙中山莫不如此。

蒙氏论儒墨合流，最值得商榷的是他认为《孝经》出自于墨学。在这个论题上，蒙氏主要所取的是章枚叔《孝经》本夏法的说法。关于夏法、殷法、周法，主要是指三代各朝的文化与制度，对此问题，传统学者比现代学者似乎更为高明，能叙述清楚，其原因在于他们对文献资料笃信不疑。现代学者则通过考古学方法，尚未能确定夏的都城所在，这让他们如何相信文献中所提到的“夏法”呢？就此而论，表面上，《墨子》本夏法，《孝经》本夏法，夏法有无尚有问题，故本夏法说应是无稽之谈。但是仔细推敲，我们认为这样的论述也自有理由。先秦诸子，总倾向为自己的学说寻找一个文化传统。孔子曾说：“周监于二代，郁郁乎文哉，吾从周。”[③] 墨子当然也不例外。墨家一派根

---

① 参见朱伯崑《先秦伦理学概论》第一章第四节。

② 参见拙著《孝的观念与汉代政治秩序》，《中国史研究》1988 年第 3 期。

③ 《论语·八佾》。

据古史传说，编造出一个夏法来，并将此作为自己学派的文化特征，看来无可厚非。

蒙氏在《论墨学源流与儒墨汇合》一文中，对墨子从夏法事，交代简约，未作深究，只是说："墨之法夏言，世能言之；而法之从殷，未能论者。"尽管蒙氏未加详明，但我们仍可知他的"墨之法夏"说法，本来来自于《淮南子·要略》"（墨子）故背周道而用夏政"这句话的启迪。同时，关于墨子法夏还可以从《庄子·天下篇》找到论据。《天下篇》说，墨子崇拜夏禹，认为禹是圣人，禹不图安逸，而苦身劳神为天下做事，因此墨子要求他的弟子都布衣粗食，为百姓做事。不这样做，就不能称为"墨者"。

墨子法夏，根据蒙氏引述，《孝经》亦法夏，《汉志》序墨家者流云："以孝视天下"，如此说来，《孝经》出于墨学不应有疑义。但仔细分析蒙氏引述的论说，则发现此说尚难成立。

对于《孝经》一书，笔者曾有专门考证。笔者认为《孝经》是"儒分为八"后乐正子一派的作品。① 蒙氏的论说，其一，把"先王"释为禹，十分牵强。《孝经》邢昺注"先王"曰："先代圣德之主。"先王观是儒家基本观念，是指三代圣贤之君。如果把先王释为禹，就太狭促而不合儒家本义。其实，在《墨子》一书中，并不独推崇禹。"昔者，禹、汤、文、武方为政乎天下之时，曰：必使饥者得食，寒者得衣，劳者得息，乱者得治。"② 可见对"先王"的诠释，邢昺注比较公允。

其二，《墨子》一书讲"兼爱""尚同"，《孝经》亦讲述了这些内容，故《孝经》出于墨学。这样的论证，也稍欠妥当。班固说"（墨学）以孝视天下"，师古注："视读曰示。"这与墨子选贤者为王，为天下规范，"一同天下之义"的思想吻合，但

---

① 参见拙著《心斋问学集》"《孝经》成书小考"。

② 《墨子·非命下》。

《孝经》通篇所讲的是“以孝治天下”,[1]“治”与“视”字义的差别，反映出儒、墨两学派的特点。蒙氏论述又引《孝经·三才章》“博爱”观点，认为博爱即兼爱，此说出自墨家。的确，墨子讲兼爱，是基于公有制度的爱，其“兼爱”是“别亲疏”的，是后世儒者所骂的“无父无兄”的“役夫之道”。但《孝经》所讲的是“夫孝，始于事亲”,[2] 可见《孝经》所讲的爱与墨子所讲的爱，基本思路截然不同。《三才章》在讲完“博爱”以后，马上又讲到“导之以礼乐，而民和睦”，墨子是“非乐”的，又可见《孝经》与墨子一派的思想相去甚远。

《孝经》一书出自儒学一派，毋庸置疑。《汉志》亦把其列为儒家后学的著作。《孝经》的具体内容与儒家的基本思想是一致的。《白虎通义》说孔子“后作《孝经》何？欲专制正于《孝经》何？夫孝者上自天子下至庶人，上下通《孝经》者，夫制作礼乐仁之本”。[3]《孝经》一书是讲等级的，故分天子、诸侯、庶人诸章，讲“五等之孝”，这与墨学一派“民无终贱”[4]、“贵贱同享”[5] 的观念有明显的差别。《孝经》一书讲“敬”，讲“移孝为忠”，把家庭成员所必须履行的家庭义务，扩大为社会成员对社会履行的义务，这同样与墨学的思想不同。更应该注意的是，墨子讲“孝”，常常与“慈”相连,[6]“若使天下兼相爱，爱人若爱其身，犹有不孝者乎？视父兄与君若其身，恶施不孝？

---

① 《孝经·孝治章》曰：“昔者明王之以孝治天下也，不敢遗小国之臣，而况于公、侯、伯、子、男乎！”

② 《孝经·开宗明义章》。

③ 《白虎通义·五经》。

④ 《墨子·尚贤》。

⑤ 《墨子·明鬼上》。

⑥ 周予同说：“《墨子》书中，每每‘孝’‘慈’并提，绝未将‘孝’偏重，像儒家一样。”见《周予同经学史论著选集》“孝与生殖器崇拜”，上海人民出版社 1983 年版。

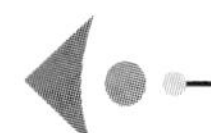

犹有不慈者乎？视弟子与臣若其身，恶施不慈？故不孝不慈亡有。”[①] “父自爱也，不爱子，故亏子而自利；兄自爱也，不爱弟，故亏弟而自利；……是何也，皆起于不相爱。”[②] “为人父必慈，为人子必孝。”[③] “父子弟兄之不慈孝弟长贞良也。”[④] 慈孝是交互的，只有互相兼爱，才能够做到父慈子孝。而墨子还着重强调了上对下的爱，但在《孝经》中，下对上的孝，则变成了绝对的义务。[⑤] 而《孝经》这一观点与孔子论孝的观点如出一辙。

如上所述，墨子法夏也许可以解释为墨学特征，但是，若说《孝经》亦法夏，《孝经》出于墨学一派，则问题较大。实际上，先秦诸子，学说林立，学说切磨融会的情况是常见的，所以在判断学说界标，不但要有外证，而且要找出内证。墨子“明鬼”，殷商时代“鬼”的迷信盛行，殷文化的余绪对墨子的影响也是较大的。墨家一派，对社会问题的分析及提供相应的解决之道，均以社会公有制为前提，这与儒家思想是根本不同的。大概理解这点，对儒、墨两派学说圭臬，才会有更清楚的理解。

蒙氏论述的第四点说，两汉经学有取墨家以成其义者，这种看法大致不错。但对此问题，蒙氏未能展开，而所列例证也有问题。蒙氏说“六王既毕，专制淫威。而儒家浮丘子之徒，则主于官天下以传贤，而讥始皇，是已取墨家选天子之说。”这段故事出于《说苑·至公》，蒙氏把故事中的鲍白令考释为浮丘伯，[⑥] 并认为墨家选天子之说实际就是指的一种传说的古代禅让制度。

---

① 《墨子·兼爱上》。

② 《墨子·兼爱上》。

③ 《墨子·兼爱下》。

④ 《墨子·明鬼下》。

⑤ 参见拙著《论孝的观念在汉代的演变》，《孔子研究》1988 年第 4 期。

⑥ 参见蒙文通《儒学五论》“儒学政治思想之发展”。

禅让指让帝位于贤者。“颍阳洗耳，耻闻禅让。”[1] 孔颖达疏“尧典”：“若尧、舜禅让圣贤，禹汤传授子孙。”[2] 让贤与选贤是不同的。

实际上，墨学对儒学的影响，在汉代经说中可以找出多种例证。这里我们主要讨论墨学“天的人格化”学说对经学的影响。

儒学的创始人孔子讲天，《论语》一书中这类记载较多。“获罪于天，无所祷也。”[3] “天生德于予。”[4] “天之将丧斯文也，后死者不得与斯文也；天之未丧斯文也，匡人其如予何？”[5] “天丧予！天丧予！”[6] 对于孔子讲的天，现代的学者有两种意见：其一认为孔子讲的天是自然之天，这是一般学者的看法；其二认为，“孔子的‘天’尚非有意义的主宰，则所谓‘获罪’‘丧予’……云云，将全不可解”；“天在这里依然是有意义的人格神。”[7] 我们认为第一种说法较为可信。查阅孔子所有讲到天的资料，孔子的“天”一般指天道，它不但不依赖人的意志转移，更没有主观意志，故孔子曰：“天何言哉？四时行焉，百物生焉。天何言哉！”[8] 此外，孔子讲“天”，一般与命相连，所以孔子好讲“天命”。“死生有命，富贵在天。”[9] “君子有三畏：畏天命，畏大人，畏圣人之言。小人不知天命而不畏也，狎大人，侮圣人之言。”[10] “吾十有五而志于学，三十而立，四十而不惑，

---

① 《后汉书》卷83《高凤传》“论”。
② 《尚书·尧典》。
③ 《论语·八佾》
④ 《论语·述而》。
⑤ 《论语·子罕》。
⑥ 《论语·先进》。
⑦ 侯外庐等：《中国思想通史》，第153—154页。
⑧ 《论语·阳货》。
⑨ 《论语·颜渊》。
⑩ 《论语·季氏》。

五十而知天命，六十而耳顺，七十而从心所欲，不逾矩。”① 把“天”与“命”联系一起，更可以看出孔子的“天”，实际有两种含义，主要内容是指一种不可抗拒的客观规律。当然，同时也可以引申出或多或少的命定论的倾向。

如果说孔子所讲的“天”有人格化的意义，那么，孔子就在自己的学说中为宗教的鬼神思想打开了一扇窗户。而实际上，孔子却把这扇窗户紧紧关闭。“子不语：怪、力、乱、神。”② 孔子又说：“务民之义，敬鬼神而远之，可谓知矣。”③ “季路问事鬼神。曰：‘未能事人，焉能事鬼？’”④ 故执“明鬼神”一说的墨子对孔子这点十分不满，讽刺道：“执无鬼而学祭礼，是犹无客而学客礼也，是犹无鱼而为鱼罟也。”⑤ 实际上，孔子极力避免自己的学说宗教化的努力，是学术内纯化的外在表现，使儒学得以遵循内纯致治的学术发展规律向前发展，并走向繁荣。

的确，放眼观来，孔子所讲的“天”与“天命”，有时颇有人格神的意味。仔细分析，这是修辞学的障眼法，是以拟人化的修辞方法来表达对天的崇敬。拟人化与人格化是两回事，前者是语言学应该讨论的问题，后者是宗教学应该讨论的问题。两者混淆一起，就会引起学人判断的失误。

与孔子相反，墨子的“天”则具有人格神的意味。墨子神化“天”的做法，首先从否定“天命”开始。他说：“命者，暴王所作，穷人所术。”⑥ 他认为所谓天命是统治集团骗穷人的把戏。“执有命者之言曰：命富则富，命贫则贫，命众则众，命寡则寡，命治则治，命乱则乱，命寿则寿，命夭则夭，虽强劲何益

---

① 《论语·为政》。
② 《论语·述而》。
③ 《论语·雍也》。
④ 《论语·先进》。
⑤ 《墨子·公孟》。
⑥ 《墨子·非命下》。

哉？以上说王公大人，下以驵百姓之从事，故执有命者不仁。”①由此可见，墨子的“非命”，主要目的是否定孔子“天命”学说的命定论倾向，当然同时也从理论上否认了天作为客观规律的可能。现代学者对墨家否认“天命”，而又提出“天志”“天意”的做法颇为不解。其实，否认了不依自己意志变化的“天命”，恰好为可以依自己意志变化的“天”留下通道。这样解释，似乎通达明晰一些。

否认了“天命”，墨子的“天志”“天意”一说，就畅通无阻。墨子说：“谁为知？天为知。然则义果自天出也。今天下之士君子之欲为义者，则不可不谓顺天之意矣。”② 又说：“顺天意者，兼相爱，交相利，必得赏；反天意者，别相恶，交相贼，必得罚。”③ 还说：“观其行，顺天之意，谓之善意行；反天之意，谓之不善意行。”④ 墨子的天与孔子的天不同，墨子的天是有道德的天，是能赏能罚的天，这几近于宗教学说的上帝。

既然在墨子的思想中，天已被人格化了，那么，鬼神们一哄而拥挤进来，也就无可厚非了。墨子说：“今者使天下之人，偕若信鬼神之能赏贤而罚暴也，则夫天下岂乱哉！”⑤ 他批判儒家学说也曾说道：“儒以天为不明，以鬼为不神，天鬼不说，此足以丧天下。”⑥

当然，虽然墨子的学说把天人格化，并引入鬼神的观念，墨学有一定宗教化色彩。但我们仍不能把墨学视为宗教学说。墨学的这些做法是有一定功利性目的的。所以，可以这样说，墨学是基于平民阶层所提出的、一种用道德手段解决社会问题的社会学

---

① 《墨子·非命上》。
② 《墨子·天志下》。
③ 《墨子·天志上》。
④ 《墨子·天志中》。
⑤ 《墨子·明鬼下》。
⑥ 《墨子·公孟》。

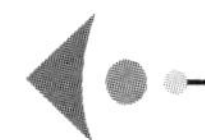

说；儒学则是基于贵族阶层所提出的、一种用道德手段解决社会问题的社会学说。两者解决社会问题的手段是相同的。同时也应该指出，墨学的宗教化倾向，开启了学术宗教化大门，《太平经》中可以找到许多墨学一派的内容，故《墨子》一书被妥善地保存于《道藏》之中。而墨子学说的精义又常常为农民运动所运用，“杀人者死”，原为“墨者之法”，至汉代以来则成为许多农民革命的简易法律条文，深入人心。“均贫富，等贱贵”更是农民运动所追求的目标，所呐喊的口号。对墨学的进一步探讨不是本书论题，在此赘论颇有不妥，本书要探讨的还是墨学与经学的关系。

墨学对经学的影响又主要体现在天的人格化方面。董仲舒是两汉经学的代表人物，在他的“天人感应”学说中，处处可以看到“天志”“天意”这样的概念：

> 天使阳出布施于上而主岁功，使阴入伏于下而时出佐阳；阳不得阴之助，亦不能独成岁。终阳以成岁为名，此天意也。①
>
> 天之志，常直阴空处，稍取之以为助。故刑者德之辅，阴者日之助也。②
>
> 是故王者上谨于承天意，以顺命也。③

不但天具有意志，四季的运行也各有目的：

> 春，爱志也，夏，乐志也，秋，严志也，冬，哀志也。故爱而有严，乐而有哀，四时之则也。喜怒之祸，哀乐之

---

① 《汉书》卷56《董仲舒传》所载《举贤良对策》。

② 《春秋繁露·天辨在人》。

③ 《汉书》卷56《董仲舒传》。

义，不独在人，亦在于天。①

董仲舒“天志”“天意”观念与传统儒家关于天的解释是不相同的，这种思想来源于墨学一派。如果说墨子在人格化天概念的时候还有所掩饰，董仲舒则更赤裸裸地把“天”解释为至高无上的神：

> 天者，百神之君也。王者之所最尊也。以最尊天之故，故易始岁更纪，即以其初郊。郊必以正月上辛者，言以所最尊。首一岁之事，每更纪者以郊，郊祭首之，先贵之义，尊天之道也。②
>
> 天者，百神之大君也，事天不备，虽百神犹无益也。③
>
> 以此观之，不祭天者，乃不可祭小神也。郊因先上，不吉不敢郊，百神之祭不上，而郊独上，郊祭最大也。④

郊祭是祭天，于是天具有人格，被神化，作为“百神之君”的天的本性是仁，“仁之美者在于天。天，仁也。”⑤ 天做的事也是公平的：

> 夫天亦有所分予，予之齿者去其角，付其翼者两其足。是所受大者不得取小也。古之所予禄者，不食于力，不动于末，是亦受大者不得取小，与天同意者也。⑥

---

① 《春秋繁露·天辨在人》。
② 《春秋繁露·郊义》。
③ 《春秋繁露·郊祭》。
④ 《春秋繁露·郊祭》。
⑤ 《春秋繁露·王道通三》。
⑥ 《汉书》卷56《董仲舒传》。

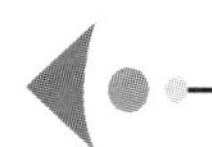

这种思想与墨家一派人格化的天是一样的。此外，董仲舒还把具有人格的天与人联系在一起，“人副天数”，天所以生人，完全是为了实现天的意志。他说：“人之为人，本于天，天亦人之曾祖父也。”① 人若是违背了天的意志，天便“出灾害以谴告之”，若不听，“乃见怪异以惊骇之”。若还不知畏恐，“其殃咎乃至”。②

董仲舒的思想，以儒学为本，但糅杂了许多其他学派的思想，墨家一派也不例外。

墨学天的人格化思想多为汉代今文经学所接受，如《白虎通义》释“天”时说：“天者何也，天为言镇也；居高理下，为人镇也。”而墨学公有制度下“明堂”中所包含的民主思想、“大同”说，又多为汉代古文经学所接受，并作为两汉经学中的重要内容。墨学中的选贤、养老思想通过经学的移植，化为两汉社会政治制度。因此，从表面上看，墨学至秦汉以降，已渐销声匿迹，但其思想精义还是被改头换面地保存下来。

第六节 原始的迷信与原始的科学：经学与迷信、阴阳五行

两汉经学所涵括的内容十分庞杂，其文化来源也是多重的。阴阳五行说是经学的重要内容，是汉代人解经的主要特征之一；对原始的迷信吸纳兼容，则又使经学凸显出庸俗化的神学特征。从多元的角度对经学的文化渊源进行研究，有助于我们认识经学的本质。

中国传统的文化思想如同中国传统社会制度，具有鲜明的二

① 《春秋繁露·人副天数》。

② 《春秋繁露·必仁且知》。

重性。文化思想的二重性既表现在对文化创新与守旧的认识上，又表现在上层的精英文化意识与下层的大众文化意识对立这一方面。实际上，任何地区或国家的文化，究其源流，观其现状，均可以划分为精英文化和大众文化。比如在当代社会中，一些人习惯着西装革履到剧院听歌剧，而有一些人则习惯敞胸露怀到打谷场看“二人转”。由于精英文化的拥护者均是“能立言”的文化人，所以他们便称自己所拥护的精英文化为正统文化，而斥大众文化为民间文化；所以他们便称“君子之德风，小人之德草，草上之风必偃”。①

把正统文化与民间文化之间的关系视作臣服关系是不恰当的。这是文化专制主义的说法，也是现代西方史学家津津乐道的“文化的霸权”。文化与文化之间互相融合影响是存在的，但是，每一文化都具有自己独特的个性，要抹杀一文化个性，就等于抹杀这一文化的生命。就中国传统文化而论，民间文化一直是广大民众的精神载体，虽然民间文化的大多说法迂怪奇异，但仍为大多数不识字或识字不多的民众认同，是民众精神生活的一部分。在一般情况下，与正统文化并行不悖，并随着社会环境的更变和社会的进步而发展变化。就两汉经学而论，两种文化又可以切磨融合，在一定的条件下达到相对的统一。一方面，民间文化的兴盛，使它的影响可以波及经学；另一方面，经学在谋求“定于一尊”的道路时，也需要吸收民间文化的某种形式和思想精义。以下我们要谈的是民间迷信思想对两汉经学的具体影响。

远古之时，民智未开，原始的文化与原始迷信混为一体。神祇的崇拜，鬼魅的观念，巫术及其他迷信形式弥漫于社会之中。以现代学术视角来看，原始的迷信固然荒诞不经，内容芜杂，形式错乱，但是这的确是远古的人们“自知”的动力，是“知性

① 《论语·颜渊》。

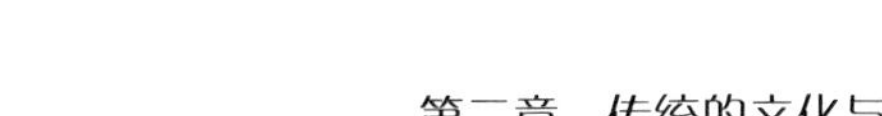

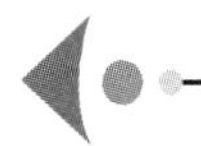

幻化的结果，是人类原初对自身含糊不清的表达”①。原始的人们并没有完全把自身与自然分离，“在人类童年的时期，自知是通过假定完成的，这种假定亦可以从时间和空间两个方面理解，原初的人对时间的认识是通过万物生成变化、日月的起落、自身的生长与衰老的现象产生的。这是一种表象的认识和表达。同样对空间的认识也是表象的，原初人的空间基本局限于目光所及的直观范围内，无联想且无抽象，空间概念的发展，是随着人类活动范围的扩大而发展的”。②

从时间上的自知，导致了灵魂观念的产生。灵魂的概念是人类原始思维中第一次最深刻最有意义的抽象。从这个角度来说，原始的迷信其实是原始的人文科学。灵魂出现了，鬼神的观念也日趋完整，巫术形式也应运而生。因为鬼神是灵魂的具体形式，而巫术则是联系人与鬼神的手段。从空间上的自知，导致了泛灵观念的产生，自然万物被人格化，继之生成了原初人类的复合信仰。随着人类自知能力的深化和空间范围的拓展，自然万物的人格逐渐被表达万物构成的概念替代，在中国，阴阳观念、五行观念的产生则是明显的标志。这是人类原始思维中又一次最深刻最有意义的抽象。从这个角度来说，原始自然科学来源于原始迷信之中。

中国的迷信观念是民间文化的重要内容，对社会生产生活影响很大。研究传统民间文化的学人业已指出，兹不再画蛇添足。中国迷信的起源很早，就商朝而论，有商一代，鬼神观念与巫术思潮是其文化的主要内容，“殷人尊神，率民以事神，先鬼而后礼。”③ 因此，商代政权具有神权的性质，对神灵的崇拜也发展到极端，人牲是商代祭祀中常见的现象，而人牲的数量巨大。在

① 见拙著《心斋问学集》第五编“作为知性过程的历史”。
② 见拙著《心斋问学集》第五编“作为知性过程的历史”。
③ 《礼记·表记》。

殷墟十四座大墓中，殉葬人数高达3900人左右，① 殷墟卜辞中记载商代晚期“共用人祭13052”。② 神权政治的残忍性可见一斑。殷商社会，鬼神观念较为浓烈，从卜辞中可以看出，凡关于风云、灾异、丰啬、征战、疾病、选官、生育、田猎、出生等诸事，均要占卜，几乎是每事必卜。根据卜辞记载，商有“贞人”，专职占卜。殷人的祭祀，对象十分广泛，有对日月星辰的占卜，有对土地河岳的占卜，这是对自然神灵的崇拜。在卜辞中，对自然神灵的占卜记载不多，而祭祀的仪式也不隆重，与之相反的是对祖先神灵的卜辞众多，对祖先神的祭品也十分丰厚。对祖先神的祭祀，是为了祈求祖先的保佑和降福。

“周因于殷礼”，对祖先神的崇拜一如既往。《尚书》对此记载多见：

> 既克商二年，王有疾，弗豫。二公曰：“我其为王穆卜。”周公曰：“未可以戚我先王?”公乃自以为功，为三坛同墠。为坛于南方，北面，周公立焉。植璧秉珪，乃告太王、王季、文王。史乃册，祝曰：“惟尔元孙某，遘厉虐疾。若尔三王是有丕子之责于天，以旦代某之身。予仁若考能，多材多艺，能事鬼神。乃元孙不若旦多材多艺，不能事鬼神。乃命于帝庭，敷佑四方，用能定尔子孙于下地。四方之民罔不祗畏。呜呼！无坠天之降宝命，我先王亦永有依归。今我即命于元龟，尔之许我，我其以璧与珪归俟尔命；尔不许我，我乃屏璧与珪。”乃卜三龟，一习吉。启籥见书，乃并是吉。公曰：“体！王其罔害。予小子新命于三王，惟永终是图；兹攸俟，能念予一人。”公归，乃纳册于

① 黄展岳：《中国古代的人殉和人牲》，《考古》1974年第3期。

② 胡厚宣：《中国奴隶社会的人殉和人祭》，《文物》1974年第8期。

金滕之匮中。王翼日乃瘳。①

这段文字中有一篇周公在武王病笃，向祖先神即太王、王季和文王祷告的祷文，祷告后还卜三龟。对祖先神的崇拜是中国原始迷信的重要特点，也是血亲宗法社会在人们意识中的反映。但周代原始鬼神、巫术的气氛毕竟不如商殷浓烈。也许是因为周文化的进步，在祈祷神祇的同时，把祭神之礼转化为道德之礼，并用于规范社会。“故知周之制度典礼，实皆为道德而设。”②

至春秋战国之时，民智开启，西周道德治国思路遂为诸子弘扬光大。“德之不修，学之不讲，闻义不能徙，不善不能改，是吾忧也。”③ 以德治理天下，衍化为诸多的形式，形成林林总总的学派、学说。以德治天下的思想尤为儒学一派所推崇。对神祇的祭祀有转化为纯粹仪式的倾向。④ 除墨子一派为“鬼神”张目外，⑤ 其他各家多不谈鬼神。后人认为，道家一派讲神仙，引入“仙”的概念。表面看来，道家与神仙家本不相合，⑥《释名》释“长幼”：“老而不死曰仙。”“仙”的说法与民间文化中神仙术、养生术有关。《南史·龚祈传》载：“祈风姿端雅，容止可观，中书郎范述见之，叹曰：‘此荆楚之仙人也’。”仙人的传说，多盛行南方文化一脉。道家一派，起源南方，当然受到地域

① 《尚书·金縢》。

② 王国维：《观堂集林·殷周制度论》。

③ 《论语·述而》。

④ 例如《论语·八佾》：“祭如在，祭神如神在。子曰：‘吾不与祭如不祭。’”

⑤ 实际上墨家所谈鬼神，多如理论上的概念，乃抽象意义的鬼神，目的是帮助墨子“兴天下之利，除天下之害”。这样，鬼神就成为一种实现目的的手段。

⑥ 章太炎《国学讲演录》中《诸子略说》指出：“神仙家、道家，《隋志》犹不相混。清修《四库》，始混而为一。其实炼丹一派，于古只称神仙家，与道家毫无关系。”见《章氏丛书》。

民间文化的影响，故《庄子·逍遥游》讲的“藐姑射女神”俨然有仙人的味道，不枉后来的学人把道家与神仙家混为一谈。

民智初启后，精英文化和大众文化分野日渐清晰。虽然前者的学说见于经传，传于后世，但并不妨碍后者的传说在民间日渐丰富、光大。从古代经史所涉及的相关记载中，我们可知道当时民间迷信文化的基本内容。

其一，鬼神迷信。儒家一派的宗主孔子说：“未能事人，焉能事鬼？”虽然竭力“敬鬼神而远之”，但并不鲜明地否认鬼神存在，他夸赞禹时说：“禹，吾无间然矣！菲饮食而致孝乎鬼神，恶衣服而致美乎黻冕，卑宫室而尽力乎沟洫，禹，吾无间然矣。”① 在经书中相关鬼神的记载也比较常见。《诗经》有“为鬼为蜮，则不可得”② 的诗句。《礼记》也说：“众生必死，死必归土，此之谓鬼。”③ 说明当时人们普遍相信人死以后，灵魂转为鬼，并会害人作乱。从这些例证可以看出，原始迷信中的鬼神观念是经学的文化来源之一。在其他文献中，有关鬼神的记载也不少。墨子是明鬼神的，所以《墨子》一书还是有一些这类材料，现举一例，很能说明当时鬼神迷信在民间的流行状况：“越之东有輆沐之国者，其长子生则解而食之，谓之宜弟。其大父死，负其大母而弃之，曰，鬼妻不可与居处。”④《韩非子》记载的一个故事，颇为人乐道：“客有为齐王画者，齐王问曰：‘画孰最难者？’曰：‘犬马最难。’‘孰易者？’曰：‘鬼魅最易。夫犬马，人所知也，旦暮罄于前，不可类之，故难。鬼魅，无形者，不罄于前，故易之也。’”屈原的楚辞诸篇中，鬼神的记载

---

① 《论语·泰伯》。

② 《诗经·小雅·何人斯》。

③ 《礼记·祭义》。

④ 《墨子·节葬下》。同样的记载又可见于《列子·汤问》，张华《博物志》五。

更是摭拾即是，其中《山鬼》一篇，对山中之女鬼的描述，极尽文学修辞手法。《九歌·国殇》有“身既死兮神以灵，魂魄毅兮为鬼雄”的句子，嗣后“鬼雄”成为许多诗人相互推许的人死后的理想人格。[①] 春秋战国时，有一种叫“蚁鼻钱”的货币，俗名“鬼头”，又叫“鬼脸钱”。形上狭下广，狭处有小孔，面有镂刻，近世在长沙等地常有出土，近人考证，为当时楚国使用的钱币。[②] 秦代法律中又有“鬼薪”一名，《史记·秦始皇本纪》九年：“尽得毐等。……车裂以徇，灭其宗。及其舍人，轻者为鬼薪。”《集解》引应劭曰：“取薪给宗庙为鬼薪也。”把给宗庙供柴薪的刑徒，以“鬼薪”名之，可见，鬼神的观念是一种为常人认可的社会观念。以上诸事例，均可以看出，鬼神观念的普遍化，及对以诸子为代表的精英文化的影响。

秦汉以降，虽然儒家学说被册封一尊，被认定为正统文化，但鬼神观念仍在民间流行。汉代的史料文献记载比比皆是。王逸《九思·哀岁》说：“神火兮颎颎，鬼火兮荧荧”，这是文献中对鬼火最明确的记载。汉代早期的道教也被称为“鬼道”：“沛人张鲁，母有姿色，兼挟鬼道，往来焉家。”[③] 至南北朝时期佛教也被谤为“鬼教”。“沙门都统僧暹等忿玚鬼教之言。以玚为谤毁佛法，泣诉灵太后，太后责之。玚自理曰：‘……《礼》曰：明则有礼乐，幽则有鬼神。是以明者为堂堂，幽则为鬼教。’佛非天非地，本出于人，应世导俗，其道幽隐，为之为鬼，愚谓非谤。”[④] 鬼神的迷信很容易与宗教结合，并滋生发展。

其二，巫术迷信。原始的巫术迷信，在鬼神气氛弥漫的商

① 宋代李清照有“生当为人杰，死亦为鬼雄”的诗句，见《全宋诗》；陆游有“壮士未与年俱老，死去犹能作鬼雄”的诗句，见《剑南诗稿·书愤》。

② 参见钱无咎《古钱考略》一。

③ 《后汉书》卷75《刘焉传》。

④ 《魏书·李玚传》。

代，最为盛行，到了周代，风气稍束。巫的地位不如前代。《周礼》把司巫列为中士，隶属司祝。《国语·楚语》下：“在男曰觋，在女曰巫。”注云：“觋，见鬼者。《周礼》男亦曰巫。”巫师是人间通天地者，可与鬼神相语沟通。经书中有相关巫的记载多见。《易经·巽》：“用史巫纷若，吉、无咎。”孔颖达疏：“史谓祝史，巫谓巫觋，并是接事鬼神之人也。”《周礼·春官·神仕》：“凡以神仕者掌三辰之法。”贾公彦疏：“故知此神仕是巫。……在男曰觋，在女曰巫者，男子阳，有两称，名巫名觋；女子阴不变，直名巫，无觋称。”后来一般把巫解释为以舞降神的女人，这种说法来源于《说文》。《说文》释“巫”曰：“巫，祝也。女能事无形，以舞降神者。象人两褎舞形，与工同意，古者巫咸初作巫。”这是汉代人的看法。可能是因为汉代觋都变成了方士，巫只好留在民间装神弄鬼了。

先秦之时，巫觋是迷信文化的重要代言人，巫觋文化乃是当时文化的一个组成部分。巫师是礼官的一种，“祝嘏辞说，藏于宗祝巫史。”① 并以相传法术，为国除灾。“国有六灾，则帅巫而造巫恒。”本注：“恒，久也。巫久者，先巫之故事。造之当按视所施为。”② 巫师能歌善舞，“敢有恒舞于宫，酣歌于室，时谓巫风。”疏云：“巫以歌舞事神，故歌舞为巫觋之风俗也。”③ 此外巫师有两项重要基本技能，一是治病。《论语·子路》：“人而无恒，不可以作巫医。”俞樾平议：“巫、医，古得通称。此云不可以作巫医，医亦巫也。”《周礼》中又提到“巫马”一官，“掌养疾马而乘治之，相医而药攻马疾，受财于校人。”疏云：

---

① 《礼记·礼运》。

② 见《周礼·春官·司巫》及注。清汪中认为，“恒”是“咸”的转语，巫咸世为巫师，因以“巫恒”为世代习巫者通称。参见孙诒让《周礼正义》卷50《司巫》。

③ 《尚书·伊训》。

“巫知马祟，医知马疾。疾则以药治之，祟则辨而祈之，二者相须，故巫助医也。”① 俞樾的平议则与孔颖达疏不同：“巫马非巫也。巫，犹医也。……巫医古得通称，盖医之先亦巫也。”把医之先定为巫，俞樾的平议显然比孔疏高明。从现存的原始民族社会调查资料来看，落后的民族，巫师也就是医生，印证了俞樾的观点。此外《公羊传》也有这样的说法：“于钟巫之祭焉。”何休注：“巫者，事鬼神祷解以治病请福者也。”② 古代的神医也多以巫为名。“开明东有巫彭、巫抵、巫阳、巫履、巫凡、巫相，夹窫窳之尸，皆操不死之药以距之。”注：“皆神医也。”③ 《吕氏春秋·勿躬》：“巫彭作医，巫咸作筮。”二是求雨、治水。至春秋战国之时，由于诸子学术兴起，作为传统文化代言人的巫师的职能遭到挤压，巫师上接天下通地的功能，因有碍于王权专政，故为王权压抑；随着民智的开化，医学也逐渐从巫术中分化出来，成为独立的学科。巫师的技能逐渐被固定在求雨、治水方面，而这项工作的成败，常须效验，故十分危险。《左传·僖公二十一年》：“夏，大旱，公欲令焚巫尪。”西门豹治邺之事最为熟知。豹是战国魏人，魏文侯时任邺令，邺地三老勾结女巫，敛百姓财物，每年必择民家女子沉入漳河，谓为河伯娶妇。豹至，投女巫、三老于河，恶俗得除。④ 这段故事一方面说明当时巫术思想在民间影响很大，另一方面又说明民间的巫术文化已开始被精英文化所排挤。此事从《韩非子》中又可见一斑：“今巫祝之祝人曰：‘使若千秋万岁！’千秋万岁之声聒耳，而一日之寿无征于人，此人所以简巫祝也。”⑤

---

① 见《周礼·夏官·巫马》及注。

② 见《公羊传·隐公四年》及注。

③ 《山海经·海内西经》。

④ 《史记·滑稽列传》。

⑤ 《韩非子·显学》。

巫术文化虽遭压抑，被正统文化视为“伪方异伎、巫蛊左道、不祥之言，幻惑良民，王者必止之”①。但其文化根蒂深固，得传统民间民愚之沃土，每遇雨水滋润，便枝蔓交杂相生，蔚然可观，汉代著名的巫蛊之祸，便是一例。② 汉代的今文经学与谶纬中也可见巫术文化影响的痕迹。关于这点，在下文讨论经学谶纬化中更有阐述，此处从略。

其三，神仙术、养生术。原始的人们从时间上的自知，产生出原始的迷信。原始的迷信是原始文化的主要内容。神仙术与养生术也是原始迷信的一种形式。本书之所以把神仙与鬼神区别开，是因为鬼神讨论的对象是死，神仙讨论的对象是生。鬼神迷信相信人有生有死，而神仙迷信相信人生而不死。所以古人才会说“生而不死谓之仙”。

鬼神的迷信产生较早，生生死死是人们肉眼可见的现象，死后灵魂变为鬼是人们对死后的一种想象。随着社会的进步、文化的发展，人们又把死后变为鬼神的想象向前推进了一步，人是不是可以不死永生呢？顺着这个猜想，神仙的观念就诞生了。当然，不是任何人都有权利想象永生，对那些终生劳作的人们，永生的追求绝不可能比二餐吃饱急迫，故神仙的观念原是有闲阶层或权贵们的急切追求。要想永生，就需要寻求方法，神仙术就诞生了；要想不死，必须养生，养生术就诞生了。过去的巫师，尤其是男巫师们便唯利是图，改换门庭，弃通神、求雨、治病等技能，专司神仙、养生之道，摇身一变，成为方士。

秦汉之时，方士众多，经学独尊后，有变为经师者，以图仕途有成，这类人多是方士中的拔萃者。而大多方士仍袭旧业，冀望以方术见幸于天子。《后汉书·方术传》有一段文字描述了汉代方士的状况：

---

① 《六韬·文韬·上贤》。

② 参见《汉书·武帝纪》征和元年、二年；《汉书·江充传》。

> 汉自武帝颇好方术，天下怀协道艺之士，莫不负策抵掌，顺风而届焉。后王莽矫用符命，及光武尤信谶言，士之赴趣时宜者，皆骋驰穿凿，争谈之也。故王梁、孙咸名应图录，越登槐鼎之任，郑兴、贾逵以附同称显，桓谭、尹敏以乖忤论败，自是习为内学，尚奇文，贵异数，不乏于时矣。是以通儒硕生，忿其奸妄不经，奏议慷慨，以为宜见藏摈。子长亦云："观阴阳之书，使人拘而多忌。"盖为此也。

关于汉代的方士与儒生，顾颉刚先生《秦汉的方士与儒生》一书，讲述甚明。这里我们主要探讨的是方士的神仙术与养生术。

章太炎认为道家与神仙家本不相识，此说源于《汉志》。在《汉志》中，两家分列，方技被分为四种，即医经、经方、房中、神仙。然而正如上文所指出的，从道家一派的文献中，可以寻觅到许多受神仙术、养生术影响的痕迹。

除了《庄子·逍遥游》篇中"绰约若处子"一样的藐姑射山上的神女有似仙人，其他篇章中所提到的"真人"，也就是后来的仙人。《庄子·大宗师》讲：

> 古之真人，其寝不梦，其觉无忧，其食不甘，其息深深。真人之息以踵，众人之息以喉。

这样的古代真人，还深得养生之道，踵息的方法便是要求呼吸慢而深长，把气运到足底涌泉穴，与现代仍流行的养生术无甚差别。又《天地篇》讲到圣人修仙的方法：

> 夫圣人鹑居而放食，鸟行而无彰。天下有道，则与物皆昌；天下无道，则修德就闲。千岁厌世，去而上仙，乘彼白云，至于帝乡。

圣人修仙的目的，是因为可以“千岁厌世、去而上仙”，生命可以不死。这就昭明了不死是神仙术的目的所在。人要达到不死永生，便要深湛其修养，高明其道术。《秋水篇》中讲：“吾长见笑于大方之家。”“方家”指得道高人。《天下篇》又讲：“天下之治方术者多矣。”唐成玄英疏：“方，道也。”由此可见方士文化对道家的影响。

神仙术追求的是永生，养生术是实现永生的方法。就方法而论，神仙养生术可分两种流派，一为辟谷食气派，二为求仙丹药派。前者流行于南方，起源较早，其方法是通过不食五谷、吐引吸纳以羽化成仙。屈原《远游》的“餐六气而饮沆瀣兮，漱正阳而含朝霞”，与《庄子》中藐姑射山之神人“不食五谷，吸风饮露”，都并不只是浪漫的神话和幻想，而是战国时代神仙家辟谷食气的真实行为的反映。马王堆帛书《却谷食气篇》中即有“食阳光、朝霞的方法”①。后者兴起于战国后期，燕、齐地区至秦汉仍流行不绝，主要的方法是浮海求仙，得点化求不死之奇药以成仙，或炼制不死丹药，服药永生，得道升天。《史记·封禅书》对此记载颇详。②

神仙养生术与鬼神、筮术、迷信均是原始迷信的具体内容。原始迷信是人们从时间的角度证明自己（即自知）的方法。从时间方面的自知产生了对祖先的崇拜，继而产生了灵魂与鬼神观念，继而创造出联系鬼神的方法，继而又产生了以不死为核心的神仙养生术。周代以后，民智渐开，原始迷信文化中分解出精英文化一系，遂风靡于社会，成为正统文化的代表，原始迷信文化

---

① 王铁：《汉代学术史》，华东师范大学出版社 1995 年版，第 124 页。

② 《史记·封禅书》：“而宋毋忌、正伯侨、充尚、羡门子高最后，皆燕人，为方仙道，形解销化，依于鬼神之事。”又：“自威、宣、燕昭使人入海求蓬莱、方丈、瀛洲。此三神山者，其传在勃海中，去人不远，患且至，则船风引而去，盖尝有至者，诸仙人及不死之药皆在焉。”

受到压抑和排斥，原始迷信文化萎缩至民间，成为民间文化的主体。春秋战国时期原始迷信对诸子学说的影响，可以在诸子学说中寻找许多例证。至两汉时期，原始迷信对经学的影响，可以从经学谶纬化方面加以讨论。然而，应该指出的是，在中国传统社会中，民间的迷信文化是一种自成体系的文化，虽然它与正统文化互相影响，在自身发展中，吸收了正统文化的观念和思想；虽然它与佛、道及其他宗教掺杂糅合，形成了多种多样的民间宗教，创造了许许多多民间诸神，但作为中国传统文化的重要组成部分，其原生内容并未有太多改变，鬼神、巫术与神仙养生仍是其文化主要成分。民间文化在民间有众多的信众，一方面与民愚有关，所谓迷信，只有迷（自迷或被迷）才会有信；文化素质的低下使多数民众乐于迷信文化的惯性。另一方面与国家文化强制有关，大凡被桎梏之囚徒，总想把镣铐打开。因此，民间迷信文化稍遇合适的环境，便多呈星火燎原之势，形成迷信文化潮流。从古至今，我们并不缺例乏陈。

在讨论完原始迷信以后，我们大概可以做一下结论，就传统社会各阶层来说，平民信鬼，皇帝喜神，知识阶层爱仙。平民百姓多信鬼，缘于无奈，生来三餐不济、终日劳作，故不死对其似无意义。皇帝权贵们喜欢作神，缘于有所为，生来就颐指气使，横行无阻，死后这种特权自然不愿被剥夺。至于知识阶层偏爱成仙，缘于有所为有所不为。仙内心洁净，人格自由且长生不老，自然是知识阶层歆羡的目标。

本章中，我们所要探讨的第二个问题是阴阳五行学说对经学的影响。关于阴阳五行学说，现代的学人习惯上将其归为庸俗迷信一类，① 尤其是在研究两汉经学时，把今文经学与阴阳五行学说的结合视为经学庸俗化、迷信化、神学化的主要动因。这种看

① 如梁启超说：“阴阳五行说为两千年来迷信之大本营，直至今日，在社会上犹有莫大势力。”见《古史辨》第五册《阴阳五行说之来历》。

法是错误的。

阴阳五行学说是原始人们认识自然世界的一种假说，是人们从空间上自知的方法。故阴阳五行一派应归于原始科学。也许可以说，从时间上的自知产生了原始迷信，从空间上的自知产生了原始科学。司马谈《论六家要指》谈到阴阳一派时说：

> 夫阴阳、四时、八位、十二度、二十四节各有教令，顺之者昌，逆之者不死则亡。未必然也，故曰："使人拘而多畏。"夫春生夏长，秋收冬藏，此天道之大经也，弗顺则无以为天下纲纪，故曰："四时之大顺，不可失也。"①

《汉志》序列九流十家，认为阴阳家出自掌天文之官，学究天人，渊源较早：

> 阴阳家者流，盖出羲和之官，敬顺昊天，历象日月星辰，敬授民时，此其所长也，及拘者为之，则牵于禁忌、泥于小数，舍人事而任鬼神。

司马谈《论六家要指》以"为治"为本务，首列阴阳家，可见对阴阳一派相当推重。② 班固《汉志》中那段话引自《尚书·尧典》，③ 羲和，《尧典》传云为"世掌天地四时之官"。战国时期南方神话中把羲和作为太阳的御者。④ 羲和是古代天文

---

① 《史记》卷130《太史公自序》，今人常以"阴阳四时"连读，拙见应点断。

② 当然，首列阴阳也许与司马谈所司职业有关。"太史公既掌天官不治民。"古代天文官属史官。

③ 《尚书·尧典》："乃命羲和，钦若昊天，历象日月星辰，敬授人时。"

④ 屈原《离骚》："吾令羲和弭节兮，望崦嵫而勿迫。"注："羲和，日御也。"

官，其职能使“阴阳、四时（四季）、八位（八方）、十二度（星宿运行轨迹）、二十四节各有教令”。中国的原始科学较成系统者便是天文学，人们对空间的自知始于对天象的观察，作为较早进入农业社会的民族，完整的历法是农业生产的前提，而历法的制定就必须依赖对天象的观察。仔细对比《史记》《汉书》对阴阳家的评述，我们会发现两者稍有不同，《史记》一书对阴阳之说只借他人之口，予以评述“使人拘而多畏”；《汉志》则进一步批评道：“泥于小数，舍人事而任鬼神。”对阴阳一派与方士的结合，《汉志》似乎看得更为清楚。实际上《史记》也曾注意到这个问题：

> 驺衍以阴阳主运显于诸侯，而燕、齐海上之方士传其术不能通，然则怪迂阿谀苟合之徒自此兴，不可胜数也。①

这里清楚地指出，方士之流对阴阳学说的附会，使阴阳学呈现出怪迂迷信的色彩。为了更好地探讨阴阳五行学说对经学的影响，正本清源，以下我们结合阴阳五行学说的发展，从不同侧面进行讨论。

阴阳五行之说源于人们对天象的观察。这就是所谓的“天垂象，圣人则之”。② 人们对天象的观察导致了阴阳概念和五行概念的产生。太史公曰：

> 自初生民以来，世主曷尝不历日月星辰。及至五家、三代，绍而明之，内冠带，外夷狄，分中国为十有二州，仰则观象于天，俯则法类于地。天则有日月，地则有阴阳；天有

① 《史记》卷28《封禅书》。

② 《易经·系辞上》：“天垂象，见吉凶，圣人象之；河出图，洛出书，圣人则之。”

> 五星，地有五行；天则有列宿，地则有州域。三光者，阴阳之精，气本在地，而圣人统理之。①

阴阳原指日月交替变化，五行则是天上的五星在地上的反映，太史公既掌天官，对阴阳、五行的理解不可能不准确。后来的学人对阴阳五行的诠解莫衷一是，大概是未能注意到太史公的论述。

阴阳既指日月交替变化，阴阳学原是日月运转之学。《后汉书·张衡传》："衡善机巧，尤致思于天文、阴阳、历算。"此处阴阳指的就是日月运转之学。阴阳原本是天文学词语，用到哲学书，"一阴一阳谓之道"②，成了哲学概念；用到治国经邦，"兹惟三公，论道经邦，燮理阴阳"③，成了行政术语；用到数术理论，"阴阳不测之谓神"④，成了宗教的词汇；用到邹衍的学说中，则使"邹衍以阴阳主运显于诸侯"，成了邹衍思想的基石；用到董仲舒的学说中，则使其成为"善推阴阳"的经学大家，使两汉经学凸显出天人之学的鲜明特征。

五行之说亦然，水、火、木、金、土原是五星的名字，在《洪范》中则成为构成万物的元素，"五行：一曰水，二曰火，三曰木，四曰金，五曰土。"在《荀子》一书中又变成了五常，"案往旧造说，谓之五行。"⑤ 古代定五星，立五行，计数尚五，依一掌为限，与今"达马拉人举数"相同。⑥

阴阳、五行的泛用，为以阴阳五行作为基本概念解释客观世界理论体系的建立提供了可能。从思想史发展看，阴阳、五行作

---

① 《史记》卷27《天官书》。
② 《易经·系辞上》。
③ 《尚书·周书》。
④ 《易经·系辞上》。
⑤ 《荀子·非十二子》。
⑥ 刘师培《左盦外集》"论小学与社会学的关系"。

为思想的术语，在春秋以降才开始流行。

据今人研究，五行说初起分为两个流派，一是《洪范》五行说，二是《管子》五行说。[①]《洪范》五行说是研究两汉经学的学人最为熟知的。《洪范》是今文《尚书》中的一篇，两汉之际，颇得时政。董仲舒在《举贤良对策》及《春秋繁露》中多有征引，经学大师伏胜、刘向、许商等也先后接力，作《五行》传记。关于《洪范》五行说，后人一般怀疑非原作，是儒学思孟一派往旧造说。[②]

于五行说中分出《管子》一派，乃是受到章太炎的影响。“古者鸿（洪）范九畴，举五行附会人事，义未彰著。子思、始善附会，旁有燕齐怪迂之士侈掳此说，以为神奇。耀世诬人，自子思起。”[③] 子思的五行说属于鲁学，而“燕齐怪迂之士”的五行说属于齐学，后者在《管子》一书中得到反映。“《管子》中的阴阳五行说，主要见于《幼（玄）官（宫）》《幼官图》《四时》《五行》各篇，呈现着相对的集中，把‘天生时而地生财’的传统观念开始‘化’成‘四时之大顺’（司马谈《论六家要指》），规定为成套的物候序列，从实践经验上引向理论的体系化。这个发展动态恰恰和《洪范》五行说那种支离附会、不切实际的倾向相背而驰。”[④]

阴阳、五行原为两个互不相从的概念，是人们对天文现象的观察和对万物构成的解释。西周末年太史伯阳父兼论阴阳、五行。伯阳父作为太史论阴阳、五行，不难理解。在他的理论中，阴阳和五行是各自独立的。史载周幽王二年，“三川皆震”，伯

---

① 刘毓璜：《先秦诸子初探》十五“阴阳家小议”，江苏人民出版社1984年版。

② 参见郭沫若《金文丛考》，《青铜时代》之“先秦天道观之进展”。

③ 《章氏丛书》之“子思、孟轲五行说”。

④ 刘毓璜：《先秦诸子初探》十五“阴阳家小议”。

阳父认为地震的原因是“阳伏而不能出，阴迫而不能蒸”,[①] 阴阳是解释自然现象的概念，是一种自然观。同时，他又用“先王以土与金、木、水、火杂”为喻，回答郑桓公提问，宣讲一套“和实生物，同则不继”的道理,[②] 开启了以自然解释附会人事的先声。

阴阳、五行的合流，以天事附会人事并创立一套完整理论体系者是战国的邹衍。“邹子疾晚世之儒、墨不知天地之弘，昭旷之道，将一曲而欲道九折，守一隅而欲知万方。”[③] 邹衍的阴阳五行体系以“五德终始说”为核心，是他“深观阴阳消息”得来的。[④] 关于邹衍的“五德终始说”，学者研究颇多，此不多述。

五德终始说以自然附会社会，混合自然观与社会历史观，其办法是“必先验小物，推而大之，至于无垠”。[⑤] 这就使其理论具有数术的性质。谈到数术，一般人认为数术是迷信。的确，从现代科学眼光来看，以命定论为前提的数术，迷信色彩十分浓厚；但是，早期的数术，是古代科学认识自然的方法，星宿的运行，四季的确定，四时更替，阴阳的变化均要以数术推论。

当然，用自然科学的方法附会人事，并预测凶吉就显得十分荒唐了。天人之际的学说自邹衍确立后经过不能通其术的燕、齐方士的传道，在两汉时遂大为兴盛。《汉志》著阴阳二十家，三百六十九篇；五行三十一家，六百五十二卷，两项综合与儒五十三家，八百三十六篇在伯仲之间。从两汉经说来看，阴阳五行及与之相衍生的数术学说对经学的渗透亦十分强烈。

以阴阳五行说附会社会与人事，是两汉经学的重要特征，是

---

① 《国语·周语》。
② 《国语·郑语》。
③ 《盐铁论》。
④ 《史记》卷74《孟子荀卿列传》。
⑤ 《史记》卷74《孟子荀卿列传》。

阴阳五行一派对经学的贡献。“汉兴，承秦灭学之后，景、武之世，董仲舒治《公羊春秋》，始推阴阳，为儒者宗。”① “推阴阳”是汉代经师治经的基本手段。《春秋繁露》一书这样的例证比比皆是：

> 天之道，终而复始。故比方者，天之所以终始也，阴阳之所合别也。②
>
> 天道之常，一阴一阳。阳者，天之德也，阴者，天之刑也。③
>
> 天道大数，相反之物也，不得俱出，阴阳是也。春出阳而入阴，秋出阴而入阳；夏右阳而左阴，冬左阴而右阳。阴出则阳入，阳入则阴出，阴右则阳左，阴左则阳右。④
>
> 丈夫虽贱皆为阳，妇人虽贵皆为阴。阴之中亦相为阴，阳之中亦相为阳，诸在上者皆为其下阳，诸在下者各为其上阴。⑤

《春秋繁露》讲阴阳内容较多，其中直接以阴阳命名的篇目有《阳尊阴卑》《阴阳位》《阴阳终始》《阴阳义》《阴阳出入》五篇，不以阴阳命名但通篇所讲内容以阴阳为主者还有很多，如《天道无二》等篇。阴阳是董仲舒学说的基本概念，借以“天道之常，一阴一阳”这种“相反之物”作为解释天道与人道的基础。在以天道附会人道方面，董仲舒与先秦阴阳学派一脉相承，但董仲舒讲阴阳，起于变化，归于固化，阴阳的终结是“阳尊

---

① 《汉书》卷27上《五行志》。

② 《春秋繁露·阴阳终始》。

③ 《春秋繁露·阴阳义》。

④ 《春秋繁露·阴阳出入》。

⑤ 《春秋繁露·阳尊阴卑》。

阴卑”，是“阴从阳”，是为了给汉代的统治秩序一个合乎“天理”的解释，是为了维系不平等社会等级制度。因此，在阐述完阴阳要义之后，董仲舒“三纲”“五常”的社会伦理规范也就堂而皇之地展示出来，成为传统社会道德的纲要。因此，董仲舒的阴阳讲的是尊卑。

在董仲舒的学说中，五行是与阴阳相同的另一个重要理论概念。《春秋繁露》中以五行命名的篇目有《五行对》《五行之义》《五行相胜》《五行相生》《五行逆顺》《治水五行》《治乱五行》《五行变救》《五行五事》诸篇，这些篇章主要是以五行相生相克的理论，论述五行与人事的关系：

> 河间献王问温城董君曰：“《孝经》曰：‘夫孝，天之经、地之义，’何谓也?”对曰：“天有五行，木、火、土、金、水是也。木生火，火生土，土生金，金生水……是故父之所生，其子长之，父之所长，其子养之，父之所养，其子成之。诸父所为，其子皆奉承而续行之。不敢不致如父之意，尽为人之道也。故五行者，五行也。由此观之，父授之，子受之，乃天道也。”①
>
> 木者，司农也。司农为奸，朋党比周，以蔽主明，退匿贤士，绝灭公卿……木者，农也；农者，民也，不顺如叛。则命司徒诛其率正矣。故曰金胜木。火者，司马也……②
>
> 五行变至，当救之以德，施之天下，则咎除。不救以德，不出三年，天雷雨石，木有变，春凋秋荣。秋（一无秋字）木水，春多雨，此徭役众，赋敛重，百姓贫穷叛去，道多饥人，救者，省徭役、薄赋敛，出仓谷，赈穷困矣。③

① 《春秋繁露·五行对》。
② 《春秋繁露·五行相胜》。
③ 《春秋繁露·五行变救》。

以五行附会人事，董仲舒的五行论与阴阳五行学派是相同的。所不同的是，阴阳五行一派，以五行的相生相克创造出一套王朝兴废的学说，即五德终始说，为王朝兴衰，制度的建置找到一套以自然科学为基础的理论根据。但是，董仲舒的五行论则着重五行变化与灾异相生，方法几近于方士数术。故董仲舒的五行说讲的是灾异。

以阴阳讲尊卑，以五行讲灾异是董仲舒阴阳五行论的特色，也使其学说有别于先秦阴阳五行家的理论。其实，在两汉经学的著作中，并不仅仅《春秋繁露》讲阴阳尊卑、五行灾异，其他汉人经说中，这类内容亦十分常见。对董仲舒的观点，汉代另一部重要的经学著作《白虎通德论》几乎完全继承下来，而更加有序化：

> 五行者，何谓也，谓金、木、水、火、土也。言行者，欲言为天行气之义也。地之承天，犹妻之事夫，臣之事君也，谓其位卑，卑者亲事。故自周于一行，尊于天也。……五行所以更王何？以其转相生故有终始也。①
>
> 情性者何谓也。性者，阳之施；情者，阴之化也。②
>
> 所以称三纲何？一阴一阳谓之道。阳得阴而成，阴得阳而序，刚柔相配，故六人为三纲。③
>
> 人所以相拜者何？所以表情见意，屈节卑体，尊事之者也。拜之言服也。所以必再拜何？法阴阳也。④

两汉的经师以阴阳五行解经，以阴阳示尊卑，以五行求灾

---

① 《白虎通德论·五行》。

② 《白虎通德论·情性》。

③ 《白虎通德论·三纲六纪》。

④ 《白虎通德论·姓名》。

异，从政治学说的角度，可以说是尊君权而又抑君权。阳尊阴卑，是对现实政治秩序的承认，是对君权专制的肯定；以五行讲灾异，则是以灾异警示皇权，倡导德治，因为“五行变至，当救之以德”；灾异论的本质是对可以为所欲为的皇权的限制。在政治专制的两汉时代，经师讲灾异是无奈之举，亦是明智之举，是现实政治的尊君和理想政治的民主二重心理，在经师学说中具体的反映。但是，以灾异抑君学说，毕竟多不遂统治者心愿，董仲舒讲灾异论，险些使其丧生。①

在董仲舒的学说中，推阴阳、言灾异是抑制君权的一种方法。但是，汉代经师，尤其今文经师，善言阴阳灾异，并以此解经，方法变成了目的；又因阴阳五行与方士数术手法融合，推阴阳和言灾异更接近数术。

中国的数术之学起源于原始科学，是一种从空间自知的方式。数术虽然与阴阳、五行一派渊源颇深，但其发展却自成体系，两汉时期，数术仍很昌盛，《史记·日者列传》曰：“自古受命而王，王者之兴何尝不以卜筮决于天命哉！其于周尤甚，及秦可见。代王之人，任于卜者，太卜之起，由汉兴而有。”文中的代王，指汉文帝。当时，周勃等人派使者迎代王为帝时，代王犹豫不决，请卜者以龟甲占，兆得“大横”，占文云：“大横庚庚，余为天王。”于是代王入朝，而太卜之官，亦随之显隆。

两汉占卜，流派很多，故五行家较受皇帝重视。武帝时，褚少孙做郎官的时候，曾与太卜待诏为郎官者在一个衙署里办事，听他们说：“孝武帝时，聚会占家问之：某曰可取妇乎？五行家曰可，堪舆家曰不可，建除家曰不吉，丛辰家曰大凶，历家曰小凶，天人家曰小吉，太一家曰大吉。”各家争论不止，把情况上报皇帝。皇帝制曰：“避诸死忌，以五行为主。”褚少孙对此事

① 事见《汉书》卷56《董仲舒传》。

的评论是："人取于五行者也"，[1] 意思是人们认为五行家的意见是可取的。这段史料透露两种信息：一是两汉数术各派，因方法不同，对一事一物看法常有抵牾；二是武帝之时，数术中五行一派较为得宠。

五行一派较受重视的原因十分明了，皆因经学家化五行数术于经学之中。上文列举董仲舒对阴阳五行的化用便是证明。除了董仲舒善推阴阳五行以外，武帝时又有夏侯始昌也善此道。"孝武时，夏侯始昌通《五经》，善推《五行传》，以传族子夏侯胜，下及许商，皆以教所贤弟子。"[2]

秦汉时代，数术十分兴盛。在现在出土的秦汉简牍中，有大量的日书和星占之书，睡虎地秦墓与天水放马滩的《日书》均得到很好整理，从中我们可以看秦汉数术风气之烈，并可以与《史记》《汉书》诸文献史料参校印证。比如放马滩《日书》涵盖比较广泛，有建除、凶吉、择日、禁忌、生子等方面内容。[3]

据学者研究，"汉代及其以后一个时期，数术中鬼神的观念非常淡薄。阜阳汝阴侯墓出土的汉初六壬式盘，只有二十八宿而没有月将、贵神。《景祐遁甲符应经》引古书，只说遁甲式盘有九宫、八门、九星三盘，没有后来的八神一盘。"[4] 数术与迷信不同，因为其文化来源不同。巫术源于原始迷信，而数术源于原始科学。放马滩《日书》34 条有关于巫术的记载：

> 辰，虫矣。以亡盗者，从东方入，有从出，取者藏溪谷窖内中，外人矣。为人长颈小首小目。女子为巫，男子为祝名。

---

① 《日者列传》虽被认定为褚少孙补缺之作，但不妨碍其记录事实的真实性。《史记》卷 127《日者列传》。

② 《汉书》卷 27 中之上《五行志》。

③ 见秦简整理小组《天水放马滩秦简甲种〈日书〉释文》，《秦汉简牍论文集》，甘肃人民出版社 1989 年版。

④ 王铁：《汉代学术史》第二章，华东师范大学出版社 1995 年版。

这是一条从日时推断择日抓捕逃亡者的简文，文中的巫、祝被描绘为长脖子、小脑袋、小眼睛的人。可见《日书》的作者并没有把巫与己归为一类。在现代落后的地区，占卜术与神婆、神汉也是两种民间迷信体系，并不相从。

数术与阴阳五行的结合，遂于两汉时成为经师解经的重要方法，在《汉书·五行志》与《续汉书·五行志》中有大量这类记载。

原始迷信与原始科学是两汉经学的重要文化来源，为两汉的经说提供了丰富而鲜活的资料。从学术发展内纯致用的法则方面来讲，两汉时期，儒学内纯化实得益于对阴阳五行重要概念的化用，使儒学从单纯的以讲人道为中心的社会道德学说，变成天道人道合而为一的天人之学。源于原始科学的阴阳五行之学，帮助儒学家派打开从空间、自然阐述自己理论的视窗。儒学的致治同样得益于对鬼神学说形式的仿效，强化了儒学道德权威。当然，从原始迷信吸取文化营养的两汉经学，在西汉末年，直接导致了经学的谶纬化。谶纬化的经学，不免使经学有庸俗、神学的倾向。但是，在与谶纬经学同时兴起的古文经学的反动之下，传统儒学纯洁的理论内核得以保存，儒学神学化的倾向到东汉末年也自然得到纠正。

本章主要探讨两汉经学的文化渊源，分列儒、道、法、墨、阴阳五行各派。两汉的经学是先秦儒学变种，其骨干、精义、形式皆源于儒学，是儒学在一个历史时期的表现形式。同样，经学之所以至两汉时获得“定于一尊”的显贵地位，在于它有容乃大、善于从其他各派汲取营养；在于它不知不觉地秉承了学术发展的内纯致治的法则，在纯洁理论内核的同时，又强化了自己理论对现实社会的作用；在于它的中庸平和的思想体系符合两汉新秩序与旧制度这种社会现实，符合不完整中央专制政治（即中央专制与乡村自治相结合）的需要。从以上各节较为粗疏的分析可以看到，经学从道家化用了道的概念，混合先王观与天道

观，皆以道并言相称，强化了理论内核。经学从法家借用了国家学说，糅合社会学说与国家学说，使其学说更贴近现实政治，加强了理论的致用性。经学从墨学得到了天志、天意、天德、大同的思想，使自己的学说具有神圣化的色彩，更易于炫目诱人。经学从民间文化与阴阳五行家思想中汲取了原始迷信与传统科学的营养，帮助自己的经师从空间的角度重新审视和解释经义，从各个方面丰富了经学的内容。

两汉以降，经学得到独尊，而先秦诸子遂湮灭不显，按照学术发展内纯致治法则，也许可以这样理解：

道家太糊涂，法家太明白。对于道家理论，得其真谛者为隐士，得其形式者为道士。道家一派余末演化为宗教，皆因“道”一词，实在似是而非；且抱残守缺，不会与时制宜。故作为学说元概念的“道”，本自有高明之处，却被道士改造为具有人格的宗教元神，道家的始宗也就变成教主。道家之学，内纯有余，致治不足，不亡奈何？对于法家学说，得其真谛者为循吏，得其形式为酷吏，故法家一派的人多刻薄寡恩，为人峻直。法家学说融入经学后，学说流传衰绝，原因在于法家知今不知古，知新不知旧，知近不知远，知君不知民，知法律不知教化，知国家不知社会，遂为聪明误矣。法家学说内纯不足，致治有余，不亡奈何？

墨家学说过于平民化，阴阳五行学说又过于庸俗化，得墨学真谛如王充、桓谭之流，多成为社会批判的先驱；得墨学形式者如郭解、剧孟之士，则成为快意恩仇的侠客。墨学内纯不足，致治不强，其式微当是必然。阴阳五行一派，得其真谛者为智者（科学家），得其形式者为方士，其学说内纯过程中较为驳杂，致治道路上又神秘难验，虽能长期流于民间，终归不登大雅之堂矣！

第三章　经学的传承与经说

第一节　师法、家法与经说的方法

大而言之，两汉的思想文化实不足道。相较先秦诸子之学思想的宏富汪洋，观点的恣肆活泼，两汉的思想文化则显得百家齐喑，死气沉沉。蒙文通说“是东京之学不为放言高论，谨固之风起而恢宏之气衰”，① 这是就两汉经学而论，然从思想文化发展史角度来看，敢于放言高论的西汉之学亦不过尔尔。其原因在于汉定儒学为一尊，罢黜百家，政治的专制使文化成为专制的帮凶；其原因在于儒学生性懦弱，善守传统，放言高论本不是此派特点。章太炎说：“经多陈事实，诸子多明义理。”② 由此观之，相较先秦，两汉思想文化断无新鲜可言，除时代背景相异外，其学术本身也有原因可寻。汉代思想文化无可称道，两汉学术却自有特色，汉代学者重师法与家法，白首穷经；以解说章句为宗旨，实事求是。所有这些，遂为后世楷模，尤其为清乾嘉一代学子所推崇。从汉代思想文化，学术与社会政治之间的关系，我们似乎可知，国家的统一和昌盛，实无益于思想文化之进步；而盛世太平，却给了学术的发展一个良好的环境。

两汉经学，是严守师法和家法的学术，讨论经学各派的传

---

① 蒙文通：《论经学三篇》，《中国文化》1991 年第 4 期。

② 章太炎：《与章行严论墨学》第二，《华国月刊》第 2 期。

承，阐述其经说的时代意义，不能不首先澄清师法与家法的含义。师法和家法是经学传承的具体形式。

关于师法和家法，学人看法多有不同。陈延杰说：

> 汉人治经，有师法，有家法。《易》有施雠、孟喜、梁丘贺，同师田王孙，师法也。施家有张、彭之学，孟有翟、孟、白之学，①梁丘有士孙、邓、衡之学，则家法也。《春秋》严彭祖、颜安乐同师眭孟，师法也。颜家有冷、任之学，有管、冥之学，则家法也。治经必有师法，然后始能成一家之言。师法，溯其源，家法者，衍其流也。②

又程舜英说：

> 汉初经学都赖口头传授，因此汉人无无师之学，老师所传授的，弟子所学习的一个字都不敢有出入。前汉重师法，后汉重家法。先有师法，然后才能成一家之言。……就是说师法是源，家法是流。师法是干，家法是枝。③

以上两说略同，其实皆出于皮锡瑞《经学历史》：

> 师法者，溯其源；家法者，衍其流也。师法，家法所以分者：如《易》有施、孟、梁丘之学，是师法；施家有张、彭之学，孟有翟、孟、白之学，梁丘有士孙、邓、衡之学是

---

① 《汉书·儒林传》："喜授同郡白光少子，沛翟牧子兄皆为博士，由是有翟、孟、白之学。"王先谦注："当云孟家有白、翟之学。"

② 陈延杰：《经学概论》第十章"汉代训诂学及师法家法"，商务印书馆1930年版。原书误邓、衡为一人，今改。

③ 程舜英：《两汉教育制度史资料》第二章，北京师范大学出版社1983年版。

家法。家法从师法分出，而施、孟、梁丘之师法又从田王孙一师分出者也。①

与此不同的是王铁在《汉代学术史》中的说法：

汉代传经，讲究师法和家法。前人研究汉代经学，或说师法、家法意义略同，或说师法为源，家法为流。实则如此分辨，应该说家法为源，师法为流。前、后《汉书》中所说的师法，都是指所从受业之师之法。以《汉书·儒林传》论之，凡说某经有某氏之学者，大抵都是指家法。②

师法、家法何为源，何为流？研究者意见相左。实际上，对此皮锡瑞又有补充的看法：

汉时不修家法之戒，盖极严矣。然师法别出家法，而家法又各分专家；如干既分枝，枝又分枝，枝叶繁滋，浸失其木；又如子即生孙，孙又生孙，云礽旷远，渐忘其祖。是末师而非往古，用后说而舍先传；微言大义之乖，即自源远末分始矣。③

尽管皮氏的补充进一步详明师法、家法分界，但是终究还是使人无法澄清两者关系。仔细查阅两汉史料，比照学人的观点，发现师法、家法并无太大区别，师法之说见于前汉，家法之说见于后汉。《汉书·儒林传》讲，孟喜从田王孙受《易》，好自称誉，得一本占卜阴阳灾变的书，便诈言是先师田王孙死的时候独

---

① 皮锡瑞：《经学历史》四“经学极盛时代”。
② 王铁：《汉代学术史》第五章第二节“经学的说解和传授”。
③ 皮锡瑞：《经学历史》四“经学极盛时代”。

传给自己的，但此事被同门梁丘贺说破："田生绝于施雠手中，时喜归东海，安得此事?"后来"博士缺，众人荐喜。上闻喜改师法，遂不用喜"。孟喜因改师法不见用，相反的例证是张禹因"有师法"而被录用。"甘露中，诸儒荐禹，有诏太子太傅萧望之问。禹对《易》及《论语》大义，望之善焉，奏禹经学精习，有师法，可试事。"① 孟喜"改师法"被弃用，张禹"有师法"则被录用，可见师法乃指授业老师的学问，所以把家法视为源、师法视为流的看法是错误的。此外，以上文中及《汉书》它篇中亦鲜言"家法"，所以把师法视为源、家法视为流的说法也是无稽之谈。

西汉初年，经学始兴，经师传经，"率由口耳相传，又不能无讹误"②。弟子应严守师训，不得更改。如此谨慎，也出于无奈。经传流传时间较长，有逸有失，有舛有误，若如孟喜之流糅数术于经文中，经的纯洁，自无法保证。故西汉经师多攻一经。若申公兼通《诗》《春秋》，已经是难能可贵的事，③ 夏侯始昌"通《五经》"更是绝无仅有。④ 到了东汉，风气骤变。尹敏习《欧阳尚书》，兼善《毛诗》《谷梁春秋》《左氏春秋》；景鸾能理《齐诗》《施氏易》，又兼图纬《河图》，撰《礼内外说》。通《六经》有何休，通《五经》有许慎、蔡邕诸人。⑤ 东汉经师不笃守一经，论述繁盛，支派众多，故东汉多言家法，不讲师法。

安帝元初四年（117 年），"帝以经传之文多不正定，乃选通

---

① 《汉书》卷 81《张禹传》。

② 吕思勉：《经子解题》"论读经之法"，华东师范大学出版社 1995 年版。

③ 参见《汉书》卷 88《儒林传》。

④ 参见《汉书》卷 15《夏侯始昌传》。

⑤ 参见《后汉书》卷 100《儒林传》。

儒谒者刘珍及博士良史诣东观，各雠校家法，令伦监典其事”①。文中的伦即宦官蔡伦，安帝要蔡伦负责校对家法事，以求讲授有正本。《后汉书·左雄传》载：“请自今孝廉年不满四十，不得察举，皆先诣公府，诸生试家法，文吏课笺奏。”《后汉书·质帝纪》载：本初元年（146年）“令郡国举明经，……各令随家法”。左雄上书，强调举孝廉要试家法；质帝诏令，选明经要遵循家法，这些均不是在家法日严，而是在家法日乱情况下作出的，这从和帝永元十四年（102年）徐防上书就可见一斑：

> 伏见太学试博士弟子，皆以意说，不修家法。私相容隐，开生奸路。每有策试，辄兴诤讼，论议纷错，互相是非。……今不依章句，妄生穿凿，以遵师为非义，意说为得理，轻侮道术，寖以成俗，……臣以为博士及甲乙策试，宜从其家章句。开五十难以试之。②

师法、家法原是前汉、后汉对经学传承的不同说法，各持其说，皆因经学状况相异。故师法、家法只可论先后，不能论源流。前、后《汉书》各持其义，专语专称，倒很妥帖，无奈我们后学非要剪集一起，比大小，论源流，把一件明白的事情弄得糊里糊涂。

以下专门讨论汉代经说的方法。古代对经的解释体裁有很多，有传、说、章句、训诂、笺、注、疏等，我们统称之为经说。

关于传，《史记·太史公自序》：“夫儒者以六艺为法，六艺经传以千万数，累世不能通其学，当年不能究其礼。”一般认

---

① 《后汉书》卷78《蔡伦传》。

② 《后汉书》卷44《徐防传》。

为，所谓传，就是因为经文简奥，义有难明，故作传以阐明之。传是见于文字的，《公羊传》定公元年：“主人习其读而问其传。”注曰：“传谓训话。”由此看来，传就是用文字阐明简奥的经义。对这样的说法，我们稍有异议。所谓传，本意是转授转送。《论语·学而》：“传不习乎？”《孟子·公孙丑上》：“连于置邮而传命。”这里的传读作 chuán。以传的本意寻查，所谓的经传，如《左氏传》《谷梁传》《公羊传》《诗传》《易传》，实际应视为先师对经文的传述，本来是口耳传授，后来才写成文字。我们猜想只有写成文字的传（chuán）才读作传（zhuàn）。[①] 经书有传，当起源于战国后期，《荀子·大略》引《国风》之《传》：“盈其欲而不愆其止，其诚可比于金石，其声可内于宗庙。”

关于说，有的学人认为是对传文的解释，稍有不妥。说是解说经文的另一种体裁。如不这样理解，《汉志》著录《易》有五鹿充宗《略说》，《诗》有《鲁说》《韩说》等便难以解答。相较传，说不但解经，亦解传。就说一词本意而言，说这种经说体裁晚于传，原多为口授耳听，内容较传繁杂，但通俗易懂，后经学昌明，大师之说也被著于简牍。下以《汉书·五行志》所载《经》《传》《说》为例，可以指明后二者与前者的关系。

> 《经》曰：羞用五事。五事：一曰貌，二曰言，三曰视，四曰听，五曰思……
>
> 《传》曰：貌之不恭，是谓不肃，厥咎狂，厥罚恒雨，厥极恶，时则有服妖，时则有龟孽，时则有鸡祸，时则有下体生上之痾，时则有青眚青祥。唯金沴。
>
> 《说》曰：凡草物之类谓之妖，妖犹夭胎，言尚微。虫

---

① 关于这一问题，笔者曾与赖长扬先生讨论，并得到启发。

> 豸之类谓之孽。孽则牙孽矣。及六畜，谓之祸，言其著也。及人，谓之痾，痾，病貌，言寖深也。甚则异物生，谓之眚；自外来，谓之祥。祥犹祯也。气相伤，谓之沴。沴就临莅，不和意也。每一事云“时则”以绝之，言非必俱至，或有或亡，或在前或在后也。①

至于章句则是经说的另一种体裁，与说略同，但更侧重一章一句之义，分析经传的章节句读。章句之学，西汉已有，《尚书》有欧阳，大、小夏侯《章句》，《春秋》有公羊、谷梁《章句》。《汉书·夏侯胜传》载：“胜从父子建，字长卿，自师事胜及欧阳高，左右采获，又从《五经》诸儒问与《尚书》相出入者，牵引以次章句，具文饰说。胜非之曰：‘建所谓章句小儒，破碎大道。’”章句之学从西汉末至东汉为盛。“王莽之时，省《五经章句》皆二十万，博士弟子郭路夜定旧说，死于烛下。”章句之学较为冗繁，一经一说多至百万言，杂而寡要，使经之精义不彰。故东汉之时，有为之士，多不屑章句。②

训诂则是相对章句之学而兴起的另一种经说体裁。如《汉书·扬雄传》载：“（扬雄）少而好学，不为章句，训诂通而已。”《后汉书·桓谭传》：“（桓谭）遍习《五经》，皆训诂大义，不为章句。”训诂是对经传古字字义的解释。汉代文献中，训诂又作训故。根据《说文》：“训，说教也”；“诂，训故言也”；《汉志》著录《书》有《大、小夏侯解故》，《诗》有《齐后氏故》《齐孙氏故》《鲁故》《韩故》等，均是训诂学作品。

---

① 《汉书》卷27中之上《五行志》。

② 如桓谭“不为章句”，王充“好博览而不守章句”，班固“不为章句，举大义而已”，卢植“好研精而不守章句”；荀淑“博学而不知章句”等，各见《后汉书》本传。

第二节　《诗》学

《诗》，即《诗经》，春秋孔墨之时已有“诗三百”一说，其内容所涵盖历史时代较长。据说，《诗》经孔子删编以后，便成为儒家一派的经典，成为后世儒家弟子传习研究的主要学问。

《诗》学是关于《诗》传习解说的学问。在汉代，较出名的以治《诗》为业的有鲁、齐、韩三家。三家属今文经，因汉代倡导“独尊儒术”，故立三家于学官，设博士。又有《毛诗》一家，常与《左氏春秋》《古文尚书》等共被视为古文学。西汉末至东汉，古文学颇得时宠，《毛诗》一派遂至兴盛。我们今天所看到的《诗经》，即《毛经》。《齐诗》《鲁诗》亡于三国、西晋，《韩诗》虽唐宋间犹存，最终亦亡于北宋。①

关于汉代《诗》学的研究，属两汉学术科目中较为冷僻一例。原因有二：第一，有关两汉《诗》学资料较少，现存一些可见资料，其真伪尚存问题；第二，按现代的学科门类，《诗经》属文学史之课题，《诗》学则介于文学与史学之间，故问津者少。

研究两汉《诗》学之资料又可分为二，其一是《史记》《汉书》及《续汉书》《东观汉记》各传、志中所涉及的资料，这是我们所能做研究的基本资料，在此不作枚举；其二是后人所辑两汉《诗》学大师的佚文，此类较多，但多不可全信。

（一）鲁诗，题为汉申培公著者三种：

《诗说》，见《汉魏丛书》；

《鲁诗传》，见《汉魏遗书钞》；

《鲁诗故》，见《玉函山房辑佚书》。

---

① 参见王应麟《诗考》，陈乔枞《三家诗遗说考》。

题为汉韦玄成著一种：

《鲁诗韦氏说》，见《续玉函山房辑佚书》。

（二）齐诗，题为汉辕固生著者一种：

《齐诗传》，见《汉学堂丛书》。

题为汉后苍所著一种：

《齐诗传》，见《玉函山房辑佚书》。

（三）韩诗，题为汉韩太傅婴著者六种：

《韩诗》，见《小学蒐佚》；

《封龙子》，见《诸子汇函》；

《韩诗说》，见《玉函山房辑佚书》；

《韩诗内传》，见《续玉函山房辑佚书》；

《韩诗外传》，见《汉魏丛书》；

《韩诗故》，见《续玉函山房辑佚书》。

题为汉侯苞著者一种：

《韩诗翼要》，见《玉函山房辑佚书》。

题为汉赵煜著者一种：

《韩诗赵氏学》，见《续玉函山房辑佚书》。

题为汉薛汉所著者一种：

《薛君韩诗章句》，见《玉函山房辑佚书》。

（四）毛诗，题为汉毛亨所著者一种：

《毛诗》，见《十三经古注》。

题为汉马融所著者一种：

《毛诗马氏注》，见《玉函山房辑佚书》。

题为汉贾逵所著者一种：

《毛诗贾氏义》，见《续玉函山房辑佚书》。

题为汉刘桢所著者一种：

《毛诗义问》，见《玉函山房辑佚书》。

题为汉卫宏所著者一种：

《毛诗序》，见《十三经古注》。

题为汉郑众所著者一种：

《毛诗先郑义》，见《续玉函山房辑佚书》。

题为汉郑玄所著者三种：

《毛诗谱》，见《南菁书院续经解》本；

《毛诗故训传笺》；

《诗谱》，见《袖珍十三经注》。

至于研究汉代《诗》的著作，自两汉后已多见。今人研究汉代《诗》学常引以为凭的有以下数种：

《五经通义》《五经异义》，传为汉许慎所著；①

《毛诗驳》《毛诗申郑义》，魏王肃著；②

《诗考》，宋王应麟辑；

《三家诗拾遗》，清范家相辑；③

《诗三家义集疏》，清王先谦著；

《三家诗遗说考》，清陈乔枞著；

《诗古微》，清魏源著；④

《三家诗补注》，清丁晏著；

《三家诗异文疏证》，清冯登府著；⑤

《三家诗补遗》，清阮元著。⑥

自王肃乱今、古文之家法后，诗三家、四家的异同，就变成了郑玄、王肃之争，故后世研究《诗》学多以此为主脉。清代对今文《诗》的辑佚工作做得很细，考证也较缜密。有清一代《诗》学研究，周予同认为应“以陈、王、魏三家较为重要”。⑦

---

① 分见《汉魏遗书钞》《续玉函山房辑佚书》。

② 以上分见《王函山房辑佚书》《汉学堂丛书》。

③ 见《岭南遗书》。

④ 见《岭南遗书》。

⑤ 以上两种见《清经解》。

⑥ 见《观古堂丛书》。

⑦ 朱维铮编《周予同经学史论著选集》“群经概论——诗经”。

陈应指陈乔枞父子，王指王先谦，王氏《三家诗义集疏》成书颇晚，在继承前人基础上多有发明。魏指魏源，对魏源《诗古微》，后来学者评判不一。章太炎说：“魏源作《诗古微》，全主三家。三家无序，其说流传又少，合之不过三十篇，谓之《古微》，其实逞臆之谈耳。”① 然吕思勉却认为“魏书驳毛、郑，有极警快处”。② 二人观点相异，其实皆因学术主旨不同，章氏主经古文派，故对今文《诗》固有存见，陈乔枞研究《诗》学之著作，用功甚勤，多得后人赞许，然章氏却亦说：“乔枞好为牵附，谓《仪礼》引《诗》皆《齐》说；又谓《尔雅》为《鲁诗》之学，恐皆未然。”③ 与章氏不同，吕氏颇偏重经今文派，故持论不若章氏偏激。

清末经学大师廖平《今文诗古义证疏凡例》及刘师培《毛诗札记》，马其昶《诗经毛氏学》亦常为后人征引。逮至近现代，研究《毛诗》著作虽常见，但综合研究两汉《诗》学的文章则不多。胡坤达《两汉经学源流》④ 与徐炳昶《西汉经师传授系统表》⑤ 曾涉及西汉《诗》学。真正以研究两汉《诗》学为鹄的者，仅见台湾学者黄振民《汉鲁、齐、韩、毛四家诗学考》一文。⑥

关于《诗》学的研究论著，多以论述各派传承与章句异同为主，通病在于对前人资料信多疑少。其结果，就各派师承一题而论，后人较前人详且明，《汉书》溯源较《史记》早；而《经典释文》则勾勒出一个更为详备完整的体系。所有这般，是后

---

① 章太炎：《国学讲演录》“经学略说”。

② 吕思勉：《经学解题》“诗”。当然吕氏亦指出魏书“其立说亦有不可据处”。

③ 章太炎：《国学讲演录》“经学略说”。

④ 《复旦学报》1935 年第 2 期。

⑤ 《北大国学周刊》1926 年第 14 期。

⑥ 《中华文化复兴月刊》1972 年第 7、9 期。

人臆造还是有实可据多不得知。再者，论《诗》学仅以各派章句异同为主，各派所处特殊政治环境，各派理论的社会效应，以及学术流派向政治集团转化，《诗》的谶纬庸俗化等一系列问题均多不涉猎。

近现代史书谈到两汉《诗》学时，常以汉《诗》三家鲁、齐、韩一言蔽之，或加入《毛诗》，称齐、鲁、韩、毛。这多是转袭《史记》《汉书》中《儒林传》之误。

其实，《汉书·艺文志》载：

> 凡诗六家，四百一十六卷。

《汉志》所列《诗》学著作共14种，计359卷，《汉志》所提到《诗》学流派，除齐、鲁、韩以外，仅有《毛诗》，那么，其他两家和多余57卷书是何？不得而知。

《汉志》又云：

> 《书》曰："诗言志，歌咏言。"故哀乐之心感，而歌咏之声发。诵其言谓之诗，咏其声谓之歌。故古有采诗之官，王者所以观风俗，知得失，自考正也。孔子纯取周诗，上采殷，下取鲁，凡三百五篇，遭秦而全者，以其讽诵，不独在竹帛故也。汉兴，鲁申公为《诗》训故，而齐辕固、燕韩生皆为之传。或取《春秋》，采杂说，咸非其本义。与不得已，鲁最为近之。三家皆列于学官。又有毛公之学，自谓子夏所传，而河间献王好之，未得立。

班固这番宏论，大体与汉代人解《诗》相一致。班固这里提到："毛公之学"，不见于《史记》。《史记》所提到《诗》学流派，仅三家。

《史记·儒林列传》载：

> 及今上即位，赵绾、王臧之属明儒学，而上亦向之，于是招方正贤良文学之士。自是之后，言《诗》于鲁则申培公，于齐则辕固生，于燕则韩太傅。

然《史记》此记载并未排斥三家之外尚有他家。这样，班固《汉志》所称“六家”，大概是他在皇家秘阁中所能见到的诸家排列而成，除鲁、齐、韩、毛外，其他两家也许是前四种后学成派者。四家后学成派者在《史记》《汉书》中屡有提及。《汉书·儒林传》记载：“（王式）之弟子，张生、唐生、褚生皆博士。张生论石渠，至淮阳中尉。唐生楚太傅。由是《鲁诗》有张、唐、褚氏之学。”又记载《齐诗》传承时，亦称后弟子各有显迹，“由是《齐诗》有翼、匡、师、伏之学”。当然，这只是一种推测，也许这剩余两家，汉初本已有，可后学不济，未得流布。阜阳双古堆一号汉墓出土有《诗经》简片170余条，抄录下限为汉文帝十五年（前165年），内容包括《风》与《小雅》残句与篇名，计65首。在此我们姑称为《阜诗》，《阜诗》与《毛诗》和今可考鲁、齐、韩三家皆有异同。《阜诗》是否可视为以上四家之外的另外一家？

汉代诗学，《鲁诗》应以申培公为宗。《史记·儒林列传》载：

> 申公者，鲁人也。高祖过鲁，申公以弟子从师入见高祖于鲁南宫。吕太后时，申公游学长安，与刘郢同师，已而郢为楚王，令申公傅其太子戊。戊不好学，疾申公。及王郢卒，戊立为楚王，胥靡申公。申公耻之，归鲁，退居家教，终身不出门，复谢绝宾客，独王命召之乃往，弟子自远方受业者百余人。申公独以《诗》经为训以教，无传，疑者则阙不传。

《汉书·儒林传》则云：

> 申公，鲁人也。少与楚王交俱事齐人浮丘伯受《诗》。汉兴，高祖过鲁，申公以弟子从师入见于鲁南宫。吕太后时，浮丘伯在长安，楚元王遣子郢与申公俱卒学。元王薨，郢嗣立为楚王，令申公傅太子戊……弟子自远方受业者千余人，申公独以《诗经》为训故以教，亡传，疑者则阙弗传。

案《史记》《汉书》此记载稍不同。《史记》称高祖过鲁之时，申公以弟子入见，不言其师。后又言申公游学长安，与刘郢同师，绝不及楚元王交。此可知申公学艺之师并非一人，其所学似乎亦非一艺，即《诗》。而《汉书》乃谓申公先与元王同学于浮丘伯，后浮丘伯又在长安，元王受学不竟，而以子郢继之。查《史记》《汉书》之疑可知：《史记》此处记载较实，而《汉书》较虚。太史公言此事，去时不远，应无误；而固时，因鲁《诗》立官学已久，故后生附会较多，就以上从申公“受业者百余人”，与“受业者千余人”之别，更可知《汉书》此说多不实。

《汉书》引出浮丘伯一人。浮丘伯者，何许人也？《汉书》似乎未敢多叙。在《汉书》所记载的经学传承体系中，浮丘伯不但传《诗》，而且传《谷梁》。《盐铁论》曾言及浮丘伯：

> 伯，齐人也，尝与李斯俱事荀卿，既而李斯相秦，而伯则饭麻蓬藜，修道白屋之下，以乐其志。①

蒙文通曾作《浮丘伯传》，主要取材于《汉书》之《儒林传》《楚元王传》，《说苑》之《至公篇》，《盐铁论》之《毁学篇》，《世说新语》之《资质篇》。他认为浮丘伯即鲍丘，浮丘、包丘、

① 《盐铁论·毁学篇》。

鲍白令亦为鲍丘门人。蒙氏一文，其文虽短，但却总汇了所有关于浮丘伯的材料。

《史记》《汉书》关于申公记载之不同更重要之处在于，《汉书》把《谷梁传》的重要传人作为申公弟子。“申公卒以《诗》《春秋》授，而瑕丘江公尽能传之，徒众最盛。”实际上，《汉书》这一记载隐含了一个历史事实，即武帝时，鲁学中的《鲁诗》一派和《谷梁》一派在向政治集团转化中的合流。这是与齐《公羊》学斗争的必然。

《汉书·儒林传》载：

> 瑕丘江公受《谷梁春秋》及《诗》于鲁申公，传子至孙为博士。武帝时，江公与董仲舒并，仲舒通《五经》，能持论，善属文。江公呐于口，上使与仲舒议，不如仲舒。而丞相公孙弘本为《公羊》学，比辑其议，卒用董生。于是上因尊《公羊》家，诏太子受《公羊春秋》，由是《公羊》大兴。太子即通，复私问《谷梁》而善之。其后浸微，唯鲁荣广王孙、皓星公二人受焉。广尽能传其《诗》《春秋》，高材捷敏，与《公羊》大师眭孟等论，数因之，故好学者颇复受《谷梁》。沛蔡千秋少君、梁周庆幼君、丁姓子孙，皆从广受。千秋又事皓星公，为学最笃。宣帝即位，闻卫太子好《谷梁春秋》，以问丞相韦贤、长信少府夏侯胜及侍中乐陵侯史高，皆鲁人也，言谷梁子本鲁学，公羊氏乃齐学也，宜兴《谷梁》。时千秋为郎，召见，与《公羊》家并说，上善《谷梁》说，……乃召五经名儒太子太傅萧望之等大议殿中，平《公羊》《谷梁》同异，各以经处是非，时《公羊》博士严彭祖，侍郎申挽、伊推、宋显，《谷梁》议郎尹更始，待诏刘向、周庆、丁姓并论。《公羊》家多不见从。愿请内侍郎许广，使者亦并内《谷梁》家中郎王亥，各五人，议三十余事。望之等十一人各以经谊对，多从

《谷梁》，由是《谷梁》之学大盛。

《公羊》《谷梁》之争，是汉儒集团内部之矛盾，学术异同之后是政治争宠的现实。从以上资料中可知，《鲁诗》一学与《谷梁》一学在武帝时已合流，其宗师相同，传人亦兼通二学。武帝时，《公羊》之学昌盛，为了与齐《公羊》学分庭抗礼，鲁学各家团结结盟应不难理解。

《鲁诗》一学中对时政颇有影响的还有韦贤父子开创的《鲁诗》韦氏学。《汉书·韦贤传》：

> 韦贤字长孺，鲁国邹人也。其先韦孟，家本彭城，为楚元王傅，傅子夷王及孙王戊。戊荒淫不遵道，孟作诗讽谏，后逐去位，徙家于邹。……自孟至贤五世，贤为人质朴少欲，笃志于学，兼通《礼》《尚书》，以《诗》教授，号邹、鲁大儒。

韦贤子玄成，及孙韦赏（玄成兄子）皆以治《鲁诗》显贵。《鲁诗》之学有家学风气，从韦氏一脉相传、世为博士可知。此外，《鲁诗》虽列于今文学，但其鲁学“讳莫如深”“拘谨守经”“不敢放言高论”之学风未变，故《汉志》有“与不得已，鲁最为近之”之断论。

《鲁诗》传至东汉，设博士，列于官学。由于东汉较重古文经，逐渐衰微。《鲁诗》传承，申公以降大致可信。《春秋谷梁传》序疏论叙《谷梁》学传承有“谷梁淑传孙卿，孙卿传鲁人申公”之语，今学者列《鲁诗》家谱，便有从孙卿至浮丘伯、从浮丘伯到申公之说，这是无实据可凭的。

与《鲁诗》相较，《齐诗》作为“齐学”一种，更具有今文学派的特点。《齐诗》可考的始宗是辕固生。据《史记·儒林列传》记载，辕固乃齐人，以治《诗》，孝景时为博士，曾与道

家黄生在朝堂争论“汤武革命”一事。此段争论常为研究思想史学者引用。因为窦太后好《老子》书，辕固不得宠显于朝。由此可见，辕固与《鲁诗》始宗申公是同时代人，皆曾为“罢黜百家，独尊儒术”做过重要的前期准备工作。

齐学，尤其是《公羊》学，曾为武帝“独尊儒术”立下汗马功劳，以《公羊》学为龙头的齐学亦曾在西汉中期风靡天下，但齐学集团内部并不团结，这是齐学与鲁学重要区别之一。

《史记·儒林列传》载：

> 今上初即位，复以贤良征固。诸谀儒多疾毁固，曰：“固老，罢归之。”时固已九十余矣。固之征也，薛人公孙弘亦征，侧目而视固，固曰：“公孙子，务正学以言，无曲学以阿世！”自是之后，齐言《诗》皆本辕固生也，诸齐人以《诗》显贵，皆固之弟子也。

公孙弘为《公羊》学派重要一员，是汉推行“独尊儒术”关键人物。不独齐学中《齐诗》与《公羊》学之间不洽，而齐《公羊》学内部之间也不十分愉快。“公孙弘治《春秋》不如董仲舒，而弘希世用事，位至公卿。董仲舒以弘为从谀，弘疾之，……乃言上曰：‘独董仲舒可使相胶西王。’胶西王闻仲舒大儒，善待之。”① 此外，在上所引《谷梁》与《公羊》争宠于政时，《齐诗》大师萧望之作为首选评议人物，其贬《公羊》之态度，更说明问题。

齐学与鲁学之不同，似乎可以从两汉时两地民风差异来理解。周初分封时，太公问：“何以治鲁?”周公答：“尊尊而亲亲。”周公问：“何以治齐?”太公曰：“举贤而上功。”言鲁民俗则称：“（鲁）今去圣久远，周公遗化销微，孔氏庠序衰坏，地

① 《汉书》卷56《董仲舒传》。

狭民众，颇有桑麻之业，亡林泽之饶。俗俭啬爱财，趋商贾，好訾毁，多巧伪，丧祭之礼文备实寡，然其好学犹愈于它俗。”言齐民俗则称：“（齐）故至今其土多好经术，矜功名，舒缓阔达而足智。其失夸奢朋党，言与行缪，虚诈不情，急之则离散，缓之则放纵。”①

鲁、齐民风之别亦可用于解释《鲁诗》与《齐诗》之差异。《齐诗》之特点在于实用性，与《公羊》学一样，多引用灾异、迷信解《诗》。这样，汉代的《诗》已不是先秦民歌礼歌，而成为专制主义理论的重要组成成分。辕固最得意的传人是夏侯始昌。夏侯始昌传后苍。“始昌通《五经》，苍亦通《诗》《礼》，为博士，至少府，授翼奉、萧望之、匡衡。奉为谏大夫，望之前将军，衡丞相，皆有传。衡授琅邪师丹、伏理斿君、颍川满昌君都，君都为詹事，理高密太傅，家世传业。丹大司空，自有传。由是《齐诗》有翼、匡、师、伏之学。满昌授九江张邯、琅邪皮容，皆至大官，徒从尤盛。”

《汉书·翼奉传》载：

> （翼）治《齐诗》，与萧望之、匡衡同师。三人经术皆明。衡为后进，望之施之政事，而奉惇学不仕，好律历阴阳之占。元帝初即位，诸儒荐之，征待诏宦者署，数言事宴见，天子敬焉。时平昌侯王临，以宣帝外属侍中，称诏欲从奉学其术，奉不肯与言，而上封事曰：“臣闻之于师，治道要务，在知下之邪正。人诚乡正，虽愚为用，若乃怀邪，知益为害。知下之术，在于六情十二律而已。北方之情好也，好行贪狼，申子主之；东方之情怒也，怒行阴贼，亥卯主子。贪狼必待阴贼而后动，阴贼必待贪狼而后用，二阴并行，是以王者忌子卯也，《礼经》避之，《春秋》讳焉。南

① 《汉书》卷28《地理志》。

方之情恶也，恶行廉贞，寅午主子；西方之情喜也，喜行宽大，已酉主之。二阳并行，是以王者吉午酉也。《诗》曰：‘吉日庚午。’上方之情乐也，乐行奸邪，辰未主子；下方之情哀也，哀行公正，戌丑主之。辰未属阴，戌丑属阳，万物各以其类应。今陛下明圣，虚静以待物至，万事虽众，何闻而不谕，岂况乎执十二律而御六情。于以知下参实，亦甚优矣，万不失一，自然之道也。乃正月癸未日加申，有暴风从西南来，未主奸邪，申主贪狼。风以大阴下抵建前，是人主左右邪臣之气也。平昌侯比三来见臣，皆以正辰加邪时，辰为客，时为主人，以律知人情，王者之秘道也，愚臣诚不敢以语邪人。”

翼奉自称不敢以语邪人，而教王者秘道。所谓秘道，不过是把五行、五德、天干、地支分配在各诗之中，从而创造出《诗》之六情。在翼奉的《齐诗》之学中，《诗》不但有六情，又有五性。

《汉书·翼奉传》又载：

上以奉为中郎，召问奉：“来者以善日邪时，孰与邪日善时？”奉对曰：“师法用辰不用日，辰为客，时为主人，见于明主，侍者为主人。辰正时邪，见者正，侍者邪；辰邪时正，见者邪，侍者正。忠正之见，侍者虽邪，辰时俱正。大邪之见，侍者虽正，辰时俱邪。即以自知侍者之邪，而时邪辰正，见者反邪。即以自知侍者之正，而时正辰邪，见者反正。辰为常事，时为一行，辰疏而时精，其效同功，必参五观之，然后可知，故曰察其所繇，省其进退，参之六合五行，则可以见人性，知人情，难用外察，从中甚明。故《诗》之为学，情性而已。五性不相害，六情更兴废。观性以历，观情以律，明主所宜独用，难与二人共也。故曰：

‘显诸仁，减诸用。’露之则不神，独行则自然矣！”

这一套“明主所宜独用”的理论实与江湖方士的说法无异，齐之地原盛产方士，方士为政治谋生，多变成儒家弟子，翼奉是否可列为其中一员？翼奉学说抑不独有“六情”“五性”，又有“五际”之说。

元帝初元二年（前47年）地震两次，帝下罪己诏，翼奉上书称：

> 臣闻之于师曰：……《易》有阴阳，《诗》有五际，《春秋》有灾异，皆列终始，推得失，考天心，以言王道之安危，至秦乃不说，伤之以法，是以大道不通，至于灭亡。……臣奉学《齐诗》，阐五际之要《十月之交》篇，知日蚀地震之效，昭然可明。①

这套“五际”说以五行、干支入《诗》各篇，把灾异迷信与儒学经义结合在一起。这时元帝颇爱儒生，故诸政事皆以经礼而行，同时扩招博士弟子，所以朝野儒学之士渐多。为得宠于帝王，故其学说亦须有新的发展。翼奉演绎出《齐诗》这套理论对两汉政治思想影响甚大。《齐诗》与《公羊》学一样，对两汉时谶纬迷信政治思潮泛滥起到重要推动作用。我们现今一些思想史、儒学史的研究对翼奉这个人物似乎忽视了，这是不应该的。

据今人研究，翼奉这套理论实际来源于风角数术，② 风角是一种数术。其内容是候四方四隅之风以占吉凶。唐李淳风说：“自翼奉以后，风角之书，将近百卷。”③ 其主要方法是以六情十

---

① 《汉书》卷75《翼奉传》。

② 参见王铁《汉代学术史》第二章第二节“风角”。

③ 《乙巳占》卷10。

二律为占。

《齐诗》的三个传人翼奉、萧望之、匡衡，萧望之致力于政，翼奉对学说的发展贡献最大，而匡衡作为后进，则着力《齐诗》一派传承。匡衡弟子，后世尤者有师丹、斿君、满昌；满昌又传皮容、张邯。

两汉《韩诗》学派始宗可考者是韩生。《史记·儒林列传》记载：

> 韩生者，燕人也。孝文帝时为博士，景帝时为常山王太傅。韩生推《诗》之意而为内外传数万言，其语颇与齐、鲁间殊，然其归一也。淮南贲生受之。自是以后，而燕赵间言《诗》者由韩生。韩生孙商为今上博士。

对韩生的记载，《史记》《汉书》无大异。《汉书》进一步指明韩生名婴，并载："韩生亦以《易》授人，推《易》意而为之传。……孝宣时，涿郡韩生其后也，以《易》征，待诏殿中，曰：'所受《易》即先太傅所传也。尝受《韩诗》，不如韩氏《易》深，太傅故专传之。'司隶校尉盖宽饶本受《易》于孟喜，见涿韩生说《易》而好之，即更从受焉。"①

韩婴所传学问，除《诗》以外，又有《易》，从此可见《韩诗》一派特色与《齐诗》大略同。韩婴的另一主要弟子是赵子。赵子传蔡谊，蔡谊传王吉、食子公。食子公传栗丰，栗丰传张就；王吉传长孙顺，长孙顺传段福。② 与《鲁诗》《齐诗》至东汉逐渐衰微趋势不同，《韩诗》在东汉乃是名人辈出，仅《后汉书·儒林传》所载，世习《韩诗》者，有薛汉、杜抚、张匡、杨仁等。同时，《韩诗》学术特色也保留下来。《后汉书·儒林

---

① 《汉书》卷88《儒林传》。

② 《后汉书》卷79《儒林传》。

传》记载：

> 薛汉者，字公子，淮阳人也。世习《韩诗》，父子以章句著名，汉少传父业，尤善说灾异谶纬，教授常数百人。至是，为博士，受诏校定图谶。

两汉时，除以上三家《诗》以外，另一最有影响派别，当数《毛诗》。关于《毛诗》属古文经学抑或是今文经学事，世有异说。《毛诗》的主要传承，《汉书·儒林传》作了如下交代：

> 毛公，赵人也。治诗，为河间献王博士，授同国贯长卿，长卿授解延年。延年为阿武令，授徐敖。敖授九江陈侠，为王莽讲学大夫。由是言《毛诗》者，本之徐敖。

这里所讲毛公，《史记》未曾提及。《汉书》所言，亦甚谨慎，只略交代传承，更确定"言《毛诗》者，本之许敖"。《汉书》只言"毛公"，转至东汉末郑玄《诗谱》，又分大、小毛公。三国以降又说大毛公名长，或云名亨，小毛公名苌，这多是后人附会。

另，《毛诗》在西汉并不是古文经。以上《汉书·儒林传》所言，没有把《毛诗》归为古文经。《汉书·河间献王传》记载献王所得旧书中，亦未有《毛诗》。刘歆《移让太常博士书》所提及古文仅《逸礼》《尚书》《左传》三种，《毛诗》不在其内。《汉书·艺文志》则说："又有毛公之学，自谓子夏所传，而河间献王好之，未得立。"这似乎是把《毛诗》作为今文学一种。

由此可见，《毛诗》被作为古文学是东汉以后事情。在两汉时期，《毛诗》地位颇似《左氏春秋》，虽长时间流传民间，亦

偶列为官学。东汉时期，因今文学派所传学业，多杜门自守，且又与社会庸俗思潮结合，故学者多转向以古文学为代表的朴拙民间学派，这种倾向自东汉初贾逵治学已见征兆，至汉末郑玄时，遂成风尚。《毛诗》大概就是这样被作为古文经学的。《后汉书·章帝纪》八年（83 年）诏：

> 五经剖判，去圣弥远，章句遗辞，乖疑难正，恐先师微言，将遂废绝，非所以重稽古求道真也，其令群儒选高才生受学《左氏》《谷梁春秋》《古文尚书》《毛诗》，以扶微学，广异义焉。

诏书颁布后，“由是四经遂行于世，皆拜遥所选弟子及门生为千乘王国郎，朝夕受业黄门署，学者皆欣欣羡慕焉”①。两汉之学术，以儒家为主。儒学的学术不外是先秦相传并继承下来的儒家典籍。儒家典籍被定为经，是汉武帝“独尊儒术”以后的事。《诗》作为儒学基本典籍，在汉代学术中占据较为重要地位，从以上对两汉《诗》学传承与各自学术特色的论述中，我们可以得出如下结论：

第一，汉代的《诗》学，大致属今文经学一系，至西汉中期，因儒学显尊，《诗》学流派方始形成。汉《诗》流派不是三家，亦不是四家，也许不只《汉志》所载六家。汉初一些《诗》学流派，因不得于时政，逐渐湮没。汉《诗》各流派治学方法大抵以解说、作传与章句为主，这与《书》《春秋》等流派治学方法相同，对后世学术方法影响甚大。

第二，汉《诗》即属今文学，其“今”之义体现在两个方面。首先，汉《诗》各派对《诗》旨的解释大多与古代政治结合起来，并借以来隐讽规劝现实政治。今文学是中国古代“学

---

① 《后汉书》卷 36《贾逵传》。

以致用”最好的体现者。这些从现存《毛诗》及有关鲁、齐、韩三家《诗》文献对《诗》旨的解释中可以清楚看出。《关雎》为《诗经》第一篇，传为东汉卫宏《毛诗序》云：“《关雎》，后妃之德也。风之始也，所以风天下而正夫妇也。用之乡人焉，用之邦国焉。……是以《关雎》乐得淑女以配君子，爱在进贤，不淫其色，哀窈窕，思贤才，而无伤善之心焉。是《关雎》之义也。”本来一首情诗，为投机政治者所需便被解释成这样，由此可见汉儒是怎样把古代的东西汉代化的。其次，汉《诗》各派，以齐、韩为尤，更把数术的思想融入各诗，这一创新，使《诗》能更便宜用于时政。

第三，《诗》现存仅有《毛诗》，其他各家，只见佚篇。《毛诗》在汉代流于民间，其传授师承均不可靠。毛氏的经说虽训诂简要，不若其他三家冗繁，但汉代特征较为明显，这里试举两例，略作说明。《诗·召南》有《驺虞》一诗，鲁、韩说均认为驺虞为天子掌鸟兽之官；毛说相异：“驺虞，义兽，白虎黑文，不食生物，人君有至信之德则应之。”天人感应之说流行于汉代，毛说汉代特征显而易见。又关于盟诅用牲，韩说：“天子，诸侯以牛、豕，大夫以犬，庶人以鸡。”毛说：“君以豕，臣以犬，民以鸡。”韩说阶层称谓以天子、诸侯、大夫、庶人为序，与先秦宗法制度合；毛说以君、臣、民为序，与秦汉专制制度合。①

第四，既然用《诗》进行政治投机，在儒学气氛较为弥漫的汉代，《诗》往往成为奏议诏书中常被引用、作为论据的基本典籍。这种情况自西汉中期以后屡屡可见，《盐铁论》一书中，争论双方引用《诗经》数十次。如在《备胡》篇中，谈到士兵远征，“老母垂泣，室妇悲恨”时，便有引《诗》：“‘昔我往矣，杨柳依依，我今来思，雨雪霏霏……’故圣人怜其如此，

① 以上两例见《汉魏遗书钞》，许慎《五经异义》。

闵其久去父母妻子，暴露中野，居寒苦之地。”至于《齐诗》大师教帝王“秘书”，更可见《诗》学一派的政治企图和政治作用。

第五，汉《诗》各派旨在时政，而不在解《诗》，故《诗》学派别逐渐蜕变成政治集团。以上所讲《鲁诗》与《谷梁》学结盟同齐《公羊》学对抗便可见一斑。故论及汉代学术思想，在辨明其思想流派、文化背景之后，还应该从学术与政治相结合这个方面来审查。这样，也许可以发现汉代学术的真谛与汉儒的精髓。

附一、《鲁诗》传授表：

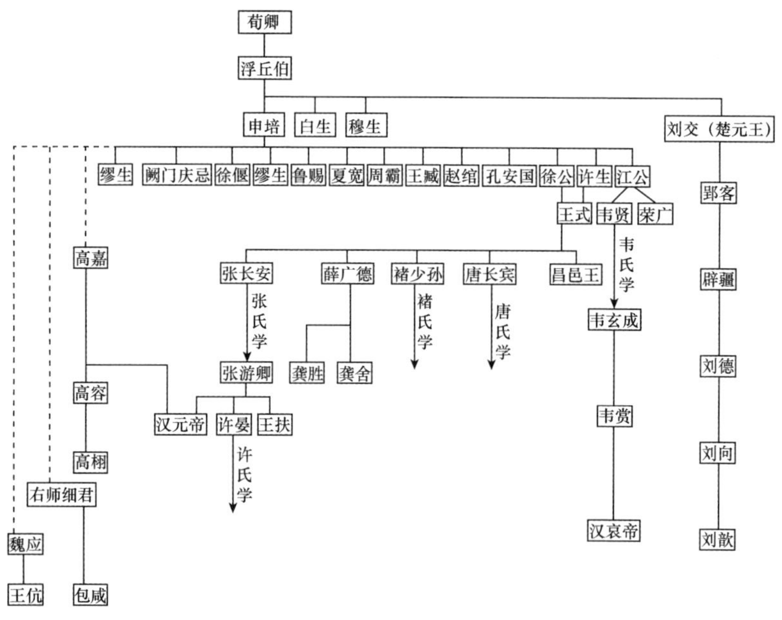

案：一、为汉代经师传承作表者较多，现可见有范文澜《群经概论》、陈延杰《经学概论》、刘汝霖《汉晋学术编年》、

梁启超《中国学术思想史变迁》诸书。然他们所作各表差异较大，范书过于简单，有前汉而无后汉；陈书师承有误，详略不当；刘书七拼八凑，不堪入目。本表制作时，师承、年代均作考订。

二、本表资料采自前、后《汉书》及其他史料，不再出注。

三、本表的实线表示可以确定师承关系，虚线表示不可确定师承关系。

四、以后各表皆以此为凡例，不再作说明。

附二、《齐诗》传授表：

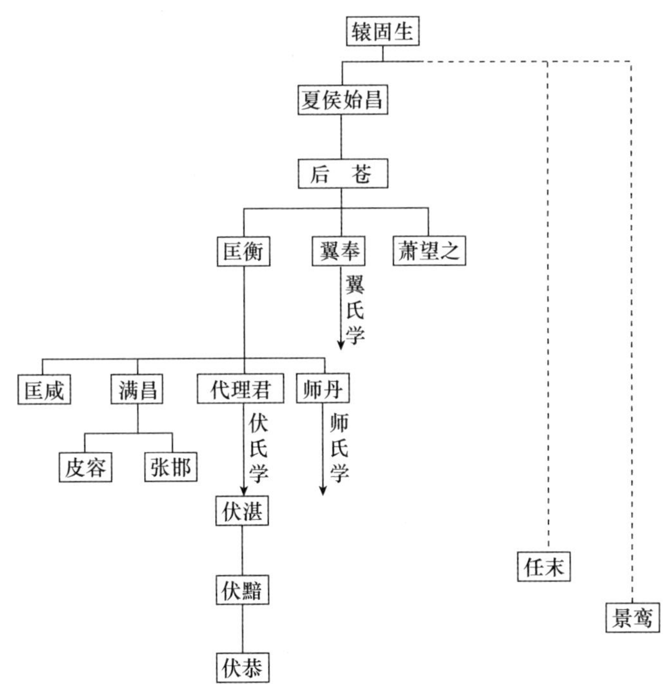

附三、《韩诗》传授表：

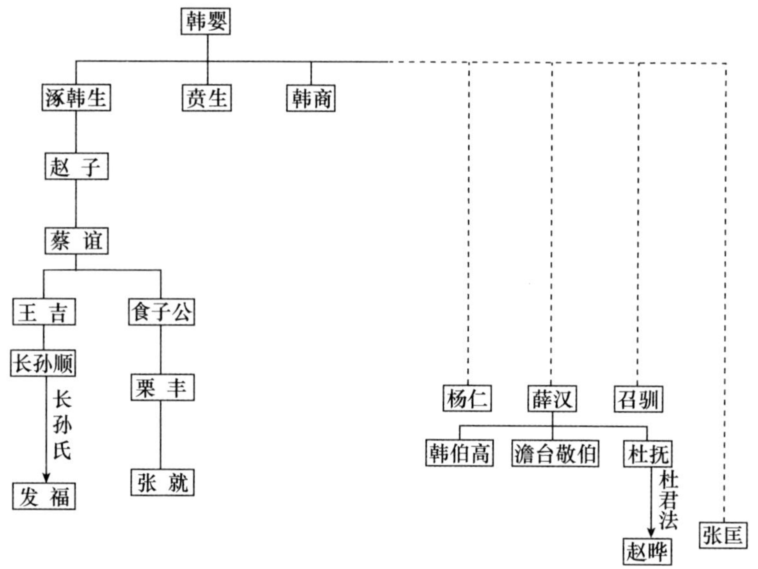

附四、《毛诗》传授表：

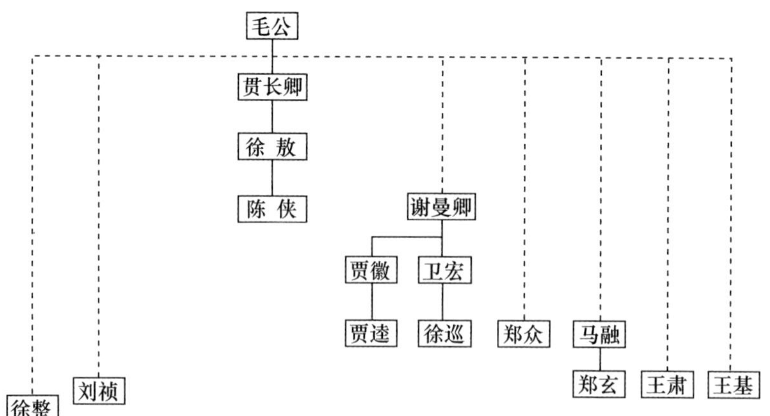

案：《毛诗》师承自毛公以前最不可信，故不列表。陆玑《草木虫鱼疏》云："孔子删《诗》授卜商，商为之序以授鲁人曾申，申授魏人李克，克授鲁人孟仲子，仲子授根牟子，根牟子授赵人荀卿，荀卿授鲁国毛亨，毛亨作《训诂传》，以授赵国毛苌，时人谓亨为大毛公，苌为小毛公。"陆玑所本，不知为何？

第三节 《尚书》学

我国的经学，一直是思想是非与学术是非的渊薮。儒学至汉武被定为一尊，成为真正意义上的经学，各家经师或囿于师法家法，或迷于官道仕途，对经书的大小问题似乎均有自己的见解，并各抱地势，钩心斗角。就《尚书》学而论，从名义、篇目、今古文以至《书序》都有不同的意义，以至我们后学读起经书来常会有茫然不知所从的感觉。文化既是珍贵的遗产，又是沉重的包袱。

《尚书》又作《书》，亦称《书经》。《尚书》名为《尚书》，本不是什么问题，可在经学兴盛的汉代，却是解释《尚书》的首要问题。《墨子·明鬼篇》云："《尚书》《夏书》，其次商、周之书。"这里已明白讲述了《尚书》是上古之书。对此范文澜说："其所以独称《尚书》，不与夏、商、周以代为号者，盖《尧典》等篇，以时代言之则最古，以德业言之，则道冠三王故也。"①

但是，汉代人却大都认为《尚书》的"尚"是孔子加上的，意义为尊崇。郑玄《书赞》云："孔子撰《书》，乃尊而命之曰《尚书》，尚者上也，盖言若天书然。"《尚书纬璇玑钤》曰："因而谓之'书'，加'尚'以尊之。"王充认为《尚书》是

① 范文澜：《群经概论》第三章第一节，北京朴社 1933 年版。

“上所为，下所书”，[①] 王肃《书注序》亦说：“上所言，下为史所书，故曰《尚书》也。”汉人对《尚书》名义的解释显然具有汉家特色。郑康成之说，本于《纬书》的启发，固嫌迂诞；王充、王肃之说则狃于“左史记言，右史记事；事为《春秋》，言为《尚书》”的传说。[②] 不过，除以上诸说外，汉代也有《尚书》是上古之书的说法。《尚书》孔安国序云：“济南伏生，年过九十，失其本经，口以传授，裁二十余篇，以其上古之书，谓之《尚书》。”大凡因为孔安国与伪古文《尚书》有染，故其序向来不为世人重视。我们认为，且不论古文《尚书》是伪是真，仅从孔安国序考查，对《尚书》名义的解释，安国所言，还倒中肯贴切。伏生传《书》，《史记》《汉书》均载；口以传授，较符合先秦时代传经之形式；释《尚书》为上古之书，亦不为虚妄之词。对后来学者而言，尽管孔安国之序真伪不定，但他认为《尚书》为上古之书的观点却得到认可。马融《书经序》云：“上古有虞氏之书，故曰《尚书》。”陆德明《经典释文·叙录》云：“以上古之书，谓之《尚书》。”

《诗经》一书传至汉代，幸而得全，今文三家与《毛诗》虽经说有异，但篇目无大的差别。至于《尚书》，则可以分今文、古文与伪古文，篇目多有悬殊。

汉代今文《尚书》一脉，史载为伏生所传。“秦时焚书，伏生壁藏之，其后兵大起，流亡。汉定，伏生求其书亡数十篇，独得二十九篇，即以教于齐、鲁之间。”[③] 关于伏生的记载，《汉书·儒林传》与《艺文志》皆本于《史记》。文帝之时，诏求能治《尚书》的经师，天下没有，后来听说伏生可治《尚书》，欲

① 王充《论衡·须颂篇》：“或说《尚书》曰：尚也，上也，上所为，下所书也。下者谁也？曰臣子也。然则臣子书上所为矣。”

② 蒋伯潜、蒋祖怡：《经与经学》第五章，上海书店出版社 1997 年版。

③ 《史记》卷 121《儒林传》。

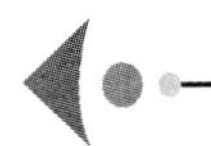

召。这时伏生年逾九旬，老不能行，只好派太常使掌故晁错前往受学。① 关于晁错从伏生受《尚书》经过，后人颇有增补。“伏生老不能正言，使其女传教晁错，齐人语与颍川异，错所不知十二三，略以意读之而已。”② 又《经典释文·叙录》云：“伏生失其本经，口诵二十九篇传授。”现把二十九篇之篇目分述如下：

> 一、《尧典》，二、《皋陶谟》，三、《禹贡》，四、《甘誓》，五、《汤誓》，六、《盘庚》，七、《高宗肜日》，八、《西伯戡黎》，九、《微子》，十、《牧誓》，十一、《洪范》，十二、《金縢》，十三、《大诰》，十四、《康诰》，十五、《酒诰》，十六、《梓材》，十七、《召诰》，十八、《洛诰》，十九、《多士》，二十、《无逸》，二十一、《君奭》，二十二、《多方》，二十三、《立政》，二十四、《顾命》，二十五、《康王之诰》，二十六、《费誓》，二十七、《吕刑》，二十八、《文侯之命》，二十九、《秦誓》。

也有人认为伏生所传《尚书》仅二十八篇，则以《康王之诰》合于《顾命》。③ 今本伪古文《尚书》，《书序》分见于各篇之首，旧本合为一篇。也有说在原来二十八篇之外，后来又找到一篇《秦誓》，编次于《微子》和《牧誓》之间，成为二十九篇。又有说：“汉宣帝本始中，河内女子得《秦誓》一篇，献之，与伏生所诵合三十篇，汉世行之。”④《秦誓》一篇，问题较

---

① 事见《史记》卷121《儒林传》。王充《论衡·正说篇》则云，晁错从伏生受《尚书》为景帝之时。

② 《汉书·儒林传》注引卫宏《尚书序》。

③ 康有为：《伪经考》“书序辨伪”。

④ （唐）陆德明：《经典释文·叙录》。

大。陆德明说是汉宣帝时所得，刘向则说："武帝末，民有得《秦誓》书于壁内者，献之与博士。"① 两处记载年代有出入。故陆德明认为《秦誓》当在二十九篇之外。"然《秦誓》年月不与《书序》相应，又不与《左传》《国语》《孟子》众书所引《秦誓》同，马、郑、王肃诸儒皆疑之。"②

《汉志》云："经，二十九卷。"但刘歆欲立古文时，今文诸博士不肯，谓《尚书》唯有二十八篇。故《汉志》所讲二十九卷与上述二十九篇目是否吻合，则不可知。古文《尚书》一脉，亦有迹可循。《汉书·儒林传》云："孔氏有古文《尚书》，而安国以今文字读之。"对于古文《尚书》流传与篇目，司马迁未多交代。《汉志》于《书》类首列"古文经四十六卷"，自注云："为五十七篇。"关于古文《尚书》，班氏交代如下：

> 武帝末，鲁共王坏孔子宅，欲以广其宫，而得《古文尚书》及《礼记》《论语》《孝经》凡数十篇，皆古字也。共王往入其宅，闻鼓琴瑟钟磬之音，于是惧，乃止不坏。孔安国者，孔子后也，悉得其书，以考二十九篇，得多十六篇，安国献之，遭巫蛊事，未列于学官。刘向以中古文校欧阳、大、小夏侯三家经文，《酒诰》脱简一，《召诰》脱简二。率简二十五字者，脱亦二十五字，简二十二字者，脱亦二十二字，文字异者七百有余，脱字数十。《书》者，古之号令于众，其言不立具，则听受施行者弗晓。古文读应尔雅，故解古今语而可知也。③

---

① 《尚书》序疏引刘向《别录》、刘歆《七略》与《移让太常博士书》也有类似看法。

② （唐）陆德明：《经典释文·叙录》。

③ 《汉书》卷30《艺文志》。

鲁共王坏孔子宅得《尚书》及其他诸书事，《史记》中《儒林列传》与《五宗世家》的鲁共王传均未记录，班氏记载独详，是否是根据古文《尚书》一派自编的家谱，也未尝可知。安国所得十六篇古文《尚书》，有存目；如下：

> 一、《舜典》，二、《汩作》，三、《九共》，四、《大禹谟》，五、《弃稷》，六、《五子之歌》，七、《胤征》，八、《汤诰》，九、《咸有一德》，十、《典宝》，十一、《伊训》，十二、《肆命》，十二、《原命》，十四、《武成》，十五、《旅獒》，十六、《毕命》。

《汉志》云："古文经四十六卷"，即为原今文二十九篇，加上述十六篇，又加后得《秦誓》，共四十六卷。马融《书传序》云："逸十六篇，绝无师说。"[①] 古文十六篇，后即亡佚。因此后世探求孔安国古文《尚书》的真伪实已没有意义了。

伪古文《尚书》一脉，起源较晚，伪古文《尚书》乃东晋元帝时梅赜所上。[②] "江左中兴，元帝时，豫章内史枚赜奏上孔传古文《尚书》。亡《舜典》一篇，购不能得，乃取王肃注《尧典》，从'慎徽五典'以下分为《舜典》篇以续之，学徒遂盛。""汉始立欧阳《尚书》，宣帝复立大小夏侯博士，平帝立古文。永嘉之乱，众家之书并灭亡，而古文孔传始兴，置博士，郑氏亦置博士一人。近惟重古文，马、郑、王注遂废。今以孔氏为

---

① 古文十六篇有无师说，争论颇多。古文一派主张有师说，而以孔古文《尚书》为伪者则力辩之。参见范文澜《群经概论》、刘起釪《尚书学史》等著作。

② "梅"又作"枚"，见《经典释文》；"赜"又作"颐"，见《世说新语》，清惠栋《古文尚书考》从之。《隋书·经籍志》作"赜"，清阎若璩《尚书古文疏证》从之。

正，其《舜典》一篇，仍用王肃本。”①

伪古文《尚书》中《舜典》出自王肃本《尧典》，《盘庚》分列三篇；又从《皋陶谟》分出《益稷》一篇。②

计三十三篇。此外又增二十五篇，篇目如下：

> 一、《大禹谟》，二、《五子之歌》，三、《胤征》，四、《仲虺之诰》，五、《汤诰》，六、《伊训》，七、《太甲上》，八、《太甲中》，九、《太甲下》，十、《咸有一德》，十一、《说命上》，十二、《说命中》，十三、《说命下》，十四、《泰誓上》，十五、《泰誓中》，十六、《泰誓下》，十七、《武成》，十八、《旅獒》，十九、《微子之命》，二十、《蔡仲之命》，二十一、《周官》，二十二、《君陈》，二十三、《毕命》，二十四、《君牙》，二十五、《冏命》。

以上二十五篇加原三十三篇，计五十八篇就是我们所见到的十三经中的《尚书》。这五十八篇实际上是伪古文《尚书》，今文二十九篇也保留其中。《尚书》真伪是学术史一大课题，自古至今，聚讼纷纭。对于古文《尚书》，南宋吴棫作《书稗传》，始疑其与今文不类，明梅鷟亦斥其伪，③ 清阎若璩《尚书古文疏证》更条分缕析，所列证据甚详，丁晏则竭力证明此事乃王肃作伪。④ 以古文《尚书》为真一派，有清毛奇龄《古文尚书冤词》等著述，⑤ 其后有焦循作《古文尚书辨》颇袒古文，⑥ 近代为古文辩护者又有章太炎、刘师培等人。但古史辨一派兴起，古

---

① 陆德明：《经典释文·叙录》。

② 古文《尚书》十六篇中有《弃稷》一篇，故分《益稷》当之。

③ 见梅鷟《尚书谱》《尚书考异》。

④ 丁晏：《颐志斋丛书》。

⑤ 毛奇龄：《西河合集》。

⑥ 见《清颂堂丛书》。

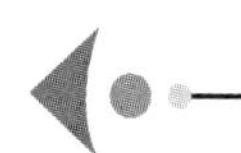

文为伪又被作成不可翻的铁案。限于本人学识尚浅，本书旨向亦不在辨伪，故对此论题存疑。为资有志学人研究《尚书》，现把自古至今主要的《尚书》研究资料分列如下（以上所引用不列其内）。

汉代人著述辑佚：

伏生《尚书》，说郛本；

伏生《尚书大传》，四库本；

贾谊《书贾氏义》，续玉函山房辑佚书本；

欧阳生《今文尚书说》，汉魏逸书本；

欧阳生《书欧阳章句》，玉函山房辑佚书本；

孔安国《尚书》，武英殿本；

夏侯胜《尚书大夏侯章句》，玉函山房辑佚书本；

夏侯建《尚书小夏侯章句》，玉函山房辑佚书本；

贾逵《尚书古文同异》，续玉函山房辑佚书本；

马融《尚书马氏传》，玉函山房辑佚书本；

郑玄《尚书郑氏注》，郑学汇函本；

郑玄《郑氏古文尚书》，函海本；

郑玄《尚书中候》，玉函山房辑佚书本；

郑玄《尚书大传注》，左传全集本；

卫宏《古文尚书训旨》，续玉函山房辑佚书本。

清代人著述：

孙星衍《尚书今古文注疏》，皇清经解本；

朱彝尊《尚书古文辨》，丛书集成初编本；

惠栋《古文尚书考》，皇清经解本；

段玉裁《古文尚书撰异》，皇清经解本；

陈乔枞《今文尚书经说考》，皇清经解本；

王先谦《尚书孔传参正》，王氏虚设堂刊本；

王闿运《尚书大传补注》，湘绮楼全书本；

皮锡瑞《今文尚书考证》，师伏堂丛书本；

皮锡瑞《古文尚书冤词平议》，师伏堂丛书本；

皮锡瑞《尚书大传疏证》，师伏堂丛书本；

洪良品《古文尚书析疑》，龙冈山人古尚书四种本；

洪良品《古文尚书辨惑》，龙冈山人古尚书四种本；

洪良品《古文尚书商是》，龙冈山人古尚书四种本；

洪良品《古文商书释难》，龙冈山人古尚书四种本；

马国翰《古文尚书》，玉函山房辑佚书本；

马国翰《今文尚书》，玉函山房辑佚书本；

崔述《古文尚书辨伪》，崔东壁先生遗书本；

廖平《尚书今文新义》，新订六译馆丛书本。

近现代人研究《尚书》的有陈梦家《尚书通论》、刘起釪《尚书学史》等，另外台湾戴君仁对《尚书》研究用功颇勤，其著《古文尚书作者研究》① 《古文尚书冤词再平议》② 二文，见解亦有独到之处。

《尚书》的传授应今古文分述。按《汉书·儒林传》记载，今文一派首推伏生。“伏生独得二十九篇，即以教齐、鲁之间，齐学者由此颇能言《尚书》，山东大师亡不涉《尚书》以教。”伏生传其学与济南张生和千乘欧阳生。欧阳生授同郡兒宽，宽又授欧阳生之子，欧阳一家世代相传，至曾孙欧阳高为博士，由是《尚书》有欧阳学。张生授夏侯都尉，都尉授族子始昌，始昌传族子胜，为《尚书》大夏侯学；夏侯胜传兄子建，夏侯建别立《尚书》小夏侯学。

东汉今文《尚书》的传授，《后汉书·儒林传》记载颇详。东汉之时，欧阳歙传伏生《尚书》，为博士，歙为西汉欧阳生的八世孙。曹曾从歙授《尚书》，传其子曹祉；又有陈弇、牟长、宋登、桓荣并传欧阳《尚书》。以大夏侯《尚书》修业者有牟

---

① 台湾《孔孟学报》1961 年第 1 期。

② 台湾《东海学报》1960 年第 1 期。

融、张驯。

古文一派，始于孔安国。“孔氏有古文《尚书》，孔安国以今文字读之，因以起其家逸《书》，得十余篇，盖《尚书》兹多于是矣。遭巫蛊，未立于学官。安国为谏大夫，授都尉朝，而司马迁亦从安国问故。迁书载《尧典》《禹贡》《洪范》《微子》《金縢》诸篇，多古文说。都尉朝授胶东庸生，庸生授清河胡常少子。……常授虢徐敖。敖为右扶风掾，又传《毛诗》，授王璜、平陵涂恽子真。子真授河南桑钦君长。”①

东汉古文《尚书》，虽不立于学官，但其影响渐盛，对古文贡献较大者有杜林、贾逵、马融、郑玄。贾逵父亲“又受古文《尚书》于涂恽，学《毛诗》于谢曼卿，作《左氏条例》二十一篇，逵悉传父业。”②《三国志·魏书·王肃传》载：“初，肃善贾、马之学，而不好郑氏。”

此外，西汉成帝时又有张霸一百零二篇《尚书》。“世所传百两篇者，出东莱张霸，分析合二十九篇以为数十，又采《左氏传》《书叙》为作首尾，凡百二篇。篇或数简，文意浅陋，成帝时求其古文者，霸以能为百两征，以中书校之，非是。霸辞受父，父有弟子尉氏樊并。时太中大夫平当，侍御史周敞劝上存之。后樊并谋反，乃黜其书。”③

东汉又有漆书古文《尚书》一卷，事见《后汉书·杜林传》：“林前于西州得漆书古文《尚书》一卷，常宝爱之，虽遭难困，握持不离身。出以示宏等曰：‘林流离兵乱，常恐斯经将绝。何意东海卫子，济南徐生复能传之，是道竟不附于地也。古文虽不合时务，然愿诸生无悔所学。’宏、巡益重之，于是古文遂行。”

---

① 《汉书》卷88《儒林传》。

② 《后汉书》卷36《贾逵传》。

③ 《汉书》卷88《儒林传》。

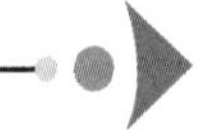

汉代今、古文《尚书》的经文区别是文字上略有歧异。西汉末年刘向以古文《尚书》校今文三家时，便出现“文字异者七百有余，脱字数十”。经说的区别就更大了，就《五经异义》所载例证，我们可以作一分析。例如五脏配五行，欧阳说为：肝，木也；心，火也；脾，土也；肺，金也；肾，水也。古文说为：脾，木也；肺，火也；心，土也；肝，金也；肾，水也。五行相配，在古代有两套系统，前者在汉代较为流行，[①]并为后人所接受，后者则渐湮灭。又如《尚书·尧典》有“以亲九族”语，关于“九族”，夏侯、欧阳说九族为异姓亲族，父族四，母族三，妻族二；[②] 古文说认为九族为同姓亲族，上自高祖，下至玄孙，凡九，皆为同姓。前说为《白虎通德论》所从，[③] 后说则得马融、郑玄拥护，[④] 以后各朝刑律服制，亦沿用后说。

有汉一代，《尚书》颇受重视。《尚书·洪范》一篇为汉人以阴阳五行解经提供了基本方法。阴阳灾异论不仅见于《尚书》经说，而且还多见于其他各经的经说。用阴阳五行说经解经，大多违背经文原意。也许因为汉代经师失迷其中，不能自拔，也许因为经师有意为之，以阴阳五行推论出灾异，以限制专制的君权。下有一例，可以为证：

> 熹平元年，青蛇见御坐，帝以问（杨）赐，赐上封事曰：“臣闻和气致祥，乖气致灾，休征则五福应，咎征则六极至，夫善不妄来，灾不空发。王者心有所惟，意有所想，虽未形颜色，而五星以之推移，阴阳为其变度。

---

① 《黄帝内经·素问》也以此法相配。

② 此说又可见《左传·桓公六年》“亲其九族”注疏。

③ 《白虎通德论·宗族》。

④ 马融、郑玄《尚书注》,《诗经·小雅·棠棣》郑玄笺。

> 以此而观，天之与人，岂不符哉？《尚书》曰：“天齐乎人，假我一日”，是其明征也。夫皇极不建，则有蛇龙之孽。①

关于“皇极不建，则有蛇龙之孽”句，注引《洪范五行传》曰：“皇，大也；极，中也；孽，灾也。君不合大中，是谓不立，蛇龙，阴类也。”

杨赐是杨震之孙，杨氏世传欧阳《尚书》，代为帝师。杨赐上述封事那套理论，也得于家学。皇帝御座前出现一条青蛇，便被杨赐用家传之学演绎得十分可怕。阴阳五行说对汉人经说的重要性由此可见一斑。

附一、今文《尚书》传授表：

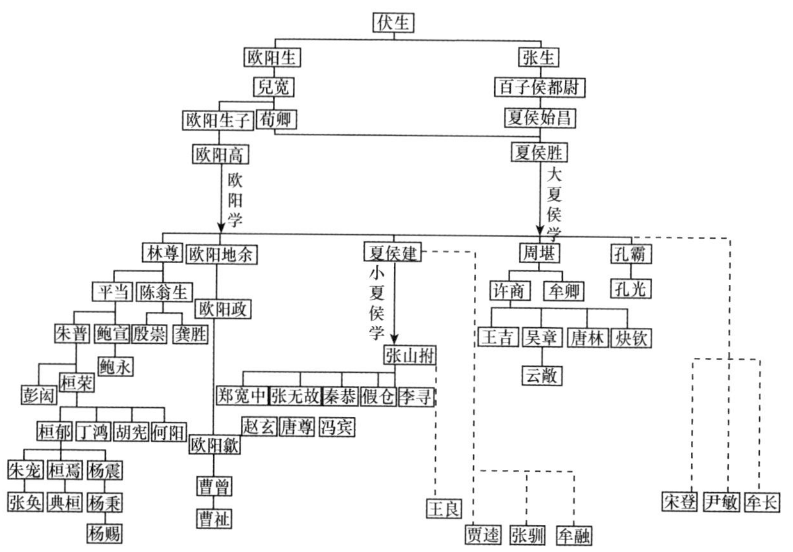

① 《后汉书》卷54《杨赐传》。

附二、古文《尚书》传授表：

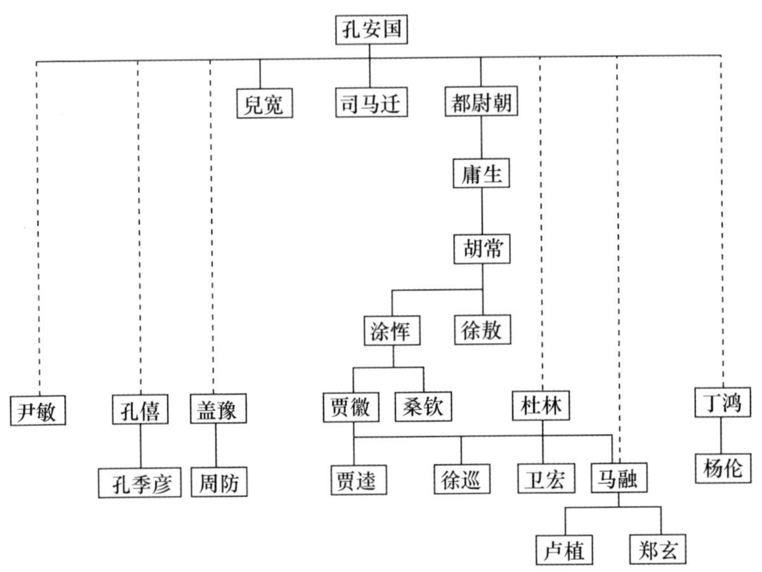

附三、西汉张霸《尚书》传授表：

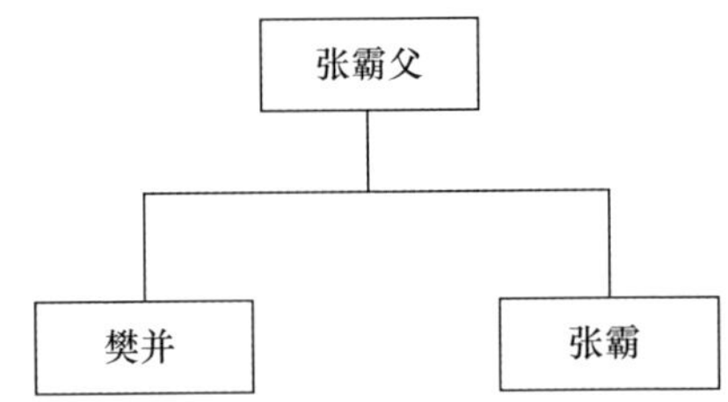

附四、东汉漆书古文《尚书》传授表：

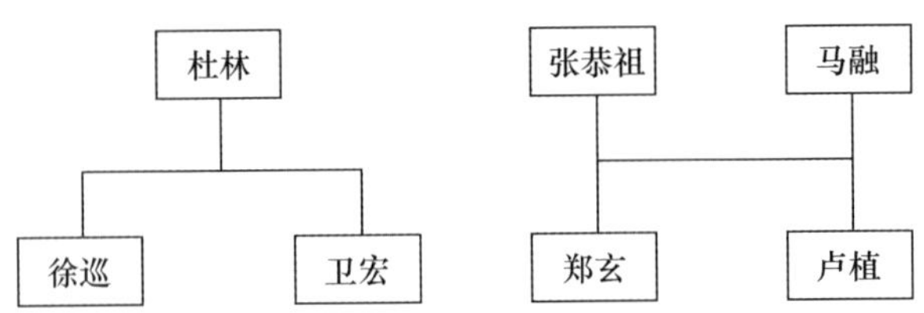

第四节　《礼》学

《礼》又作“三礼”，即《仪礼》《礼记》《周礼》的合称。一般来说汉代高堂生所传的《礼》，仅十七篇，指的是《仪礼》。《礼记》是“记”，相当于“传”，不是严格意义的“经”。《周礼》的出现是王莽时代的事，原名《周官》。故《周礼》虽在“三礼”中地位较为重要，但其本身的真伪就是一个大问题。

《仪礼》有今文本与古文本之分。《汉志》云：“《礼》古经五十六卷，经七十篇。”前者指古文，后者指今文，“七十”当为“十七”之误。[①] 今文《仪礼》，实际是“士礼”，《汉志》与《儒林传》均载“鲁高堂生传《士礼》十七篇”，两汉书均无《仪礼》之名。“仪礼”之名南朝后方见。[②]《士礼》所记多为士这一阶层的礼仪，而无天子、卿、大夫、诸侯之制。西汉末刘歆力主古文，正因为他看到今文《礼》的弱点，才在《移让太常博士书》中讥讽道：“国家将有大事，若立辟雍、封禅、巡狩之仪，则幽冥而莫知其原。”但今文学者则以为十七篇已备天子、诸侯、卿大夫之制。[③] 对此问题吕思勉的评议比较妥当：“谓高堂生所传独有士礼，乃古学家訾謷之辞，不足为今学病也。其说良是。然谓十七篇即已备一切之礼，则固有所不能。”[④]

高堂生所传十七篇，原有三个本子，即大戴（德）本、小戴（圣）本与刘向《别录》本，三本不同，仅在篇目次序上。

① 刘敞校云：“‘七十’疑系‘十七’之误。”

② 段玉裁《经韵楼集》有“礼十七篇标题汉无仪字说”，可作参考。又皮锡瑞《经学通论》有“论段玉裁谓汉称礼不称仪甚确而回护郑注未免强辞”篇，亦可参阅。

③ 参见皮锡瑞《经学通论》“三礼”。

④ 参见皮锡瑞《经学通论》“三礼”。

郑玄注用《别录》本，现存《十三经注疏》之中。三种本子十七篇目次如下：

篇名	《别录》	大戴	小戴
士冠礼第一	一	一	一
士昏礼第二	二	二	二
士相见礼第三	三	三	三
乡饮酒礼第四	四	十	四
乡射礼第五	五	十一	五
燕礼第六	六	十二	六
大射第七	七	十二	七
聘礼第八	八	十四	八
公食大夫礼第九	九	十五	十六
觐礼第十	十	十六	十七
丧服第十一	十一	十七	九
士丧礼第十二	十二	四	十三
既夕礼第十二	十三	五	十四
士虞礼第十四	十四	六	十五
特牲馈食礼第十五	十五	七	十
少牢馈食礼第十六	十六	八	十一
有司彻第十七	十七	九	十二

古文本《礼仪》，即《汉志》所言《礼古经》，“出于鲁淹中及孔氏，学十七篇文相似，多三十九篇。[①] 此事《史记》不载。刘歆《移让太常博士书》则称“鲁共王得古文于坏壁，《逸礼》有三十九”。《仪礼》疏云：“高堂生传十七篇，是今文也。

① 《汉书》卷30《艺文志》。刘敞校云：“‘学’当作‘与’。”今文经十七篇加三十九篇正是古文经五十六卷。

孔子宅得古《仪礼》五十六篇，其字皆篆书，是古文也。古文十七篇，与高堂生所传同，而字多不同，余三十九篇，绝无师说，秘在于馆。《七录》云余篇皆亡。"

以上的《礼古经》，就是指《逸礼》。河间献王"所得书皆古文先秦旧书，《周官》《尚书》《礼》《礼记》《孟子》《老子》之属，皆经、传、说、记，七十子之徒所论"①。汉代有新发现佚失民间的先秦旧的《礼》学著作，不应质疑。元始五年（5年）："征天下通知逸经。"②《汉书·王莽传》亦云："通知《逸礼》意者，征诣公车。"此时，《逸礼》得立于学官。

《礼记》，顾名思义，是传《礼》的学者传习中所作的笔记，相当于"传"。《汉志》著录"《记》百三十一篇"。本注云："七十子后学者所记也。"

关于《礼记》，班固此处所讲亦极著名，至于后代有人称"两汉并无《礼记》"，③ 此说不实。《礼记》正义引《六艺论》说："戴德传《记》八十五篇，则大戴礼是也。戴圣传《礼》四十九篇，则此《礼记》是也。"两戴传《礼》，各留《礼记》，现存的《礼记》，乃小戴的《礼记》。此说虽不知何本，倒也值得推敲。高堂生所传"士礼"，应是先秦《学礼》的一部分，有一定的局限性，"及《明堂阴阳》《王史氏记》所见，多天子、诸侯、卿大夫之制，虽不能备，就痛仓等推《士礼》而致于天子之说"。④ 这说明高堂生十七篇的单纯，对传其学的后学们来说已不满足，"故推《士礼》而致天子之说"。阐发经义本是习惯皇皇大论汉代经师必然之举，所以以士礼为干，杂古之逸礼与己说，编辑成《礼记》亦不足为奇。《礼记》一书成于西汉中晚

---

① 《汉书》卷53《景十三王传》。

② 《汉书》卷12《平帝纪》。

③ 毛奇龄：《经问》，见《西河合集》。

④ 《汉书》卷30《艺文志》。

期。《汉书·韦玄成传》曾明引《祭义》曰："王者禘其祖自出，以其祖配之，而立四庙。"王莽亦曾引《礼记·曲礼》文，如"天子祭天地""山川岁遍"诸语。①

实际上，大戴《礼记》与小戴《礼记》都称为《礼记》。东汉时，郑玄注小戴，与《仪礼》《周礼》合称为"三礼"，《礼记》便成小戴《礼记》的专名，大戴渐亡。《汉志》所云"《纪》百三十一篇"，和十三经中的《礼记》并不完全是一回事。

《周礼》一书原作《周官》。《汉志》著录"周官经六篇"。本注云："王莽时，刘歆置博士。"是书争论最多。今文一派皆不信此书，武帝谓其渎乱不验，何休以为六国阴谋之书。刘歆、王莽则认为是周公致太平之迹。东汉时，古文一派多治此书，郑玄崇信尤笃，经过这班人的抬举，遂跻《仪礼》《礼记》之上，成为"三礼"的核心。根据吕思勉总结，后人议论此书，大抵不出二派：

> 一、称其制度之详密，谓非周公不能为。
>
> 二、訾其过于烦碎，不能实行，谓非周公之书。
>
> 三、又有谓周公定之而未尝行；或请立法必求详尽，行之自可分先后；《周官》特有此制，不必一时尽行。以为调停者。②

对以上三点，吕氏自有评论，颇向今文。在吕氏评论中曾引日本织田万《清国行政法》一书："各国法律，最初皆惟有刑法，其后乃逐渐分析。行政法典，成立尤晚。惟中国则早有之，《周礼》是也。《周礼》固未必周公所制，然亦必有此理想者所

---

① 《汉书》卷99《王莽传》。

② 吕思勉：《经子解题》"周礼"。

成，则中国当战国时，已有编纂行政法典之思想矣。”织田万所论，把《周礼》视为行政法典。根据史实，论证行政法典晚于刑法，而作为行政法典的《周礼》是战国行政法思想汇编，此论的确公道。

《周礼》或称《周官经》，改称《周礼》，始于郑玄。“周礼”一词，原见于《左传》。或曰歆因采左氏之文以为题署。嗣后，杜子春、马融诸儒皆传《周官》，马融自序，题为《周官传》。至郑玄作注，则正题《周礼》，《隋书·经籍志》载汉晋诸家注，皆题《周官礼》。唐代人则兼采二名。①

据《汉书》记载，《周礼》初见于景帝子河间献王处，是献王刘德从民间搜寻并献给朝廷的。武帝议封禅时曾采用。对此问题，《经典释文·叙录》解释得更为清楚：

> 河间献王开献书之路，时有李氏上《周官》五篇，失《冬官》一篇。乃购，千金不得，取《考工记》以补之。……王莽时，刘歆为国师，始建立《周官经》，以为《周礼》。

故《周礼》一书原为古文本。献王刘德“从民得善书，必为好写与之，留其真”。② 献王所献朝廷的也是古文原件。《周礼》是以记载官制为内容的书，内容共分六篇。司马彪《续百官志》云：“昔周公作周官，分职著明，法度相持，王室虽微，犹能久存，今其遗书所以观周室牧民之德既至，又其有益来事之范，殆未有所穷也。”《周礼》六官次序如下：

（一）天官大宰，掌治典；

（二）地官大司徒，掌教典；

① 孙诒让：《周礼正义》说。

② 《汉书》卷53《景十三王传》。

（三）春官大宗伯，掌礼典；
（四）夏官大司马，掌政典；
（五）秋官大司寇，掌刑典；
（六）冬官大司空，掌事典。
原书只有五篇，取《考工记》以补冬官。
关于《周礼》成书，清纪昀有一段评述：

> 夫《周礼》作于周初，而周事之可考者不过春秋以后，其东迁以前三百余年官制之沿革，政典之损益，除旧布新，不知凡几。其初去成、康未远，不过因其旧章稍为更易，而改易之人不皆周公也。于是以后世之法窜入之，其书遂杂。此亦如后世律令条格率数十年而一修，修则必有所附益。特世近者可考，年远者无征，其增删之迹遂靡所稽，统以为周公之旧耳。迨乎法制既更，简编犹在，好古者留为文献，故其书阅久而仍存。此又如《开元六典》《政和五礼》，在当代已不行用，而今日尚有传本，不足异也。使其作伪，何不全伪六官而必阙其一，至以千金购之不得也。且作伪者必剽取旧文，借真者以实其赝，古文《尚书》是也。①

若按吕思勉所分三派，纪氏所论当属调停一派，其中“且作伪者必剽取旧文，借真者以实其赝”诸语，颇值得玩味。又考虑到日本织田万行政法出于刑法之后的断论，因此，我们可以认为，《周礼》成书于战国以降，是儒学一派稽古之官制而编纂的官制法典，有事实，有旧制，亦有理想，有臆说。若定此书成于周公之手，断不可信；若论为刘歆之流作伪，也非事实。自孔子始，“礼”与“礼法”的观念一直是儒家一派为政之道的重要

① 《四库全书总目》。

内容，故儒者对旧礼的整理与研究，恐不会停止，孔子死后，儒家又分解多派，各家治礼，亦会有侧重，或因时局，有因有替，有隐有显。至汉之时，儒学昌明，礼学遂行于世。或有师传者，当为世所宝，此可以高堂生传《士礼》为证；或绝师传者，旧简亦应有现于世，此可以据汉杂出逸礼为证。所以《周礼》一书，应该算是后儒一派所制官制，是行政法典组成部分，流传较长，“其增删之迹遂靡所稽，统以为周公之旧耳”。

三礼的研究，自汉至今，从未间断，《十三经注疏》保留了大量汉代学者的经说。清代辑佚，为我们留下许多前人研究成果。其中《玉函山房辑佚书》与《续玉函山房辑佚书》有汉戴圣著作一种，何休一种，班固两种，杜子春一种，马融两种，荀爽一种，贾逵三种，刘表一种，郑玄六种，郑众三种。又有晋王肃著作一种。

此外《汉学堂丛书》有：

刘歆《钟律书》；

马融《仪礼丧服经传》《周官传》；

阮湛《三礼图》；

郑玄《郑氏丧服变除》。

清代研究三礼者颇多，主要著作分述如下：

段玉裁《仪礼汉读考》，见《皇清经解》；

汪中《大戴礼记正误》，见《皇清经解》；

丁寿昌《小戴礼记解》，见《丁氏遗稿六种》；

李调元《仪礼古今考》，见《函海》；

胡承珙《仪礼古今文疏义》，见《求是堂全集》；

俞樾《郑君校正三礼考》，见《春在堂全书》；

姚际恒《仪礼今文古文考》，见《稻江楼杂著》；

叶大庄《大戴礼记审议》，见《写经斋全集》；

陈寿祺《大小戴礼记考》，见《左海经辩》。

近现代人研究三礼，主今文派可看皮锡瑞《经学通论》《经学历史》，廖平《周礼郑注商榷》，[①] 康有为《伪经考》诸书；主古文派可看刘师培《西汉〈周官〉师说考》[②]，章太炎的相关著述，[③] 此外吕思勉《马郑序〈周官〉之谬》等文，[④] 持论甚平。又沈文倬《略论礼典的实行和〈仪礼〉书本的撰作》[⑤] 与台湾徐复观《〈周官〉成立之时代及其思想性格》，[⑥] 是当代研究三礼较为重要的文章和著作。

在汉代经学中，《礼》的作用十分特殊，正是所谓“六经之道同归，而礼乐之用为急”。[⑦] 对礼的具体功能，《汉书·礼乐志》阐述甚详：

> 人性有男女之情，妒忌之别，为制婚姻之礼；有交接长幼之序，为制乡饮之礼；有哀死思远之情，为制丧祭之礼；有尊尊敬上之心，为制朝覲之礼。哀有哭踊之节，乐有歌舞之容，正人足以副其诚，邪人足以防其失。故婚姻之礼废，则夫妇之道苦，而淫辟之罪多，乡饮之礼废，则长幼之序乱，而争斗之狱蕃；丧祭之礼废，则骨肉之恩薄，而背死忘先者众；朝聘之礼废，则君臣之位失，而侵陵之渐起。故孔子曰：“安上治民，莫善于礼；移风易俗，莫善于乐。”礼节民心，乐和民声，政以行之，刑以防之。礼乐政行四达而不悖，则王道备矣。

---

① 见《新订六译馆丛书》。
② 见《国学丛刊》1923 年第 1 期。
③ 见《章氏丛书》。
④ 见《光华大学半月刊》1934 年第 2 期。
⑤ 见中华书局《文史》第十五、十六期。
⑥ 台湾学生书局 1976 年版。
⑦ 《汉书》卷 22《礼乐志》。

关于礼的来源，有人溯古追源，认为礼脱胎于原始宗教，[①]有人旁征博引，论证礼从俗来，[②]他们的论述皆有道理。汉代经学兴盛，礼学是经学的重要内容，前汉官方经学大会——石渠阁会议，后汉官方经学大会——白虎观会议，均侧重对礼的讨论。礼为急用之学，因此应该受到朝廷的重视。汉高祖立国，“日不暇给，犹命叔孙通制礼仪，以正君臣之位”。[③]可见礼之重要。到文帝时，贾谊却有“汉承秦之败俗，废礼义，捐廉耻”之说，礼的废弃，则导致社会秩序的混乱。参考以上材料，从礼的功用性角度，我们可以对两汉的“礼”与礼学，作如下分析：

第一，传统中国社会本无如古罗马的公法和现代意义的宪法，古代的礼则略具公法的性质，民法、刑法、婚姻法、行政法、丧葬法则可以视为其内容的衍生。因此，《礼》可以释为儒者对公法思想与立法条文的研究。

第二，礼作为公法，则具有习惯法的形式，这就是中国传统之特色。后代之礼，必因前朝。“王者必因前王之礼，顺时施宜，有所损益，即民之心，稍稍制作，至太平而大备”。[④]

第三，古代以礼法连称，法本于礼。法家一派出于儒家礼学一脉，应无异议。法家之所以别出，则因为其对礼的内容作出某些根本的改变，以迎合时政——这就是所谓变法的出现；则因为其更注重形式——这就是所谓成文法的产生；则因为其执着上对下的专政，为符合统治者的欲望而忽视公法法理以公平为本之事实——这就是专制主义。

第四，为避免亡秦之弊政，两汉政体采取的是不完整的中央

① 王启发：《礼的宗教胎记》，《中国哲学》第二十二辑，辽宁教育出版社2000年版。

② 阎步克：《士大夫政治演生史稿》第三章，北京大学出版社1996年版。

③ 《汉书》卷22《礼乐志》。

④ 《汉书》卷22《礼乐志》。

专制政体，即中央专制与乡村自治相结合。故礼法并用，实为汉制必然。

第五，汉代礼学中立明堂，封禅诸论题，则是社会公法公平思想的具体反映，此与专制主义中央集权思想格格不入。

第六，《礼》学为汉代制宪之学。汉代经师在整理先师遗说（如《仪礼》）和收罗旧简残编（如《逸礼》《周礼》）外，亦自有发明（如《礼记》）。《记》中有《王制》一篇，乃“文帝使博士诸生刺取六经作”。① 郑玄以其用“正”决狱，合于汉制。

以上六点是我们讨论两汉礼学的一点看法，在下章中，对此问题还会有所涉及。

附一、《礼仪》传承表：

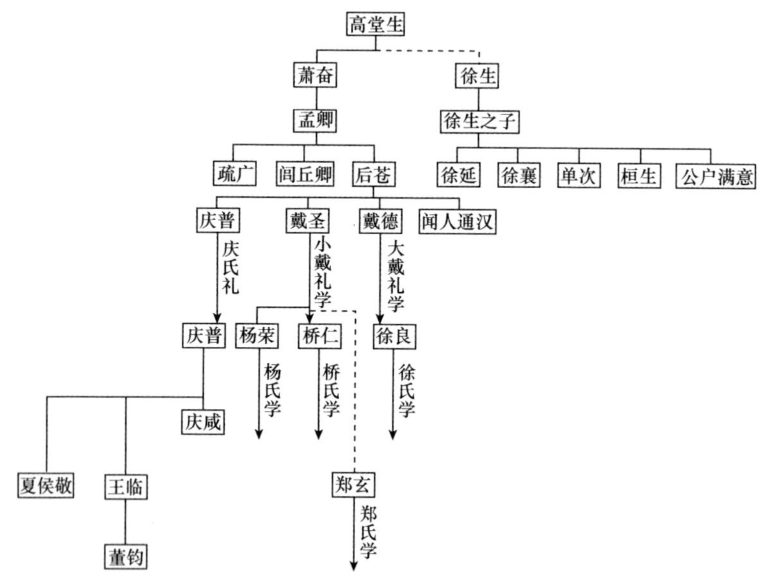

① 《史记》卷28《封禅书》。

案：（一）《汉书·儒林传》记载："汉兴，鲁高堂生传《士礼》十七篇，而鲁徐生善为颂。"《史记·儒林列传》载："而鲁徐生善为容。"高堂生与徐生之间是否有传承关系，文意不明。我们推测，高堂生之学分为两派：一为传容（威仪，仪容，进退揖让）派，即徐生以降；二为传经派，萧奋以降。

（二）郑玄原习小戴《礼》，事见《后汉书·儒林传》："玄本习小戴《礼》，后以古经校之，取其义长者，故为郑氏学。"

附二、《周礼》传承表：

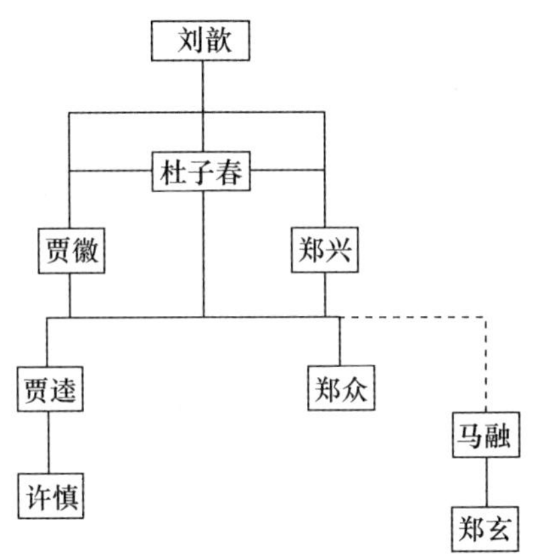

第五节　《易》学

孔子说："五十以学《易》。"① 这里的"易"，就是指后来的《易经》。《易》之名"易"，其说纷杂。十三经注疏《周易正义》卷首第一有《论易之三名》文，对此问题进行了专门讨论。关于易之三名，郑玄《易论》说："易一名而含三义，易简

① 《论语·述而》。崔适《史记探源》疑"五十"乃"卒"字之误。

一也，变易二也，不易三也。”此说源于纬书，《易纬乾凿度》云：“《易》一名而含三义，所谓易也、变易也、不易也。”又云：“易者其德也，变易者其气也，不易者其位也。”纬书与郑玄所论，虽深究“易”之变化，分析“易”之为易的具体含义，但其说臆测成分较大，不足以让人信服。

《说文》云：“易，蜥易，蝘蜓，守宫也，象形。”《秘书》说：“日月为易，象阴阳也，一曰勿。”《说文》认为“易”是象形字，原指一种爬行动物蜥蜴。① 作为蜥蜴的易与《易经》之易似乎风马牛不相及，故《说文》只好引纬书再作解释。望文生义，化用阴阳，演纬者本是斫轮老手，但无奈阴阳之说起源尚晚，就是《易》之本经，也鲜有提及。故纬书之说，亦不足为凭。

郭沫若在《文史论集》中考“易”字从甲骨到金文之变化，指出：“可以看出易字是益字的简化，益乃溢之初文，像杯中盛水满出之形。”从现被认定的甲骨文与金文的“易”字来看，其说不无道理。而郭氏又说：“益既引申为增益，故再引申为赐予。”这一补充，更使其说可信度增加。但是仔细推敲现被文字学界所认定的甲文金文之“易”字，② 除德簋之“[illegible]”可释为“益”外，其他均有些牵强。故郭氏之说，亦应斟酌。

本来，《说文》释易为蜥蜴，指出易为象形字，并无问题。只不过许慎未能讲清蜥蜴这种爬行动物的皮肤具有可变性，即俗称为“变色龙”，③ 后学又执着字义经文，故纭纷至今，仍无令

① 段玉裁《说文解字注》云：“《虫部》蜥下曰：‘易它。’蝘下曰：‘在壁曰蝘蜓，在草曰蜥易。’”

② 参见《汉语大字典》释“易”。此书“易”字甲文三，大篆三，小篆一，隶书三。

③ 本人为“易”一字考证，盘桓数日，终不得法。一日，与韩可学兄把盏，忽得此妙思，疑虑顿消。然不知先贤是否有论及此者？井蛙之见，也有神契，不得瓣香。

人信服的解释。释易为蜥蜴，其引申义故为“变”。而且其一，“易”之本字，亦常作“变化”之讲。《玉篇》：“易，转也，变也。”[1]《方言》：“易，始也。”其二，“易”字与古代卜筮有关，应无异议。《礼记·祭义》：“昔者圣人建阴阳天地之情，立以为易，易抱龟南面，天子卷冕北面。”[2] 其三，“易”之讲变法，《易经》亦自指明：“生生之谓易。”[3] 由此可见，我们的猜想，自有根据，而更切合“易”之本义。

《易》又作《周易》，此又引出三种解释。[4] 一说为《周易》之“周”，“言《易》道周遍，无所不包也。”《周礼》太卜掌三《易》之法，“一曰《连山》，二曰《归藏》，三曰《周易》”。郑玄《易赞》及《易论》云：“夏曰《连山》，殷曰《归藏》，周曰《周易》。”至于《连山》《归藏》还有其他解释。[5] 对于《周易》，郑玄则说：“言《易》道周普，无所不备。”二说以为“周”为“周代”之名，是说出于《易纬》：“因代以题周是也。”《周礼正义》说：“先儒又兼取郑说云，既指周代之名，亦是普遍之义。”三说则以为“周”为地名。按《周礼正义》取《世谱》等群书，认为“神农一曰连山氏，亦曰列山氏；黄帝一曰归藏氏，既《连山》《归藏》，并是代号，则《周易》称周，取岐阳地名。《毛诗》云：‘周原朊朊。’”

以上三说，以周为地名者，无人为续。以周为“周遍”之义者，宗今文者力主之。皮锡瑞以为此说出于《系辞》“《易》之为书，周流六虚”之语。以周为“周代”之名者，宗古文者力主之。范文澜著《群经概论》，颇向古文一派，凡遇今古文之

---

① 《玉篇》日部。

② 郑玄注：“易，官名。”

③ 《易经·系辞上》。

④ 关于此问题，可参见《周易正义》卷首第三“论三代《易》名”。又可见皮锡瑞《经学通论》卷1《易经》“论《连山》《归藏》。”

⑤ 杜子春云：“《连山》伏羲，《归藏》黄帝。”

是非，皆百般回护，至于此题，亦不例外。他说："案《左传》昭二年'季札观书于太史氏，见《易象》与《鲁春秋》，曰周礼尽在鲁矣。'又《左传》载筮辞，其用《周易》者，则必云以《周易》筮，不使与他筮混，可知周为代名无疑。"①

实际上，宗今文者说法较为勉强，他们以《周易》为孔子之作，故不能把"周"视为代名。宗古文者则以为《易》原是周代著作，孔子只是传道者，故极力主张周为代名。若摒弃门户之见，也许可以正本清源。《易》在先秦及秦汉文献中多称《易》，而不称《周易》，《史记》《汉书》二书亦作《易》称，《周易》之名恐与古文一派兴起有关。《连山》《归藏》，《汉志》不载，而宗古文学者独明，且皆向远古推论，故不免有作伪之嫌。今文一派勉强的说法正是基于古文一派说法的勉强。恰是因为今古相争，本来就杂乱琐碎的经学更显支离破碎、大义不彰了。

与诸经不同的是，《易》自孔子至汉代，传承比较明晰。这也许与秦始皇不禁卜筮之书有关。"及秦禁学，《易》为筮卜之书，独不禁，故传受者不绝也。"《史记·仲尼弟子列传》云：

> 商瞿，鲁人，字子术。少孔子二十九岁。孔子传《易》于瞿，瞿传楚人馯臂子弘，弘传江东人矫子庸疵，疵传燕人周子家竖，竖传淳于人光子乘羽，羽传齐人田子庄何，何传东武人王子中同，同传菑川人杨何。何元朔中以治《易》为汉中大夫。

关于《易》在汉代传承的记载，《汉书·儒林传》更为详细。田何的传人原有多人，为王同、周王孙、丁宽、胜生、梁项生诸人，其中前四人，"皆有《易传》数篇"，《汉志》有录。

---

① 范文澜：《群经概论》第二章。

王同传《易》于杨何，司马谈即“受《易》于杨何”。[①] 丁宽传田王孙。田王孙的传人有施雠、孟喜、梁丘贺，此三家于宣帝时立于学官。又有京房一派：

> 京房受《易》梁人焦延寿。延寿云尝从孟喜问《易》。会喜死，房以为延寿《易》即孟氏学，翟牧、白生不肯，皆曰非也。至成帝时，刘向校书，考《易》说，以为诸《易》家说皆祖田何、杨叔、丁将军，大谊略同，唯京氏为异，党焦延寿独得隐士之说，托之孟氏，不相与同，房以明灾异得幸。[②]

京氏《易》在元帝时得立于学官。[③] 施、孟、梁丘、京氏是汉代官学。东汉时，《易》学仍有传人。习施氏《易》有刘昆；洼丹世传孟氏《易》，任安“受孟氏《易》，兼通数经”；杨政从“范升受梁丘《易》，善说经书”，张兴习梁丘《易》以教授，“弟子自远至者，著录且万人，为梁丘家宗”；戴凭、魏满、孙期习京氏《易》。[④] 京氏《易》在东汉较为兴盛。

此外，据《汉书·儒林传》记载，当时流行于民间未得立于学官的又有费直的费氏《易》与高相的高氏《易》。后汉之时，费氏《易》流传不绝。[⑤]

关于两汉《易》学研究，亦应从汉《易》辑佚工作谈起，正、续《玉函山房辑佚书》共辑《易》之佚书 25 种。此外，又有以下诸书分见各丛书中：

京房《京氏易传》，见《汉魏丛书》；

---

① 《史记》卷 130《太史公自序》。

② 《汉书》卷 88《儒林传》。

③ 见《汉书》卷 75《京房传》。

④ 以上均见《后汉书》卷 79《儒林传》。

⑤ 《后汉书》卷 79《儒林传》载：东汉时，陈元、郑众、马融、郑玄、荀爽传费氏《易》，“自是费氏兴”。

孟喜《周易章句》，见《汉魏廿一家易注》；

刘表《周易章句》，见《汉魏廿一家易注》；

郑玄《周易郑注》，见《湖海楼丛书》。

清代研究汉《易》的著作较多，应该注意以下数种：

王谟《九家易解》，见《汉魏遗书钞》；

胡薇元《汉易十三家》，见《平津阁丛书甲集》；

孙堂《汉魏二十一家易注》，见《映雪草堂丛书》；

惠栋《易汉学》，见《经训堂丛书》；

张惠言《周易郑氏义》，见《皇清经解》；

陈寿能《读易汉学私记》，见《续皇清经解》；

王鸣盛《京房易传》，见《蛾术编》。

及至近现代，研究汉《易》者，应注重戴君仁《谈易》与屈万里《先秦汉魏易例述评》二书，[①] 王铁《汉代学术史》于《易》与数术关系讲述颇细。其他思想史、学术史著作也有论《易》专章，恕不一一列举。

八卦乾、坤、坎、离、震、艮、巽、兑，其作卦之人，实不可考。《易经·系辞上》说："河出图，洛出书，圣人则之。"中国卜筮之术起源较早，八卦是卜筮的一种方法，河、洛是中国文化的发源地，故流行于河洛的卜筮方法——八卦，当然得到重视。关于作八卦者，《易经》本身没有交代，倒是《系辞下》却讲为伏羲所作：

> 古者包牺之王天下也，仰则观象于天，俯则观法于地，观鸟兽之文，与地之宜，近取诸身，远取诸物，于是始作八卦，以通神明之德，以类万物之情。

上述的包牺即伏羲，伏羲作八卦说较为流行。其实这种说法疑点很大，这须从《系辞》作者讲起。一般认为，《系辞》为孔

① 前者见于台湾开明书店版，后者见于台湾学生书局 1969 年版。

子所作，《史》《汉》均采用其说，[①] 但伏羲一名除《系辞》外，最早见于战国以后的文献，如《庄子·大宗师》《荀子·成相篇》《淮南子·览冥》。伏羲作为古之圣人在汉代则更为活跃，这从出土的汉代画像石与纬书中可以看到。故说《系辞》出于孔子之手，应不可全信。当然清代崔适《史记探源》疑《史记·孔子世家》中“序《彖》《系》《象》《说卦》《文言》”八字为刘歆所窜入，亦稍太过。《系辞》与其他诸篇被称为所谓“十翼”。观“十翼”之内容，旨在明义理，而与《易经》本经的八卦六十四爻所述相比更具哲理。所以，八卦出于伏羲之说虽不可靠，但孔儒一派，自孔子始，已与《易经》发生了较密切的关系，《易经》被视为儒学一派传述的著作自有原因。

汉人说经，亦可以分义理派与数术派。汉代今文《易》学，施、孟、梁丘，可谓义理派，此学本于孔子，传承关系甚为明确。至后来王辅嗣诸人，多承其说；汉代今文京房一派与古文费、高二家，可谓数术派。然晋代王弼之学，虽源于古文派，但言理而舍数，宋代邵雍、刘牧诸人，则又求数舍理，唯程颐之学明理弃数。

义理一派，可以从“十翼”内容来作分析。《易》原为卜筮之书，可到了儒学一派手中，则发掘出更多人文精神，使此书有了更多哲理意味。如乾卦卦辞讲“元亨利贞”，《彖传》就演绎出一套大道理：

> 彖曰：大哉乾元，万物资始，乃统天，云行雨施，品物流形，大明终始，六位时成，时乘六龙以御天。乾道变化，各正性命。保合大和，乃利贞。首出庶物，万国咸宁。[②]

---

① 《史记·孔子世家》：“孔子晚而喜《易》，序《彖》《系》《象》《说卦》《文言》。”《汉志》：“孔子为之《彖》《象》《系辞》《文言》《序卦》之属十篇。”

② 《周易正义》，十三经注疏本。

这段解释，使占卜之卦辞具有了本体论的气息，万物始生，各安所生，乾道变化，又演化出万物、社会与国家。人文秩序合于自然秩序。儒家学说本弱于自然而强于人文，这里化用《易》卦，予以补充，倒显得十分恰当。彖为卦之断语，[①] 断语尚是如此，那么作为解释卦象的《象传》更可浮想联翩，极尽比附之能事。且看乾卦《象传》："天行健，君子以自强不息。""天行健"是乾卦所示之象，"君子以自强不息"，则是以想象推论人事。而如蒙卦，上艮下坎，故有山下出泉之象，《象传》则联想到蒙学教育的重要性，故曰："君子以果行育德。""象"又有大小象之分，小象则从具体爻辞所示之象，推论人事。

"十翼"中又有《文言传》，[②] 其以卦爻讨论人事的内容更为丰富，此以乾卦《文言传》为例：

> 《文言》曰：元者，善之长也；亨者，嘉之会也；利者，义之和也；贞者，事之干也。君子体仁，足以长人；嘉会，足以合礼，利物，足以和义；贞固，足以干事。君子行此四德者，故曰乾：元、亨、利、贞。[③]

以卦辞推论君子应具有的品德，此法实为高明，儒学的创造力不可低估。这样的事例在《易》学义理一派中比比皆是。义理派重以卦辞、卦之断语、卦之象气演绎人事，所论多为安邦治国、养德修行等大道理，对于以卦之变化作某些具体预测则不重视。所以汉代孟喜以阴阳灾异术入《易》，就遭到众人抵制。

汉代《易》学数术一派源于孟喜。据《汉书·儒林传》讲，

---

① 刘瓛：《易注》："彖，断也。"

② 《易经·系辞》讲，孔子以乾、坤二卦为《易》之门户，故作此传，以释经文。

③ 《周易正义》，十三经注疏本。

孟喜的父亲孟卿原传《礼》与《春秋》，孟卿认为《礼》的种类太多，《春秋》太烦杂，于是让孟喜从田王孙学《易》。孟喜为学浮诗，得到《易》学一部占卜阴阳灾异的书，便“诈言师田生且死时枕喜膝，独传喜”，此事被同门梁丘贺揭露：“田生绝于施雠手中，时喜归东海，安得此事？”同时还有另一件事。当时有个四川人叫赵宾，喜爱数术之书，后以数术饰《易》文，持论巧慧，众《易》家还辩不过他，只能说：“非古法也。”赵宾说他的学说来自孟喜，喜也自认。后来赵宾死，其说没人能讲，喜又不承认宾说出己，因此众人皆不信喜。从《儒林传》讲述的这两件事，可以看出孟喜之学已开始有离《易》义理（古法）一派的倾向，转向阴阳灾异与数术。《易》原为卜筮之书，故以数术解经，则驾轻就熟。

焦延寿、京房之学虽“独得隐士之说”，也托以“从孟喜问《易》，故汉人说《易》，取向数术，乃从孟喜始”。[1]

以数术说《易》，孟喜的贡献在于提出卦气说。唐释一行说：“十二月卦出于《孟氏章句》，其说《易》本于气，而后以人事明之。”[2] 清惠栋考证更为翔实：

> 孟氏卦气图，以坎离震兑为四正卦，余六十卦，卦主六日七分，合周天之数，内辟卦十二，谓之消息卦。乾盈为息，坤虚为消，其实乾坤十二画也。《系辞》云乾之策二百一十有六，坤之策一百四十有四，凡三百有六，当期之日。夫以二卦之策，当一期之数，则知二卦之爻，周一岁之用矣。四卦震离兑坎主四时，爻主二十四气，十二卦主十二辰，爻主七十二候，六十卦主六日七分，爻主三百六十五日四分之一，辟卦为君，杂卦为臣，四正为方伯，二至二分寒

---

① 《汉书》卷88《儒林传》。

② 《大衍历议·卦议》。

温风雨，总以应卦为节。[①]

孟喜开创的卦气说为焦延寿、京房继承，并用作占验。焦延寿“其说长于灾变，分四十四卦，更直日用事，以风雨寒温为候，各有占验”[②]。以卦气占卜凶吉至东汉乃沿用不废。《后汉书·黄琼传》上疏：“间者以来，卦位错谬，寒燠相干，蒙气数兴。”这便是《易》学用卦气说占卜的具体例证。

京房一派经说的贡献在于其创造了纳甲、纳支体系。纳甲就是将八纯卦各配以十天干，甲为十干之首，故称纳甲。其具体内容可参见惠栋《易汉学》“八卦纳甲之图”。纳支是将八卦各爻分配十二地支。纳支与郑玄注《易》的“爻辰”相同，可知郑玄此法来自京房一派。清张惠言有“爻辰图”。[③]“京房的纳甲、纳支，实质上就是将五行学说系统地引入《易》学，使《易》学能适应数术学越来越复杂的时代潮流”；[④]而同时，数术窜入经学，也为其学说的发展找到一个恰当的位子，使数术学能适应文化专制的要求。京房一派对后世数术发展影响深远，许多卜筮之法多是以此体系为基础，并衍生出诸多流派。

东汉的《易》学较有代表性的有马融、郑玄和荀爽。马融《易传》，《玉函山房辑佚书》有辑本，内容多摘自《经典释文》与唐李鼎祚《周易集解》，较为零落。马融注《易》，多用五行，也用象数、卦气诸法。郑玄除用爻辰解经外，另有互体之法。互体亦是数术名词，一说其内容以一卦中第二到第四爻或第三至第五爻互成一卦；二说郑玄以上下分象皆为互体。关于互体，宋王应麟《困学纪闻》认为此法来源于京房：“京氏谓自二至四为互

① 惠栋：《易汉学》。
② 《汉书》卷75《京房传》。
③ 张惠言：《周易郑氏义》。
④ 王铁：《汉代学术史》第五章第四节。

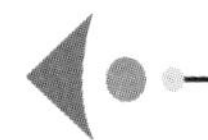

体，三至五为约象，今皆指为互体。”而清顾炎武《日知录》则认为其说已见于《左传·庄公二十二年》。

荀爽注《易》，学术渊源亦来自京房，其经说的主要贡献是提出“升降”之说。升降指阳升阴降。“荀慈明论《易》，以阳在二者当上升坤五为君，阴在五者当降居乾二为臣。”①

两汉《易》说，义理派与数术派大抵如此。实际在汉代，义理一派也有并非不讲数术者，讲数术者亦不是全不言义理，两派有分有合。梁丘贺“以有筮应，由是近幸，为太中大夫，给事中，至少府”②。成帝时张禹先后师从梁丘贺、施雠，年老归家，见有变异或帝身有恙，亦作卜筮。③《易》本为数术之书，用于卜筮，也是正常。《易》之为经，原得益孔子以下后儒解经所形成的义理一派。至汉代，经师复以数术解经，更相发明，也可谓返璞归真。

附一、《易经》传授表：

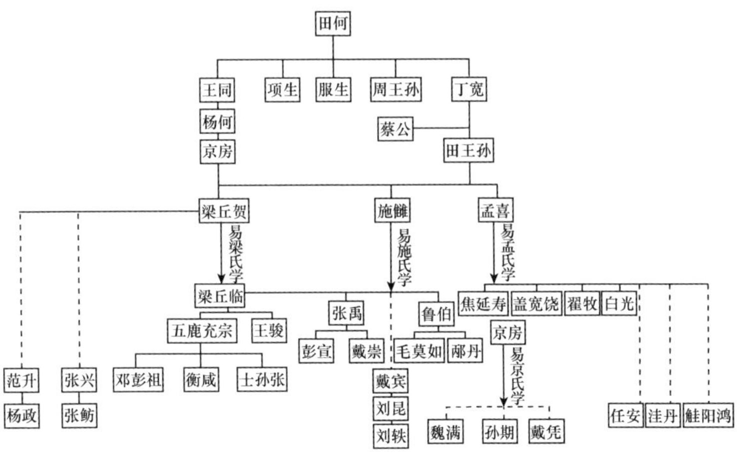

① 惠栋：《易汉学》。

② 《汉书》卷88《儒林传》。

③ 《汉书》卷81《张禹传》。

案：汉有二京房。《汉书·儒林传》师古注："自别一京房，非焦延寿弟子为课吏法者。或书字误耳，不当为京房。"

附二、高氏《易》传承表：

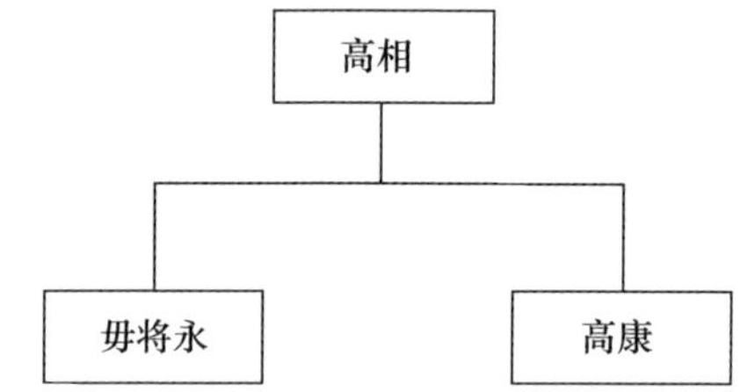

附三、费氏《易》传承表：

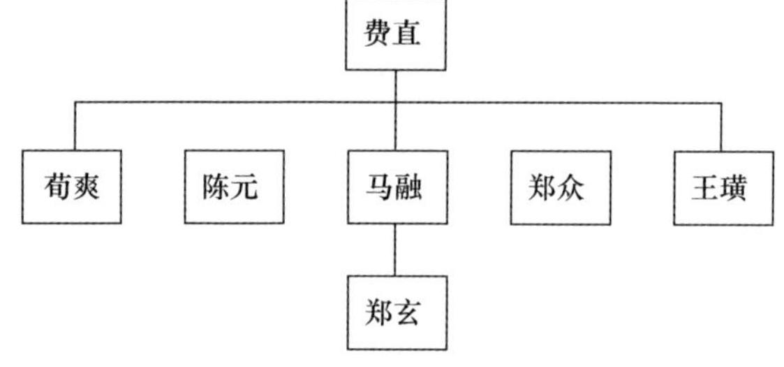

第六节　《春秋》学

《春秋》原是一部编年体的史书，记载了自鲁隐公元年至哀公十二年，凡十二公、二百四十二年的历史。据传此书经过孔子删编，遂成为儒学《六经》之核心，号曰《春秋经》。西汉之时，《春秋》的研究大兴，"故有公羊、谷梁、邹、夹之《传》。四家之中，公羊、谷梁立于学官，邹氏无师，夹氏未有书。"①

---

① 《汉书》卷30《艺文志》。

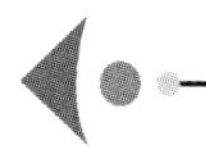

儒家得定为一尊，也实缘于公羊一派的努力。至西汉末年，刘歆校中秘书，见《左氏春秋》，《左氏传》遂显于世，降至东汉，已成为古文一派重要著作。

就《春秋》之名而言，成说多种。贾逵说："《春秋》取法阴阳之中，春为阳中，万物以生；秋为阴中，万物以成，欲使人君动作不失中也。"刘熙曰："春秋者，春秋冬夏，终而成岁。春秋书人事，卒岁而究备。春秋漫凉象政和也，故举以为名也。"郑樵说："或谓《春秋》之名，取赏以春夏，刑以秋冬；或谓一褒一贬若春秋；或谓春获麟，秋著书。"① 以上诸说皆不免望文生义之嫌，且以阴阳理论释《春秋》之为名，恐不能符合实际。《春秋》之为名，应以杜预《春秋序》为确：

> 《春秋》者，鲁史记之名也。记事者以事系日，以日系月，以月系时，以时系年，所以记远近，别同异也。故史之所记，必表年以首事。年有四时，故错举以为所记之名也。

对于《春秋》书名的考订，诸说杂出，大概与今古文门派之见不无关系。正因门户的关系，对孔子作《春秋》之事，也发生争论。讲孔子作《春秋》者，最早见于孟子。《孟子·滕文公》下说："孔子惧，作《春秋》。《春秋》，天子之事也，是故孔子曰：'知我者，其惟《春秋》乎！罪我者，其惟《春秋》乎。'"《孟子》书论及孔子作《春秋》事多见。② 孔子作《春秋》说也为司马迁及其他诸儒相信。但是，专记孔子言行的《论语》，对作《春秋》这样的大事却只字未提，这么来说，后人的怀疑就不无道理了。关于这样争论若全述其各自观点，恐连篇累牍，实无意义。范文澜对此问题结论颇向古文一派，但间有

---

① 以上诸说分见徐彦《公羊传疏》、王应麟《玉海》引郑樵语。

② 又可见《孟子·离娄》下、《尽心》下。

几句评价还比较公允："今古文家之所以辩难纷纭，终古不决者，皆各有所蔽而不明因袭之理也。今文家以孔子为无前圣人，《春秋》制作，必欲归之孔子而后快。古文家又以孔子全述周公旧典，若影之与形，了无意义。"① 就对两派争论观点材料的综合，我们认为，《春秋》是鲁史，说《春秋》由孔子制作，固不可信；若说经过孔子修订，恐怕也近事实。至于近人钱玄同认为孔子作《春秋》说为孟子造伪，② 则的确是犯了疑古太深的毛病。

汉代为《春秋》作《传》，虽有多家，然流传下来，只有《公羊》《谷梁》《左氏》三《传》，关于三《传》特点，皮锡瑞这样评价："《谷梁》虽暂盛于宣帝之时，而汉以前盛行《公羊》，汉以后盛行《左氏》，盖《谷梁》之义不及《公羊》之大，事不及《左氏》之详，故虽监省《左氏》《公羊》立说，较二家为平正，卒不能与二家鼎立。"③

《公羊传》所传是微言大义，前儒皆已指明。《春秋》本来记载的是鲁国史实，可到了孔儒一派手中，则一定要上升到义理的高度；故《春秋》所记事虽然具体琐碎，作《传》者则一定要探赜索隐，阐明大义微言出来。这种方法则与儒学家从《易》卦辞中演绎义理的方法相同，这样做的目的是把卜筮学、史学通通变成治国平天下（也就是所谓大张三世，据乱世、升平世、太平世）的义理之学。

大概秉承这一方法与目的，《公羊传》则在阐发微言大义方面着力甚多。后人谈到汉人注《公羊传》多以何休的三科九旨为最重要。何休《文谥例》曰：

---

① 范文澜：《群经概论》第九章第二节。

② 《古史辩》第一册。

③ 《经学通论·春秋》"论《谷梁》废兴及三传分别"。

三科九旨者，新周故宋，以《春秋》当新王，此一科三旨也；所见异词，所闻异辞，所传闻异辞二科六旨也；内其国而外诸夏，内诸夏而外夷狄，是三科九旨也。

余彦疏引宗氏曰：

《春秋》说三科者：一曰张三世，二曰存三统，三曰异外内，是三科也。九旨者，一曰时，二曰月，三曰日，四曰王，五曰天王，六曰天子，七曰讥，八曰贬，九曰绝。时与日月详略之旨也；王与天王天子，是录远近亲疏之旨也，讥，与贬绝，则轻重之旨也。

何休《公羊注序》称其注“略依胡毋生条例”，胡毋生乃汉传《公羊》学宗师，[①] 董仲舒与其有同业之谊。所以何休《公羊》说又可见于董氏《春秋繁露》：“《春秋》应天作新王之事，时王黑统，正鲁，尚黑，绌夏、新周、故宋。”

何休《公羊》说阐发的春秋大义并不独三科九旨，又有二类七等之说。《文谥例》云：

二类者，人事与灾异是也。

七等者，州、国、氏、人、名、字、子是也。

独不抑二类，又有五始六辅之说。《文谥例》云：

五始者，元年春王正月，公即位是也。

---

① 《汉书》又作“胡母生”。

按何休取《春秋纬》注以为元为天地之始，春为岁之始，王为人道之始，正月为政教之始，即位者为一国之始。

> 六辅者，公辅天子，卿辅公，大夫辅卿，士辅大夫，京师辅君，诸夏辅京师是也。

《公羊传》原是解释《春秋》的作品，何休作注又是解传，《公羊》学所发掘《春秋》的微言大义，就是依靠经师层层剥落才得以昭明的。就《公羊传》自身而言，其对经文的解释也是依靠逐层剥落并加以问答体的方法，这与以《左传》有续经、续传并以史实疏通本经的方法显然不同。关于《公羊传》的作者，《汉志》注明“公羊子，齐人”。颜师古注公羊子，“名高”，其说或来源于《春秋纬说题》：“传我书者公羊高也”；或另有依据。唐徐彦《公羊传疏》引戴宏序曰：“子夏传与公羊高，高传与其子平，平传与其子地，地传与其子敢，敢传于其子寿。至汉景帝时，寿乃共弟子齐人胡毋子都著于竹帛。”何休《公羊传》隐公二年注也说：“至汉，公羊氏及弟子胡毋生等乃始记于竹帛。”以上关于汉以前公羊传承的叙述，因缺乏相关史料佐证，难以让人相信。但是，《公羊》学在先秦原口诵相传，至汉方记于竹帛的说法大致可信。现在可以见到公羊传《春秋》，多支离破碎，这是口诵传经，或省或缺所造成的，此外《公羊》“多非常异义可怪之论”，[①] 这必然是众口成书积累而成。

《公羊传》在汉代传授较为清晰。《史记》《汉书》二书《儒林传》均以胡毋生、董仲舒为始。胡毋生是齐人，景帝时为博士，治《公羊春秋》，“与董仲舒同业，仲舒著书称其德”。年老归家乡教授，齐地学《春秋》者以师事之。仲舒至武帝时为

① 何休：《公羊传注序》。

江都相，弟子众多，有褚大、殷忠①、吕步舒、嬴公②等。“唯嬴公守学不失师法”，传眭孟。眭孟“弟子百余人”，其中严彭祖、颜安乐甚明师传，并各有传人。《公羊》一派由是有颜、严之学。

《谷梁传》是《春秋》三《传》的一种，属今文经学，自汉至清，本无异议。清末崔适著《春秋复始》，始把《谷梁》作为古文学，并进一步论说此书是刘歆所造伪书的一种，供《左传》驱使云云。崔说较为偏颇，虽有古文一派和疑古学派叫好，然终究未得多数学人认同。且不论《史记》《汉书》均有明载，就《春秋》三《传》相较，观《谷梁》内容，于经无续经、无续传、无史实补充，近《公羊》而远《左氏》；观《谷梁》形式，解经为一问一答方式，近《公羊》而远《左氏》。所以，还是把《谷梁》视为今文著作为妥。

《春秋》有大义微言。皮锡瑞说：“《春秋》有大义，有微言。大义在诛乱臣贼子，微言在为后王立法。惟《公羊》兼传大义微言；《谷梁》不传微言，但传大义。《左氏》并不传义。”③ 皮氏为学力鼎今文，故扬《公羊》《谷梁》而抑《左氏》。微言大义是皮氏论《春秋》的核心论题。皮氏《经学通论》讲《春秋》学时第一句便是“《春秋》有大义，有微言。所谓大义者，诛讨乱贼以戒后世是也；所谓微言者，改立法制以致太平是也。”皮氏认为微言大义说本来自孟子。其实对微言大义做这样的解释，颇嫌拘泥。《春秋》为鲁史，孔儒一派削删编订后就成为自己作品，故对其诠释，必载己之道。作为鲁史，当记鲁之制度，孔儒一派对这些制度的解说必然是“笔则笔，削则削”，并兼下己意，以求从中整理出符合自己的“素王”之

---

① 《汉书·儒林传》作“段忠”。

② 《史记·儒林列传》不载。

③ 皮锡瑞：《经学通论·春秋》“论《谷梁》废兴及三传分别”。

法。《春秋》作为史书，当然也会记录下许多历史事件，这同样又为孔儒一派宣传自己的学说提供了历史事实根据，并可以从中进一步阐发符合自己理想的“大一统”理论。故所谓微言大义实际上就是孔儒一派结合史实所提出的明明白白的主张，并不需要猜想琢磨，亦无隐秘可言。就《公羊》《谷梁》本传来看，其论述的形式与内容就是如此。

假若以上的看法没有问题，那么《公羊》《谷梁》二书均是阐发《春秋》“微言大义”之作，而如皮氏所谓“《谷梁》不传微言，但传大义”之说就没意义。《谷梁》与《公羊》传经解经，其区别在于学风，不在于微言大义。就两书学风而言，《公羊》多放言高论，而《谷梁》稍显拘谨。下举对《春秋》隐公元年春两家一段《传》说作一比较：

> 《公》：元年春王正月。元年者何？君子之始年也。春者何？岁之始也。王者孰谓？谓文王也。曷言乎王正月？大一统也。
>
> 《谷》：元年春王正月。虽无事，必举正月，谨始也。

《谷梁传》属于鲁学，学风拘谨是鲁学风格，《公羊传》属于齐学，学风恣肆则是齐学风格。故《公羊》《谷梁》之差别又可以从学派地域关系来寻找原因。关于《谷梁传》作者，《汉志》说是鲁人谷梁子。颜师古注：“名喜。”清代钱大昭改“喜”为“嘉”。[①] 桓谭《新论》、应劭《风俗通》、陆德明《经典释文》等皆作“赤”。此外又有“俶”“淑”“寘”其他三说。[②]

---

① 钱大昭：《汉书辨疑》据闵本改。

② 按周予同先生综述共六说，见《周予同经学史论著选集》“群经概论”五。

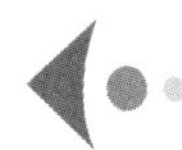

《谷梁传》传授，汉代以前，实不可考。唐杨士勋说子夏传鲁人谷梁俶，俶传荀子，荀子传申公。也不知何凭。对于《谷梁》，《史记·儒林列传》记载十分简单："瑕丘江生为《谷梁春秋》。"故其传承，多见于《汉书》。"瑕丘江公受《谷梁春秋》及《诗》于鲁申公，传子至孙为博士。"武帝时，曾与董仲舒论于庭，江口讷，不如仲舒。此时又值治《公羊》学的公孙弘为相，"比辑其义，卒用董生"，《公羊》大兴。宣帝时，丞相韦贤，长信少府夏侯胜、乐陵侯史高乃为鲁人，他们说《谷梁》为鲁学，《公羊》为齐学，应兴《谷梁》。宣帝于是诏《谷梁》为学最笃的蔡千秋"与公羊家并说"，帝乃以《谷梁》之说为善。甘露元年（前53年），召名儒萧望之诸人于殿中评议《公羊》《谷梁》同异，计议三十余事，萧望之等十一人各以经义对，多从《谷梁》，由此《谷梁》之学大盛。《公羊》《谷梁》之争，一方面是今文经学内部学派的斗争，一方面又是地域性政治集团互相斗争在学术方面的反映。

《左传》一书，因牵涉到今、古文之争，问题较多。今文一派，认为《左传》只是古代史书一种，与《晏子春秋》《吕氏春秋》相同，故应称为《左氏春秋》，和《春秋经》没有关系。古文一派则认为《左传》是解释《春秋经》的传，与《春秋》关系甚大，应称为《春秋左氏传》。此论聚讼千年，是非曲直原不是我们所能评述的，以下只是结合各家对这一问题研究的叙述，间或谈点自己的意见。

首先从《左传》一书发现讲起。《左传》一书文献记载最早出现于汉初，许慎《说文序》云："北平侯张苍献《春秋左氏传》。"《隋书·经籍志》从其说。其次是王充："《春秋左氏传》者，盖藏于孔子壁中。孝武皇帝时，鲁共王坏孔子教授堂以为宫，得佚《春秋》三十篇，《左氏传》。"① 但是，记录此事最早

① 《论衡·案书篇》，同样说法又见是书《佚文篇》。

的文献则见于《汉书·刘歆传》：

> 歆及向始皆治《易》，宣帝时，诏向受《谷梁春秋》，十年余，大明习。及歆校秘书，见古文《春秋左氏传》，歆大好之。时丞相史尹咸能治《左氏》，与歆共校经传。歆略从咸及丞相翟方进受，质问大义。初，《左氏传》多古字古言，学者传训故而已。及歆治《左氏》，引《传》文以解经，转相发明，由是章句义理备焉。

刘歆《移让太常博士书》亦称：

> 及《春秋》左氏丘明所修，皆古文旧书，多者二十余通，藏于秘府，伏而未发。孝成皇帝闵学残文缺，稍离其具，乃陈发秘藏，校理旧文，得此三事，以考学官所传，经或脱简，传或间编。传问民间，则有鲁国柏公、赵国贯公，胶东庸生之遗学与此同，抑而未施。

对于《左传》在汉代传承，《汉书·儒林传》有所交代：

> 汉兴，北平侯张苍及梁大傅贾谊、京兆尹张敞、大中大夫刘公子皆修《春秋左氏传》。谊为《左氏传》训故，授赵人贯公，为河间献王博士，子长卿为荡阴令，授河清张禹长子。禹与萧望之同时为御史，数为望之言《左氏》，望之善之，上书数以称说。后望之为太子太傅，荐禹于宣帝，征禹待诏，未及问，会疾死。授尹更始，更始传子咸及翟方进、胡常。常授黎阳贾护季君，哀帝时待诏为郎，授翟梧陈钦子佚，以《左氏》授王莽，至将军。而刘歆从尹咸及翟方进受。由是言《左氏》者本之贾护、刘歆。

综合以上资料可知，《左传》一书最早见于汉初，与张苍相关。许慎之说，原本于班固，自不待言。然班固说张苍传《左传》，则不知何据，《汉书·张苍传》只说："苍尤好书，无所不观，无所不通，而尤邃律历"，并未提及《春秋》，更何况《左氏春秋》。班固以上所说传《左传》诸人，均在本传中没有叙述。《张敞传》有"然敞本治《春秋》，以经术自辅"句，此《春秋》为何派所传，不可考。《萧望之传》亦不见《左氏》痕迹，望之言语有引《春秋》事："望之对曰：《春秋》晋士匄帅师侵齐，……"颜师古注考证出自《公羊传·襄公十九年》。《张禹传》载："禹则谓上曰：'《春秋》二百四十二年间，日蚀……'"可见其本不是《左传》。《左传》传经，止于哀公十六年，比《春秋》多二年。那么，这里的问题是，为什么对于《左传》传授，班固于各传人的本传不讲，且于《儒林传》独明，这也只能说班固作《儒林传》时所选用的材料比较特殊，恐为刘歆以后治《左氏》的经师自编的家谱。最值得怀疑的是，班固所述的《左传》家谱，刘歆亦未提及。至于王充认为《左传》乃鲁共王坏孔子宅所得，其事亦不见《汉书》记载，鲁共王所得诸书，有《古文尚书》《礼记》《论语》《孝经》，并没有提到《左传》。

关于《左传》为伪经，今文学家多有指证，兹不多叙。我们在此以班固《左传》传人为序，稽查本传，也许有益于此问题研究的深入。

其次，把《公羊》《谷梁》《左传》三传与《春秋》相比较，《左传》也有问题。《左传》有续经，《公羊》《谷梁》无；《左传》有《续传》，较《春秋》本经多十七年，而《公羊》《谷梁》皆无续传，与本经合。此外，以《左传》比照《春秋》本经，缺文多见，经传并不匹配。① 这样看来《汉书》说"及歆

① 刘逢禄《左氏春秋考证》考论甚详。

治《左氏》，引传文以解经，转相发明，由是章句义理备焉”的评价，倒显得十分准确了。

《左传》原不是为《春秋》所作的传，但《左传》仍不失为一部史书，是书虽然不像《公羊》《谷梁》阐发《春秋》的微言大义，把鲁国国史变成一部儒家的政治理论著作，但所留史实却实实在在。刘歆以《左氏》与《春秋》本经相互发明，一方面有个人政治企图，另一方面也可以看出，至西汉末年，已有经师厌倦今文之学义理的疏狂，开始检讨经学理论内核的合理性。因此刘歆说：“夫礼失求之于野，古文不犹愈于野乎？”①

《春秋》与三《传》的研究，亦应从佚书叙起。见于《玉函山房辑佚书》正续的著作，刘向有《谷梁说》两种，刘歆有《左氏章句》一种，何休有《文谥例》等三种，服虔有书两种，段肃有《谷梁段氏说》一种，延笃有《左氏延注》一种，贡禹有《公羊贡氏义》一种，许淑、许慎各有《左氏注》一种，眭生有《公羊眭生义》一种，贾逵有《左氏》两种，彭汪有《左氏奇说》一种，颜安有《公羊颜氏记》一种，郑众有《章句》一种，又有佚名《春秋大传》一卷。《十三经古注》《汉学堂丛书》《小学蒐佚》等丛书也有相关著作。

宋代人的研究，应注重刘敞《春秋权衡》等书。清代人的研究除上文提及外，于古文可看章太炎《刘子政左氏说》，② 于今文可看康有为《春秋董氏学》③、廖平《何氏公羊解诂十论》。④

---

① 《汉书》卷36《刘歆传》“移让太学博士书”。

② 见《章氏丛书》。

③ 大同译书局版。

④ 新订六译馆丛书。

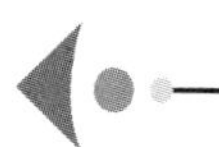

附一、《公羊传》传承表：

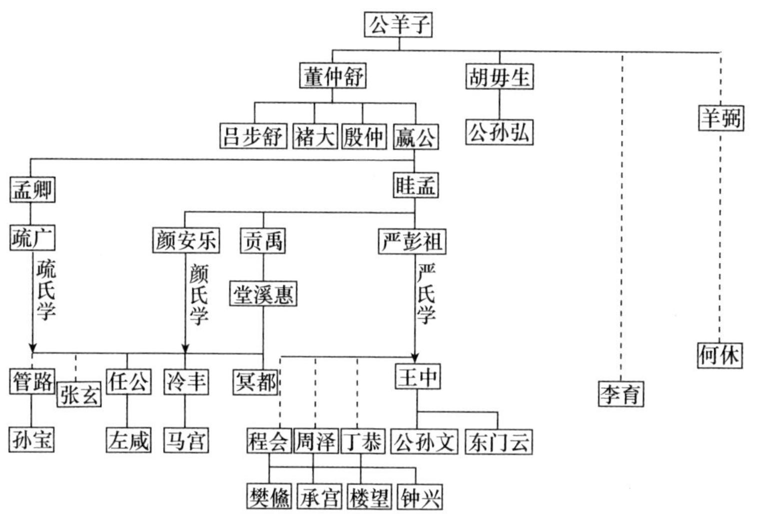

附二、《谷梁传》传承表：

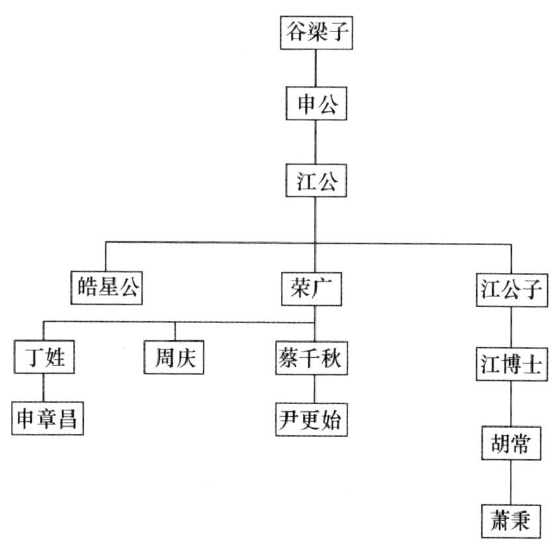

附三，《左传》传承表：

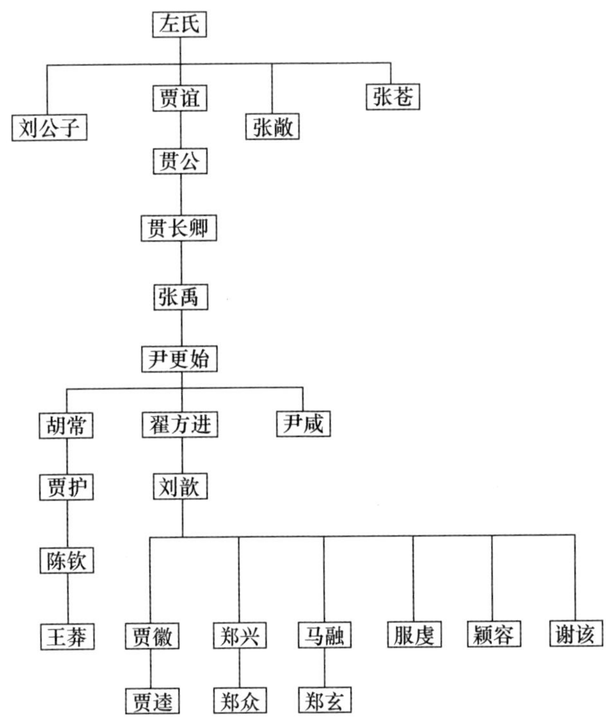

第七节　《论语》学与《孝经》学

现在研究《论语》《孝经》学者，皆以为《论语》《孝经》在汉代乃传非经，是说本源于班固，《汉书·扬雄传》赞曰："传莫大于《论语》。"郑玄也持此说，郑玄《论语序》曰："《易》《诗》《书》《礼》《乐》《春秋》，策皆二尺四寸，《孝经》谦半之，《论语》八寸。"郑玄为汉代人，经与传的成书与装帧之形式，想必亲睹，故其说应有根据。章太炎据此以传为六

寸簿，即“专”字假借，故传本异于经，因体短得名。[①] 然而并以上二说，一尺二寸的《孝经》与八寸的《论语》亦不得视为传，因其尺寸并不相同。

汉代今文学者始不直言二书为经，是因为他们相信，经必为孔子亲编，而《论语》乃“夫子既卒，门人相与辑而论纂”之书；《孝经》乃“孔子为曾子陈孝道”之书，故不列二书与五经同。至西汉末年以降，此二书的重要性逐渐为经师注意，地位亦日益重要，这一倾向对《孝经》来说更为明显。本来《孝经》是否为孔子所编，尚是疑问，经过经学家的演绎，孔子作《孝经》事则就成了定论。汉史晨孔子庙碑云：“乃作《春秋》，复演《孝经》。”百石卒史碑云：“孔子作《春秋》，制《孝经》。”[②] 郑玄《六艺论》亦称：“孔子以六艺名目不同，指意殊别，恐道离散，后世莫知根源，故作《孝经》以总会之。”从二书在汉代应用，亦可以确定其性质的变化。二书是太子必读之书。《汉书·景十三王传》载：“去即缪王齐太子也，师受《易》《论语》《孝经》皆通。”《昭帝纪》：“（朕）修古帝王之事，通《保傅传》《孝经》《论语》《尚书》，未云有明。”《汉书·宣帝纪》载霍光奏议：“孝武皇帝曾孙病已，有诏掖庭养视，师受《诗》《论语》《孝经》。”京师官学与民间私学也以此二书为基本教材。[③] 故王充说：“充手书既成，辞师受《论语》《尚书》。”[④] 由此可见《论语》《孝经》在汉代的应用十分广泛，是传习六经的入门之作，因此以为汉代人视此二书为传，则是不通的。郑玄注《中庸》“大经大本”说：“大经谓六艺，而指《春

---

① 参见《国故论衡·文学总略》，《章氏丛书》。

② 参见欧阳修《集古录跋尾》、洪适《隶释》、王念孙《读书杂志》、梁启超《饮冰室文集》。

③ 参见拙著《心斋问学集》第二编。

④ 《论衡·自纪篇》。

秋》也；大本，《孝经》也。”综上所述，在汉代人的思想中，《论语》《孝经》也是经的一种，虽不能与其他五经比肩，也可以算作“初经”。

《论语》一书，汉代有全称，见以上所引诸文。也有单称为《论》者,[①] 单称为《语》者,[②] 单称为《记》者,[③] 单称为《传》者。[④] 还有以《论语说》称之。《汉书·郊祀志》谓“《论语说》曰：‘子不语：怪，神。’”周予同《〈论语〉的命名与其别名》一文，对《论语》单名考证甚详，但其说“《论语》名称使用的确定，实始于汉后”则不成立。以上所引《汉书》中《论语》与《孝经》或他书连称时，皆以《论语》全称。以《论语》全称者，除以上所引诸书外，又可见《汉书·平帝纪》《疏广传》《后汉书·郦原传》《范升传》等,[⑤] 单称与全称，在于叙述者的语境，《史记》《汉书》称《书》时全称《尚书》，时单称《书》，则不与名称确定时间有关。

《汉志》说：

> 《论语》者，孔子应答弟子时人及弟子相与言而接闻于夫子之语也。当时弟子各有所记。夫子既卒，门人相与辑而论纂，故谓之《论语》。汉兴，有齐、鲁之说。传《齐论》者，昌邑中尉王吉、少府宋畸、御史大夫贡禹、尚书令五鹿充宗、胶东庸生，惟王阳名家。传《鲁论》者，常山都尉

① 《衡方碑》：“仲尼既殁，诸子缀《论》。”

② 《后汉书·邳彤传》：“《语》曰：一言可以兴邦。”

③ 《后汉书·赵咨传》：“《记》曰：丧与其易也宁戚。”

④ 《汉书·扬雄传》赞。

⑤ 《汉书·平帝纪》载：“征天下通知……以《五经》《论语》《孝经》《尔雅》教授者。”《疏广传》：“皇太子年十二，通《论语》《孝经》。”《后汉书·郦原传》：“一冬之间，诵《孝经》《论语》。”《范升传》：“九岁通《论语》《孝经》。”

龚奋、长信少府夏侯胜、丞相韦贤、鲁扶卿、前将军萧望之，安昌侯张禹，皆名家。张氏最后而行于世。

《汉志》又著录："《论语》古二十一篇。"本注："出于孔子壁中，两子张。"南朝梁皇侃《论语义疏》云："寻当昔撰录之时，岂有三本之别，将是编简缺落口传不同耳。"故刘向《别录》云："鲁人所学谓之《鲁论》，齐人所学谓之《齐论》，孔壁所得，谓之《古论》。"

关于《古论》二十一篇，如淳注曰："分《尧曰》篇后子张问'如何可以从政'已下为篇，名曰《从政》。"皇侃说："《古论》分《尧曰》下章子张更为一篇，合二十一篇。篇次以《乡党》为第二篇，《雍也》为第三篇，内倒错不可具说。"①

《汉志》云《齐论》二十二篇，本注云："多《问王》《知道》。"王应麟《汉书艺文志考证》说："《说文》《初学记》等书引《论语》言玉事，愚谓《问王》疑即《问玉》也，篆文相同。"

《汉志》云《鲁论》二十篇，《传》十九篇。后来较为流行的版本就是指《鲁论》。② 关于《鲁论》十九篇《传》，师古注曰："解释《论语》意者。"

《古论》属古文学，其真伪及其与齐、鲁二《论》异同，王应麟《汉书艺文志考证》辨明甚详。据《汉志》交代，《古论》原与《古文尚书》同出，是武帝末年，鲁共王坏孔子宅所得。由于清儒力斥《古文尚书》为伪，故《古论》亦在怀疑之列。清沈涛《论语孔注辨伪》，专门研究此事。

相较《古论》《鲁论》，《齐论》则属今文学。据何晏讲，齐、鲁二《论》至西汉末已家法混合："安昌侯张禹本受《鲁

---

① 皇侃：《论语义疏》。

② 《论语疏义》："《鲁论》有二十篇，即今日所讲者是也。"

论》，兼讲《齐说》，善者从之，号曰《张侯论》，为世所贵。”至东汉，郑玄混合三论为注：“郑玄就《鲁论》篇章，考之《齐》《古》，为之注。”[①] 郑玄的注本就是现在通行本《论语》。

《孝经》一书，《汉志》云：

> 《孝经》者，孔子为曾子陈孝道也。夫孝，天之经，地之义，民之行也。举大者言，故曰《孝经》。汉兴，长孙氏、博士江翁、少府后苍、谏大夫翼奉、安昌侯张禹传之，各自名家。经文皆同，惟孔氏壁中古文为异。“父母生之，续莫大焉”，“故亲生之膝下”，诸家说不安处，古文字读皆异。

就《孝经》一书作者，自汉至今，诸家意见殊不一致。范文澜综合为四家[②]，周予同综合为七家[③]，拙著“《孝经》成书小考”综述为六家，并指出是书与“儒分为八”后乐正子一派有关。[④]

《孝经》亦分今文、古文。《汉志》著录“《孝经》一篇十八章”是今文本。本注：“十八章。长孙氏、江氏、后氏、翼氏四家。”今文本出处，据《隋志》云：“《孝经》遭秦焚书，为河间人颜芝所藏，汉初芝子贞出之，凡十八章，而长孙氏、博士江翁、少府后苍、谏议大夫翼奉、安昌侯张禹皆名其学，郑众、马融并为之注。”《隋志》所说与《经典释文·叙录》同，但所据材料则不可考。此说不见于前书，故颇值得怀疑。古文《孝经》，即《汉志》著录的“《孝经》古孔氏一篇”，本注云：“二十二章。”此两种本子东汉桓谭作《新论》时，曾作一比较：“古《孝经》千八百七十二字，今异者四百余字。”古《孝经》

---

① 何晏：《论语集解序》。

② 范文澜：《群经概论》第 11 章。

③ 《周予同经学史论著选集》“群经概论 · 孝经”。

④ 拙著《心斋问学集》“《孝经》成书小考”。

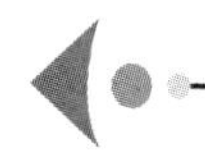

的出处，亦不可考。《汉志》说此书出于孔壁中，但许慎子许冲上《说文解字表》则说："《古文孝经》者，孝昭帝时鲁国三老所献。建武时，给事中议郎卫宏所校。皆口传，官无其说。"古《孝经》较今本多四章，据师古引刘向说，谓"《庶人章》分为二也，《曾子敢问章》为三，又多一章，凡二十二章。"

此外，清代又有日本古文本《孝经》与孔《传》，据乾隆年间鲍廷博该书新刊跋称，系其友汪翼沧购于日本长崎澳。清阮元有所研究，疑孔《传》为伪，本传亦非古文本《孝经》。后来学者对此本的研究稍嫌不足。

关于《孝经》一书流传，《四库全书总目》有段记述：

> 《唐书·元行冲传》称："元宗自注《孝经》，诏行冲为疏，立于学官。"《唐志》疏作二卷，《宋志》则作三卷，殆续一卷欤？宋咸平中邢昺所修之疏，即据行冲书为蓝本，然孰为旧文，孰为新说，今已不可辨别矣。

附一、《论语》传承表：

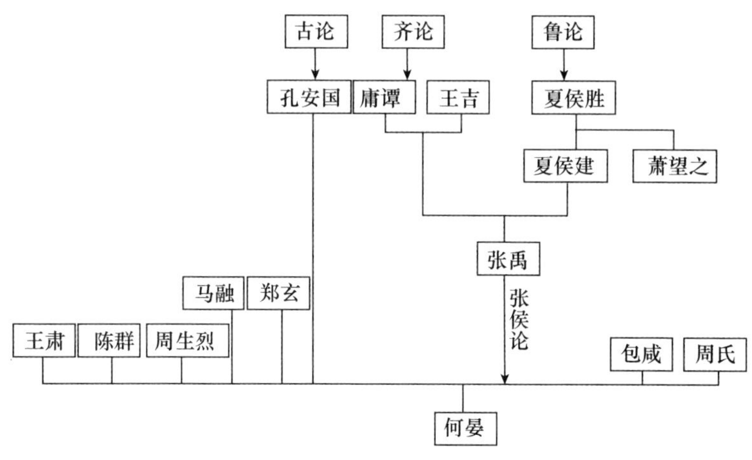

注：此表参见《经典释文·叙录》、臧琳《经义杂记》。

附二、《孝经》传承表：

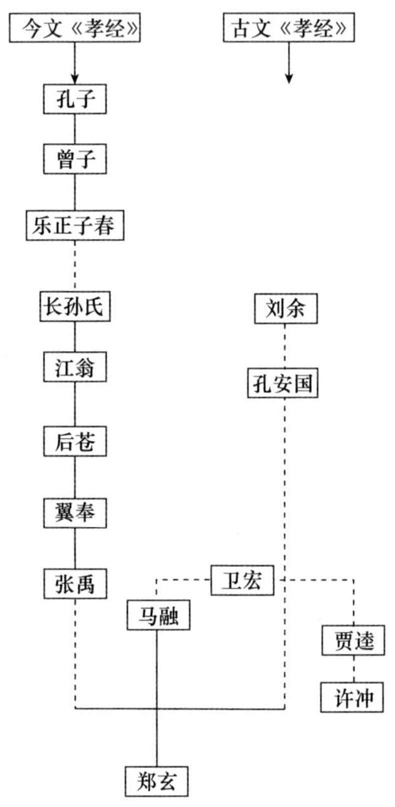

第四章　通经致用下的汉代社会

第一节　今古文经学与两汉学术、政治的关系

两汉经学分为今文经学与古文经学，在前文讲述五经传承与经说时，多有涉及。今文肇称于马班，古文独发于中垒（刘歆），此说不谬。

关于今文经与古文经划分的标准，研究者纷纭多见。一般来说，学人多认为古、今文的差异最初是文字上的差异。顾名思义，今文是指汉代通行的隶书，古文则是指战国时通行东方六国的篆书，因汉已不通行，故被汉人称为古文。皮锡瑞说：

> 两汉经学有今古之分。今古文所以分，其先由于文字之异。今文者，今所谓隶书，世所传熹平《石经》及孔庙等处汉碑是也。古文者，今所谓籀书，世所传岐阳石鼓及《说文》所载古文是也。隶书，汉世通行，故当时谓之今文；犹今人之于楷书，人人尽识者也。籀书，汉世已不通行，故当时谓之古文；犹今人之于篆、隶，不能人人尽识者也。凡文字必人人尽识，方可以教初学。许慎谓孔子写定六经，皆用古文；然则，孔子与伏生所藏书，亦必是古文。汉初发藏以授生徒，必改为通行之今文，乃使学者诵习。故汉立博士十四，皆今文家，而当古文未兴以前，未尝别立今文之名。《史记·儒林传》云："孔氏有古文《尚书》，而安国

以今文读之”，乃就《尚书》之古今文字而言，而鲁、齐、韩《诗》，《公羊春秋》，《史记》不云今文家也。至刘歆始增置《古文尚书》《毛诗》《周官》《左氏春秋》，既立学官，必创说解。后汉卫宏、贾逵、马融又递为增补，以行于世，遂与今文分道扬镳。许慎《五经异义》有古《尚书》说，今《尚书》夏侯欧阳说，古《毛诗》说，今《诗》韩鲁说，古《周礼》说，今《戴礼》说，古《春秋左氏》说，今《春秋公羊》说，古《孝经》说，今《孝经》说，皆分别言之，非惟文字不同，而说解亦异矣。治经必宗汉学，而汉学亦有辨。前汉今文说，专明大义微言；后汉杂古文，多详章句训诂。①

皮氏评论今古文之分，实际是对前人观点综述，先从文字之异、隶篆之分，区别今文古文，然后以“凡文字必人人尽识，方可以教初学”之句，论证汉以今文成经之必然。最后以古文“既立学官，必创说解”推论出今古文“分道扬镳”的原因。

以文字隶篆之分作为区别今古文的标准，应以皮氏之说最为精彩。但也有学人认为以文字形式不同作为区别今古之标准，问题很多。汉代的许多古文经本，并非篆书本，而是隶书本，这样以文字形式作为标尺，就会产生混乱，故“文字之异”说以外，又有“立于学官”之说，认为可以以刘歆以前立于学官的诸经，作为区别今古文经的标尺。此说虽然避免前说所产生的混乱，内涵较为单纯，但是对立于学官诸经年代、兴废，又莫衷一是，故也难以令人满意。近年又有一说，认为“所谓今文经仅限于汉武帝元朔五年（前 124 年）组织抄写的经书今文写本以及在此

① 皮锡瑞：《经学历史》三“经学昌明时代”，中华书局 1959 年版。

之后衍生的今文写本”①。是说始于对武帝元朔五年诏文“于是建藏书之策，置写书之官”的分析，另辟蹊径，论证精当，但结论稍欠谨慎。其一，汉代诸经多于武帝以前成文，《诗》齐、鲁、韩三家在文、景时已立博士，此事《汉书·儒林传》明载，王应麟《困学纪闻》考论甚详。其二，武帝以前，诸学论述，多有引经处，今文经学汉代始宗亦多在武帝以前。其三，武帝诏文：“于是建藏书之策，置写书之官，下及诸子传说，皆充秘府。”是说推论“写书之官的职责乃是抄写五经及诸子传说”。且不论写书之官的职责是否是抄写五经尚难定夺，纵是抄写五经，那么，又何为“五经”？《春秋左氏》，汉初张苍、贾谊等已为修业之学，② 此书可否也在抄写范围之内？武帝元朔年间“置写书之官”，是对文献一次大规模整理活动，此事学人多未注意，是说探赜索隐，独明其事，颇具慧眼，但是若以此时间作为划分今古文之标尺，恐难圆其说。

文字相异说，容易产生混乱；时间划分说，又难圆其说；那么“立于学官”说，除以上指出问题外，还有何不妥当之处呢？汉代官学分中央官学与地方官学，《毛诗》被河间献王立为博士，③ 献王刘德是景帝之子。所以立于学官说，也有问题。

综合以上诸说，我们则认为所谓今文经是指自文景至平帝刘歆提出置古文博士时，立于中央官学的用隶书传抄的经书，治今文经则称为今文经学。这样的定义，才可避免诸说的矛盾。

古文经学源于刘歆，是相对今文经学而产生的经学学派。在上文对古文经讨论中，我们可知，古文经来源有三：第一，有汉一代所陆续发现的、同已立于学官今文本稍异的经书文本。此类

---

① 王葆玹：《今古文经学之争及其意义》，《中国哲学》第二十二辑，辽宁教育出版社2000年版。

② 《汉书》卷88《儒林传》。

③ 《汉书》卷53《景十三王传》。

经书或为篆文，如鲁共王坏孔子宅所得的旧籍等。第二，有汉一代流行于民间，传承与今文本不同的经书文本，或为政府搜罗，置于秘府；或长期行于民间，自生自灭。此类经书应为隶书本，经说亦颇异今文本。如《毛诗》、费氏《易》、高氏《易》、邹氏《春秋》、黄氏《春秋》等。第三，有汉一代及后代作伪的经书，或采自他书，自相造作，如成帝时张霸所造《尚书》百两篇，东晋元帝时梅颐所上的《古文尚书》；或以史入经，缘饰经义，如刘歆之于《左氏春秋》。① 因此，我们认为，古文经是西汉平帝前得立于中央官学的所谓经书，来源有三，汉代所发现古文本经书、民间传本和作伪本。治古文经则称为古文经学。

对今古文经学的研究，区别其义理，厘定其异同，清末廖平成就最大，此后尚无出其右者。对此课题，廖氏主要著作有四种：《今古学考》《古学考》《经话》《知圣篇》。② 自廖氏后，分今古文异同，多宗廖氏。廖氏为学主今文而抑古学，其说多怪迂之词，且琐碎无章。廖氏后又有周予同先生，③ 周氏勤奋于经学，相较前者，立论平易中旨，为说晓白流畅，但周氏主要观点实源于皮锡瑞、廖平，而关于今古文之具体区别，对于前学整理，则有得有失。周氏今古文异同表如下：

今文学	古文学
（1）崇奉孔子	（1）崇奉周公
（2）尊孔子是“受命”素王	（2）尊孔子为先师
（3）认为孔子是哲学家、政治家、教育家	（3）认为孔子是史学家

① 参见本书第三章第三节《尚书》学。

② 可见《新订六译馆丛书》《适园丛书》《四益馆经学丛书》等。

③ 周予同相关论述有以下数篇：《经今古文学》《纬书与经今古文学》，另其著《中国经学史讲义》也有不少篇目，讨论这一问题，参见朱维铮编《周予同经学史论著选集》，上海人民出版社 1996 年版。

续表

今文学	古文学
（4）以孔子为“托古改制”	（4）以孔子为“信而好古、述而不作”
（5）以六经为孔子作	（5）以六经为古代史料
（6）以《春秋公羊传》为主	（6）以《周礼》为主
（7）为经学派	（7）为史学派
（8）经的传授多可考	（8）经的传授不大可考
（9）西汉都立于学官	（9）西汉多行于民间
（10）盛行于西汉	（10）盛行于东汉
（11）斥古文经传是刘歆伪造之作	（11）斥今文经传是秦火残缺之余
（12）今存《仪礼》《公羊》《谷梁》（?）、《小戴礼记》（?）、《大戴礼记》（?）和《韩诗外传》	（12）今存《毛诗》《周礼》《左传》
（13）信纬书，以为孔子微言大义间有所存	（13）斥纬书为诬妄

周氏此表出自廖氏《今古学考》中《今古学宗旨不同表》，删繁就简，章目清晰，但廖氏许多重要结论，也在从简中被有意无意地省略了。《今古学宗旨不同表》所列义项共33个，我们认为，其中较为重要又为周氏省略的有以下义项：

今文	古文
今《王制》为主	古《周礼》为主
今主因革	古主从周
今始于鲁人，齐附之	古成于燕赵人
今意同庄墨	古意同史佚
今学近于王	古学帅乎伯
今由乡土分异派	古因经分异派
今礼少所无皆同古礼	古礼多所多皆同今学
今所改皆周制流弊	古所传多礼家节目
今经唯《王制》无古学	古经唯《周礼》无今说

廖氏在《今古学考》卷下，对自己的判断考论甚详。除《今古学宗旨不同表》，廖氏还制《〈五经异义〉今古学名目表》《今古学统宗表》《今学改变古学礼制表》等十余表，分今古甚详。

今人或以为今古文大同小异，并说“今古文的几次斗争，主要是围绕应否立学官这一点，并非基于学术上的分歧与对立”。① 这种看法颇值得商榷。且不论以廖氏爬梳整理出的今古文主旨、观点的对立，从学术史角度来看，二者学术取向亦不相同。

今文经学，其治学目的在于明义理，故疏于训诂；其为学方法在于详今略古，古为今用；其学术取向是通经致用。今文经学之所以努力把经学定为一尊，是因为他们相信“以经治国”的意义与价值。因此，今文学家则信经为经，“为经学派”；因此，今文学家才苦心孤诣演绎出“春秋大一统”的理论，为汉代的中央专制集权寻找理论依据；因此，廖氏才会有今文“以《春秋公羊》为主”“今学近于王”这样的结论。

古文经学，其治学手段在于明训诂，而略义理；其为学方法在于详古略今，多从古制；其学术取向是通经致古。因此，古文学家则以经为史，“为史学派”，“以六经为古代史料”；因此古文学家更相信《周礼》，“以《周礼》为主”；因此，古文经学于汉代不得宠于时政，而“多行于民间”。

今文经学学术取向于“致用”，古文经学学术取向于“致古”，从上文所述学术发展的“内纯致治法则”来讨论，可知这是儒学在汉代演化的必然。今文经学通过“致用”，开拓了一条从书面理论走向社会实践的道路；并通过对自身功能的不断开发，使这条道路逐渐宽大而畅通无阻。自西汉中期以后，经学对

---

① 金春峰：《〈周官〉故书之谜与汉今古文新探》，《中国文化》1991年第4期。

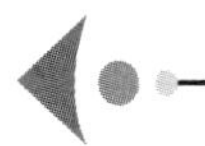

社会政治、社会生活的影响也日益加强。这从通晓经书为入仕之捷径方面可以看出来，[①] 从皇帝诏书与臣子对策引经据典风气中可以看出来，从汉代汉律多“以经义断事”的具体实例中可以看出来，[②] 从汉代官学、私学皆以经书为教材的事实中可以看出来。经学的致用来源于汉代经师对经书义理的演绎与阐述，今文经学在这一方面的表现尤为明显，其“致用”的学术取向，实际是其直面现实、讲究应世的学术精神的反映。孔子创派之始，儒学注重现实的学派风格已经确立，对个人道德建设的关注，与其说是对社会日常伦理生活的讨论，毋宁说是对社会实际及其具体问题的考察。至战国时，后儒们已把个人道德修养与社会道德重建联系在一起，对儒学理论致治于社会做了许多努力。今文经学实际上是这些努力的继续。这是因为今文经书多成形于这一时期，而汉代社会也是战国以降社会变化的继续。

也许正因为今文经学对自身致治功能的无限拓展，使经师们产生了踌躇满志、沾沾自喜的自负，自昭、宣后学派林立，经师解经动辄万言，且左右逢源、游刃有余。伴随着致治能力的加强，不可避免地是其学说理论内核的泛化。“察其所言，仿佛一端。假经设谊，依托象类，或不免乎？”[③] 以至于昭帝时，眭孟竟然讨论起“汉家尧后，有传国之运，汉帝宜谁差天下，求索贤人，禅以帝位，而退自封百里，如殷、周二王后，以承顺天命”这样的问题。[④] 方士数术的掺杂，阴阳卜筮的渗透，使作为经学的儒学酷似妇人的百宝囊。而至哀平之时，谶纬迷信与经学的结合，更造成了今文经学内部圭臬的混乱。因此，按照学术发

---

① 《汉书·夏侯胜传》载：“始，胜每讲授，常谓诸生曰：‘士病不明经术，经术苟明，其取青紫如俯拾地芥耳。学经不明，不如归耕’”。

② 赵翼：《廿二史札记》有“汉时以经义断事”条。

③ 《汉书》卷75《眭两夏侯京翼李传》赞。

④ 《汉书》卷75《眭孟传》。

展“内纯致治法则”，经学必须对其理论内核进行自我纯洁，正本清源，以维护儒学的自身“道德”，使其不流为庸俗杂说。古文经学就是在这种背景下应运而生。

一般来说，汉代的古文经杂驳不纯，且有诬妄伪书间存其中；在讨论汉代经学传承与经说时，我们也指出，古文经问题较多，经书的真伪，有些难寻定论。但是，这不影响以下论断：古文经出现是对今文经芜蔓迂阔、迷信庸俗倾向的反动，是经学学术内纯化本身的要求。经学的自我纯洁是目的，而广辑佚书，收罗古旧，甚至作伪等只不过是实现目的的手段。刘歆在《移让太常博士书》中引孔子的话说：“‘夫礼失求之于野’，古文不犹愈于野乎！”① 经学自身正本清源的要求，则被刘歆有意无意地讲了出来。

如果以上所言不谬，那么，我们再一次推敲今古学宗旨相异处，就更容易理解古文经学的苦心所在。古文经学的学术取向是“致古”。古文学信古，并非越古越好，而是针对今文学迎合时政态度有感而发。今文主因革，故讲托古改制，讲“更化”；古文主从周，故《周礼》一书便成为其核心著作。为此，古文学则不惜向古造作，把《周礼》说成是周公作品。抬出周公是因为他们不满今文经学对孔子的崇拜，他们认为孔子不是受命的“素王”，甚至不是经学的奠基人，孔子不过是先师而已，是史学家。这与今文经学把孔子视为圣人，崇拜孔子的做法完全相反。西汉中期以后，解经的纬书陆续出现，在纬书中，孔子由圣人变成“感黑龙之精所生”的神人，② 他奉天承运，为汉制法，“圣人不空生，必有所制，以显天心。丘为木铎，制天下法。”③ 由于孔子是圣人，是神人，所以他所作的六经，地位当然尊崇，

① 《汉书》卷36《刘歆传》。
② 孙瑴：《古微书》“《论语》撰考”。
③ 《春秋纬·演孔图》。

神圣而不可侵犯。但古文学举周公而抑孔子，并以六经多为古代史料，这两者迥然不同的态度实际是相异的学术取向的具体反映。

西汉末年，刘歆所开启的古文经学思潮，与历史上许多复古思潮一样，是学术发展过程中自身内纯化的表现，是思想文化上的返璞归真。尽管从表面上看，此事围绕着争立学官展开，但其潜在的原因之一，则是学术发展规律的作用。刘歆在抨击今文经学时，较为明确地指出其学派发展过程中固有的弊病：“往者缀学之士不思废绝之缺，苟因陋就寡，分文析字，烦言碎辞，学者罢老且不能究其一艺。信口说而背传记，是末师而非往古……”① 也许因为学术取向不同，学风也差别较大。古文家强调要“明夫子不以空言说经也”，治学应“据行事，仍人道，因兴以立功，就败以成罚，假日月以定历数，借朝聘以正礼乐”②。也许是因为学风相异，治学手段也大有不同，正如学者们指出：“古文学则追求对经书的正确理解，多从切实弄懂文字训诂、名物典制入手，力图达到对思想内容的准确把握，因此，比较质实可靠。”③

古今文学，因学术取向不同，其内容多有不同，这是从学术史的角度讨论所得出的结论。而若从政治史的角度研究，则又可以发现，古今学之争又是西汉末年各种各样政治斗争的组成部分。

学术乃文化之骨干，思想之筋络。其发生与发展，具有相对的独立性。但是，学术若企望对人类社会产生影响，就必然涉足政治，这样，政治同时会影响学术发展。两汉经学是主张“经世致用”的学问，其学术的取向就决定其对现实政治的依附，现实政治的变化也必然反映到学术方面。因此，从古今文之争可

---

① 《汉书》卷36《刘歆传》。

② 《汉书》卷36《刘歆传》。

③ 孙钦善：《汉代的经今古文学》，《文献》1986年第2期。

以映射出西汉末年政治斗争的现实。

上文论及秦汉政体时，我们指出，汉代政体实际上是新旧政体混合的产物，其结构虽然以中央专制集权为框架，但是框架之中却是以乡村自治为内容。所谓的汉代中央专制集权应该理解为不完整中央集权专制。在这种政治背景下，今文经学与古文经学的政治取向稍显不同。周予同以他们对古史态度分新旧两派，今文经学为新派，古文经学为旧派。① 英国学者鲁惟一（Micheal Loewe）则以今文经学为“时新派”，古文经学为“改造派”。② 其他根据今古二派政治动机与政治取向为其定性者还有多说，均有一定道理。我们认为，从今古二派较为对立的一些观点分析，前者是维新派，其观点是王权专制政治的反映；后者是守旧派，其观点是宗法政治的反映。

廖平在《今古学考》中根据《五经异义》制《今学改变古学礼制表》，详细列举今古二派在制度设计上的不同。周予同根据此表，又以“封建”“官制”“宗教”“税法”等重新分类。此表未能得到后来研究今古文学者的注重，原因在于表面上看来，两者的主张差别实在是细微且琐碎。但是，若仔细分析，则可以看出汉代今古文派政治取向的不同。

制度	今文经学	古文经学
封建	1. 分五服，各五百里，合方五千里	2. 地分九服，亦各五百里，并王千里，合方万里
	2. 分三等：公侯方百里，伯方七十里，子男方五十里	2. 分五等：公方五百里，侯方四百里，伯方二百里，子方二百里，男方一百里
	3. 王畿内封国	3. 王畿内不封国
	4. 天子五年一巡狩	4. 天子十二年一巡狩

① 《周予同经学史论著选集》“经今古文学”。

② 见《剑桥中国秦汉史》与其著 *Crisis and Conflict in Han China*，伦敦，1974 年。

续表

制度	今文经学	古文经学
官制	1. 天子立三公：司徒、司马、司空，九卿，二十七大夫，八十一元士，凡百二十	1. 天子立三公，曰：太师、太傅、太保，无官属。又立三少以为之副，曰：少师、少傅、少保，谓之三孤。又立六卿，曰：冢宰、司徒、宗伯、司马、司寇、司空
	2. 公卿大夫士皆三辅官	2. 六卿大夫士员无定数
	3. 无世卿，有选举	3. 有世卿，无选举
祭礼	1. 社寝所奉享皆天神	1. 社寝所奉享皆人鬼
	2. 天子有太庙，无明堂	2. 天子无太庙，有明堂
	3. 七庙皆时祭	3. 七庙祭有日月时之分
	4. 禘为时祭，有祫祭	4. 禘大于郊，无祫祭
税制	1. 远近皆取什一	1. 以远近分等差
	2. 山泽无禁	2. 山泽皆入官
	3. 十井出一车	3. 一甸出一车
法律	1. 刑余不为阍人	1. 刑余为阍人
婚葬	1. 天子不下聘，有亲迎	1. 天子下聘，不亲迎
	2. 主薄葬	2. 主厚葬

此表是我们根据廖平与周予同二表重新修订的，对前者稍有变动。从上表所列举二派相异处，可以仔细推敲今古文经学政治取向的差别。

按封建即封邦建国，原指周王室把爵位、土地分给诸侯，在分封的区域建立邦国，“故封立亲戚为诸侯之君，以为蕃篱，屏蔽周室”①。封建制度是宗法制的核心。封建制的具体内容至秦汉时，多不可详查。古文、今文二派则根据自己的政治取向，各自成说。今文主五服，古文主九服。五服之说主要见于《尚书》

① 《左传·僖公二十四年》疏。

中《益稷》《禹贡》《康诰》各篇。所谓“服”指服事天子。五服说认为王畿外围，每五百里为一区划，按距离远近分为五等地带，其名称为侯服、甸服、绥服、要服、荒服。九服之说主要见于《周礼·夏官·职方氏》，认为天子所住京都以外的地方按远近分为九等，叫九服。方千里称王畿，其外五百里称侯服，再外五百里称甸服，再外五百里称男服，再外五百里称采服，再外五百里称卫服，再外五百里称蛮服，再外五百里称夷服，再外五百里称镇服，再外五百里称藩服。这种以五服、九服划分疆域的方法并不是历史史实，只是经学家的理论设计。今文经学一派的设计较为简单，而提出王畿内封国，这实际上是主张中央政权，俨然高于封国，把封国与郡县均视为以地域关系划分管理居民的方法，所以今文学家的主张实际是汉代封国、郡县并存政治体制的理论反映；而且，今文一派所主公、侯、伯、子、男五等爵封地均在百里之内，其目的明显是强干弱枝，维护中央专制集权政体。相反，古文一派的设计则颇为复杂，以九服代替五服，并提出王畿内不封国，而所封之地大到五百里，小到 ·百里，这说明古文学家是把汉王朝视为一个以血缘关系划分管理居民的联盟政体，中央政权只是联盟政体的盟主。五等爵所辖封地的放大，又是西汉诸侯王国企望强化自身的反映，是东汉宗族政治力量加强的反映。此外，在巡狩制度方面，同样可以看出今古二派政治取向的不同。所谓巡狩，按孟子的说法：“天子适诸侯曰巡狩。巡狩者，巡所守也。”今文学主张天子五年巡狩一次，古文学主张天子十二年巡狩一次。古文学的这种主张实际上是为了保留王国自治的权力。

关于官制，今文、古文相异可见三处。今文所倡导的三公九卿制，名称虽与秦的三公九卿制稍异，然不过是援古饰今，是对汉代所继承秦的官制作理论上的诠释。而古文三公、三孤、六卿之说则繁杂不经。尤其是古文认为六卿等属官员无定数，则明显是为王国政治张目。在官制方面，最能够反映两者政治志趣差异

的，是他们对世卿制度与选举制度的态度。今文一派主张“无世卿，有选举”。世卿就是指世代承袭的卿大夫。今文经学“讥世卿”是其基本观点之一。《公羊传》载：“尹氏者何？天子之大夫也。其称尹氏何？贬。曷为贬，讥世卿。世卿，非礼也。”① 世卿制度是宗法政治下的选官形式，官员的任用以血缘关系作为标准，世代相袭。在汉代，这种制度与中央专制集权制是对立的。中央专制集权以地缘关系作为行政基础，官员的选拔任用，主要采取察举征辟的选举形式。因此，今文一派的政治取向也昭然若揭。与今文一派截然不同，古文一派主张“有世卿，无选举”，竭力倡导恢复宗法血缘政治时代的世卿制度，其目的明显代表了地方诸侯王国和豪门大族的政治意愿，恢复和维系世卿制度与强化现实的中央专制集权制是背道而驰的。

从祭礼方面，今古二派主张的差异也缘于政治取向不同。其一，今文以为“社稷所奉享皆天神”；古文则认为“社稷所奉享皆人鬼”。社稷原为土、谷之神，后引申为国家。“人非土不立，非谷不食……故封土立社，示有土也；稷，五谷之长，故立稷而祭之也。”② 以天神享社稷供奉，无疑与秦以降中央专制集权“屈民伸君”，神化皇帝为天子理论相一致，而以人鬼享社稷供奉，则是有意无意向神化皇权的挑战。其二，今文以为“天子有太庙，无明堂”；古文以为“天子无太庙，有明堂”。太庙即天子祖庙，明堂形式虽争论颇多，但究其本质，不外乎是民主议政之所。古文一派否定太庙，主张建立明堂制度，其真实目的是通过否定天子作为权力中心的象征，来否定天子至高无上的超越

① 《公羊传·隐公三年》。

② 《白虎通德论》三“社稷”。又“社稷之坛”载：“其坛大如何？《春秋大义》曰：‘天子之社稷广五丈，诸侯半之。’其色如何？《春秋传》曰：‘天子有大社焉，东方青色，南方赤色，西方白色，北方黑色，上冒以黄土。’”

地位；而建立明堂，更代表了王国、豪门地方政治势力与中央政权分庭抗礼的要求。其三，所谓七庙，指供奉祖先的七座庙宇，“天子七庙，三昭三穆，与太祖之庙而七”。今文所主张的时祭，即四时之祭，而古文则认为有日月时之分。古文一派对七庙祭礼时间安排的频繁，也许在某种意义上暗示了对血缘政治的缅怀和留恋。其四，禘为宗庙之祭。“天子诸侯宗庙之祭，春曰礿、夏曰禘、秋曰尝、冬曰烝。”[①] 祫祭是指集合远近祖先神于太庙合祭，也是祭祖之礼。郊祭是祭天之礼。古文学家认为禘礼大于郊礼，应是合乎古制的。前文已经指出，古代祭祖用人殉颇多，而祭天鲜有用人殉者。但是今文学家则颇重郊祭。董仲舒说：“《春秋》之义，国有大丧者，止宗庙之祭，而不止郊祭，不敢以父母之丧，废事天地之礼也。”[②] 重禘轻郊，说明古文一派志趣在于恢复血缘宗法政治；重郊轻禘，说明今文一派想借助天的力量维护以地缘为基础的专制集权政体。

对于税制，今古二派观点多不相同。今文主张“什一”税制，是汉代所实行税制的反映，“十井出一车”，是今文在描述古代井田制后所提出的兵役制度。古文主张“以远近分等差”的税制，则代表了王国与豪门势力对税制改革的要求。今文主张“山泽无禁”，古文则主张“山泽皆入官”，古文以山泽之利入官，并不是入国库，而是入王国“私府”，作为“私奉养”。《盐铁论·错币篇》：“吴王擅障海泽，邓通专西山，山东奸猾咸聚吴国，秦、雍、汉、蜀因邓氏，吴邓钱布天下。”景帝时，吴王刘濞发动“七国之乱”，经济上主要仰仗私府所聚集的财富，他发使遗诸侯王书，所列许愿甚大。[③] 至于“十井出一车”，还是“一甸出一车”，则反映对强化国家常备军所持的不同态度。所

---

① 参见《礼记·王制》及注。

② 《春秋繁露，郊义》。

③ 见《史》《汉》二书《淮南王传》。

谓“甸”，根据《周礼》记载：“九夫为井，四井为邑，四邑为丘，四丘五甸。”

今古二派在婚丧、法律方面也有不尽相同的主张，兹不一一分析了。综上所述，我们可知，今文经学的政治取向于中央专制集权政体，代表了专制官僚政治的要求。而古文经学的政治取向则大略倾向于宗法社会的政体形式，代表了两汉时诸侯王国和豪门世族的要求。查明两者的政治取向，我们就可以解释以下现象：为什么今文经学得宠于时政，而古文经学长期流传于民间？为什么古文经学多现于王国？为什么古文经出现后被长期收于朝廷秘府而不予示人？为什么东汉世家大族兴盛的同时带来古文经学的兴盛？为什么王莽本来力主古文经，而建立新朝后却古今并用且偏爱谶纬？

两汉政体所采取的是中央专制与乡村自治相结合的政体形式，形象地说，即中央专制集权的框架结构之间所填充的仍是血缘宗法关系所组成的土坯模块。宗族势力强大，迫使西汉中央政府屡次给予打击、迁徙和限制。在东汉，从民谣上可以看出，皇帝的诏令已不及地方号令影响之大，豪门的政治势力已超越了中央的地方政权，成为地方的支配力量。① 所以今古文的政治取向差异，实际上是汉代混合政体形式的反映。

两汉时，治古文经多是从今文经起家，在东汉表现尤甚。盖“遗子黄金满籝，不如教子一经”②，汉治经多世代相袭，及其为官，也子承父业，虽汉代仕进制度名有选举，然子承父业实为世卿。恢复世卿世禄故为累世经学之家向往。赵翼《廿二史札记》卷五有“累世经学”条，详述秦汉传经世家。又有“四世三公”条，所列之人皆以经术得官为政：

① 《古谣谚》。

② 《汉书》卷73《韦贤传》。

西汉韦平，再世宰相，已属仅事。韦贤宣帝时为丞相，其子玄成，元帝时亦为丞相。邹鲁谚曰：黄金满籝，不如教子一经。又平当为丞相，其子晏为大司徒。时已改丞相为大司徒，大司徒即相也。《平当传》谓，汉兴，惟韦平父子至宰相。东汉则有历世皆为公者。杨震为太尉，其子秉，代刘矩为太尉；秉子赐，代刘郃为司徒，又代张温为司空；赐子彪，代董卓为司空，又代黄琬为司徒，代淳于嘉为司空，代朱俊为太尉，录尚书事。自震至彪，凡四世，皆为三公。袁安官司空，又官司徒。其子敞及京，皆为司空。京子汤亦为司空，历太尉，封安国亭侯。汤子逢，亦官司空。逢弟隗，先逢为三公，官至太傅，故臧洪谓袁化四世五公，比杨氏更多一公。古来世族之盛，未有如二家者。

世家对经学的垄断，又造成了对政治的垄断。东汉以降，至魏晋南北朝，世族政治的崛起，或多或少地得益于古文经学的兴盛。故以为今古文之争，其政治主旨无大区别，而目的在于争立学官的看法，无疑是错误的。由于今古文经的汉人经说多佚散，我们只好根据前人成果作如上分析。此外，古今之争还牵涉到学派政治和地缘政治诸多关系。武帝将儒学定为一尊之时，齐学尤其以《春秋公羊》一派得宠于时政。嗣后，齐学的虚亡，则遭到今文学内部学风较为朴拙的鲁学一派的反对。《汉书·地理志》说："汉兴以来，鲁、东海多至卿相。"有学者统计，从宣帝至平帝，18 位丞相中，属鲁籍者有 10 人；10 人中又有 6 人为鲁籍博士或博士弟子。① 西汉中后期，鲁学的重要人物如薛广德、韦贤父子等人先后成为朝中重臣，对齐学学风抨击亦不遗余力。今文经学内部斗争，为古文经学兴起创造了条件。这是因为

---

① 安作璋、刘德增：《齐鲁博士与两汉儒学》，《秦汉史论丛》第 8 辑，云南大学出版社 2001 年版。

今文一派内部纷争，使他们无暇顾及古文势力的抬头；这是因为鲁学之朴拙，与古文经学的学风实有相通之处。

今古文之争表面上看来是争立学官，实际上则是汉代各种政治斗争的表现。

第二节　祥瑞与灾异：经学限制君权的方法

秦汉社会是个迷信的社会，原始迷信与原始科学的融汇，民间文化与精英文化的交流，构成了灿烂多彩的秦汉文化，同时又成为两汉经学思想汲取营养的渊薮。秦汉人讲究迷信，《史记·日者列传》等可以为佐证，天水放马滩秦简以十二律占卦的具体内容可以为佐证①，云梦秦简出土《日书》可以为佐证②，安徽阜阳西汉汝阳侯墓出土六圭式盘也可以为佐证……此外，在前四史各纪、传、志中，此类记载更是屡见不鲜。令人费解的是，秦汉思想文化中的迷信内容，过去常被斥为神秘文化或庸俗迷信思潮，嗤之以鼻；可事至如今，则以天人合一概念，大而言之，被认作是中国思想文化的特征而大放异彩。实际上，汉代经学讲求的天人合一，本于天人感应、天人相动，来源于民间迷信文化。汉代经师经过整理民间迷信的思想，创造出天人合一的概念，其真实目的在于提炼祥瑞说与灾异说，并借以对被他们无穷放大的君权予以限制。对于任何一种急功近利的学说来讲，对致治方法的追求一定先于对本体理论的求证；经学，尤其是今文经学一派也不免俗。两汉的民间迷信文化，以自己特有的方法解经，编撰了大量的纬书，形成了与经学并行不悖的谶纬思潮。

---

① 何双全：《天水放马滩秦简综述》，《文物》1989 年第 2 期。

② 饶宗颐、曾宪通：《云梦秦简日书研究》，香港中文大学 1982 年版。研究《日书》的相关著述与文章众多，恕不一一列举。

两汉今文经学主张“春秋大一统”，主张“屈民以伸君”，强调君权的尊贵与神圣，维护君王的权威，在两汉新旧混合的二重性政体中，其政治取向是拥护皇权、主张专制。但是，对于君权也是有所限制的。董仲舒对此作出了饶有意味的解释：

> 《春秋》之法，以人随君，以君随天。曰：缘民臣之心，不可一日无君。一日不可无君，而犹三年称子者，为君心之未当立也，此非以人随君耶？孝子之心，三年不当，三年不当而逾年即位者，与天数俱终始也，此非以君随天耶？故屈民而伸君，屈君而伸天，《春秋》之大义也。[①]

董仲舒认为天下万物均统一于天。天分阴阳，阴阳分木、火、土、金、水五行，五行生万物。[②] 五行相生体现的是天的恩德。[③] 五行相克体现的是天的刑罚。[④] “为生不能为人，为人者天也。人之为人，本于天，天亦人之曾祖父也。”[⑤] 天的存在有明确的目的，并有自己的道德属性，“仁之美者在于天。天，仁也”。[⑥]

建立天人相通、天人合一这一套理论，其目的在于“屈民而伸君，屈君而伸天”，在于彰明《春秋》之大义。天创造万物，创造人类，是天自己意志的体现。人的行为顺应了天的意志，天就降祥瑞。“王者上感皇天，则鸾凤至。”[⑦] 违逆了天的意志，则降灾异予以警示。董仲舒说：

---

① 《春秋繁露·玉杯》。
② 《春秋繁露·五行之义》。
③ 《春秋繁露·五行相生》。
④ 《春秋繁露·五行相胜》。
⑤ 《春秋繁露，为人者天》。
⑥ 《春秋繁露·王道通三》。
⑦ 孙毂：《古微书·春秋感精符》。

> 天地之物，有不常之变者，谓之异，小者谓之灾。灾常先至，而异乃随之。灾者，天之谴也；异者，天之威也。谴之而不知，乃畏之以威，《诗》云：“畏天之威”，殆此谓也。凡灾异之本，尽生于国家之失。乃始萌芽，而天出灾害以谴告之。谴告之而不知变，乃见怪异以惊骇之。惊骇之尚不知畏恐，其殃咎乃至，以此见天意。天意有欲也，有不欲也。所欲所不欲者，入内以自省，宜有惩于心；外以观其事，宜有验于国，故见天意者之于灾异也。①

祥瑞灾异说，虽然荒诞不经，却是经学用来限制君权的一种办法。《礼记·中庸》说：“国家将兴，必有祯祥；国家将亡，必有妖孽。”所谓祥，即吉兆，一般指美丽罕见之物，如瑞云、瑞星、珍稀草本、鸟兽出现等。以动物言之，“何谓四灵，麟、凤、龟、龙之谓。”② 在《论语》中，孔子讲道：“凤鸟不至，河不出图，吾已矣夫。”③ 这里孔子把凤鸟的出现看作圣明天子出现的征兆。《春秋》一书止于“西狩获麟”。《公羊传》解释道：“何以书？记异也。何异尔？非中国之兽也。……麟者，仁兽也，有王者则至。”

正因为祥瑞预兆善政，所以两汉经师便以此规劝皇帝在为政上养德修善，以承天意。“两汉多凤凰，而最多者，西汉则宣帝之世，东汉则章帝之世。”④ 西汉昭、宣，东汉明、章，是政治较为清明的时代，凤凰多出，自不为怪。正如《纬书》所载谶语所言，凤凰的出现，是因为王者的德行“上感皇天”。宣帝本始二年，就立孝武皇帝庙发布诏书：

---

① 《春秋繁露·必仁且知》。

② 《礼记·礼运篇》。

③ 《论语·子罕》。

④ 赵翼：《廿二史札记》“两汉多凤凰”条。

> 朕以眇身奉承祖宗，夙夜惟念孝武皇帝躬履仁义，选明将，讨不服，匈奴远遁，平氐、羌、昆明、南越，百蛮乡风，款塞来享；建大学，修郊祀，定正朔，协音律；封泰山，塞宣房，符瑞应，宝鼎出，白麟获。功德茂盛，不能尽宣，而庙乐未称，其议奏。①

诏书在盛赞武帝躬履仁义、功德昭昭之后，特别指出武帝时获白麟、出宝鼎之事，作为代表天意嘉奖的符瑞。通过这篇诏书，我们可以看出董仲舒“屈君以伸天”理论对汉政的影响。

两汉的皇帝，对祥瑞笃信不疑，因为祥瑞的出现证明皇帝的为政顺从了天的意志。“孝悌之至，通于神明，则凤凰巢。”② 而经师们自然更信祥瑞，因为经师们相信自己是贤臣，是天派来辅助天子、修明政治的。“天子官守，以贤举，则鸾在野。”③ “中国的天子举用贤臣，是汉代以来极其重要的善政之一。这种举措，从纠正常流于亲戚和近倖政治的中国古代政治的意义上来说，是值得重视的。”④

每逢祥瑞出现，皇帝均要有所作为，或“遣使祠其处”⑤，或大赦天下，或赐官吏民爵、女子百户牛酒，或“租税勿收”。⑥上天既然降祥瑞给予嘉奖，皇帝自然要按照天的意志做得更好。

如果说，祥瑞的出现是天对帝王善政的一种赞扬与褒奖，那么，灾异的出现则是天对帝王为政不善的警示与惩罚。灾、异原不相同，灾是已发生的自然灾害，异乃是一种奇特的自然现象。

---

① 《汉书》卷8《宣帝纪》。

② 《孝经钩命决》。

③ 《春秋演孔图》。

④ 安居香山：《纬书与中国神秘思想（上）》，田人隆译，河北人民出版社1991年版。

⑤ 《汉书·昭帝纪》始元三年：“冬十月，凤凰集东海，遣使祠其处。”

⑥ 见《汉书》卷8《宣帝纪》、《后汉书》卷3《章帝纪》等。

《公羊传·隐公三年》载："春，王二月，乙巳，日有食之，何以书，记异也。"《隐公五年》又载："螟，何以书？记灾也。"纬书《春秋潜潭巴》亦说："灾之为言伤也，随事而诛；异之为言怪也，谓先发感动之也。"

汉代祥瑞灾异说的文化来源，是原始迷信与原始科学。迷信文化的预言为其提供了方法，自然科学的述说为其提供了理论。祥瑞灾异说更直接的学术渊源，则主要来自邹衍阴阳五行之说。司马迁论邹衍一派时，认为其说"乃深观阴阳消息而作怪迂之变"，而"其语闳大不经，必先验小物，推而大之，至于无垠"，论述则"称引天地剖判以来，五德转移，治各有宜，而符应若兹"；至于其归要，"必止乎仁义节俭，君臣上下六亲之施，始也滥耳。王公大人初见其术，惧然顾化，其后不能行之"。①

这里"王公大人初见其术，惧然顾化"的力量，是对祥瑞灾异说作用的形象描述。在汉代经学中，以迷信、数术为内容的神秘主义成分很多，董仲舒"天人合一"经学体系的建立，使儒学从神秘思想中汲取大量营养，并获得超乎异常的力量。"天者群物之祖也，故遍覆包涵而无所殊，建日月风雨以和之，经阴阳寒暑以成之，故圣人法天而立道。"② 汉代儒学常被称为儒术、经术不是没有道理的，"那些儒学大师与求神问卜的巫师似无不可逾越的界限"③。董仲舒善说"灾异"，相关资料记载较多：

> 天亦有喜怒之气，哀乐之心，与人相副，以类合之，天人一也。春，喜气也，故生；秋，怒气也，故杀；夏，乐气

---

① 《史记》卷74《孟子荀卿列传》。

② 《汉书》卷56《董仲舒传》。

③ 林剑鸣：《秦汉政治生活中的神秘主义》，《历史研究》1991年第4期。

> 也，故养；冬，哀气也，故藏。与天同者大治，与天异者大乱。①
>
> 春者，天之所以生也，仁者，君之所以爱也；夏者，天之所以长也，德者，君之所以养也；霜者，天之所以杀也，刑者，君之所以罚也。由此言之，天人之征，古今之道也。②

董仲舒的天人合一的经学体系，视天有喜有怒，有乐有哀，因此，“与天同者大治，与天异者大乱”。这样“天人之征”，便容易被解释为“古今之道”。由于天心为仁，帝王的行为也必须“止乎仁义”，天地之心，通过灾异表现出来，而《春秋》之法，五经之义，又是对这类事实的记录。

董仲舒对“灾异”解说颇为详细。前引《必仁且知》那段论述就是以天意推论出灾异，以灾异作为天之谴告，故帝王为政必须顺从天意。这段文章论述，旁征博引，以灾异附会《诗》义与《春秋》之法。以“灾异”说解经，由此可见一斑。至于后来，董仲舒“以《春秋》灾异之变推阴阳所以错行，故求雨……”被同僚妒忌，差点被诛。“仲舒遂不敢复言灾异”③。

董仲舒虽不敢复言灾异，但是，灾异说却成为后来经师解经的主要方法，具体事例较多，均保存于《汉书·五行志》中。此题上文已有讨论，兹不多述。自武帝后，灾异说更为流行，大臣对策、上疏均以此“假经设谊，依托象类”，④ 然后推论出自己对政事的见解。

西汉末年，平当“以明经为博士”，公卿“荐当论议通明，

---

① 《春秋繁露·阴阳义》。

② 《汉书》卷56《董仲舒传》。

③ 《汉书》卷56《董仲舒传》。

④ 《汉书》卷75《眭两夏侯京翼李传》“赞”。

给事中，每有灾异，当辄傅经术，言得失”。平当言灾异，可以从“罢太上皇寝庙园”的争论中可以看出。他在上书中称：“三十年之间，道德和洽，制礼兴乐，灾害不生，祸乱不作。今圣汉受命而王，继体承业二百余年，孜孜不怠，政命清矣。然风俗未和，阴阳未调，灾害数见，意者大本有不立欤？何德化休征不应之久也！祸福不虚，必有因而至者焉。宜深迹其道而务修其本。”哀帝时，平当上书乞骸骨，哀帝曰：“朕选于众，以君为相，视事日寡，辅政未久，阴阳不调，冬无大雪，旱气为灾，朕之不德，何必君罪？”①

哀帝时，又有鲍宣，时为谏议大夫，佞臣董贤贵幸，宣乃多次上谏书，引灾异说，以为论之所凭：

> 窃见孝成皇帝时，外亲持权，人人牵引所私以充塞朝廷，妨贤人路，浊乱天下，奢泰亡度，穷困百姓，是以日蚀且十，彗星四起，危亡之征，陛下所亲见也……惟陛下少留神明，览《五经》之文，原圣人之至意，深思天地之戒。②

这篇谏书的前后文处，均引灾异，以广其说。后来郡国地震，又发生日蚀，鲍宣又上书称：

> 陛下父事天，母事地，子养黎民。即位已来，父亏明，母震动，子说言相惊恐，今日蚀于三始，诚可畏惧。小民正月逆日尚恐毁败器物，何况于日亏乎！陛下深内自责，避正殿，举直言，求过失……天人同心，人心说则天意解矣。乃二月丙戌，白虹蚪日，连阴不雨，此天有尤结未解，民有怨

---

① 《汉书》卷71《平当传》。
② 《汉书》卷72《鲍宣传》。

望未塞者也……①

鲍宣以灾异说力谏哀帝黜董贤，哀帝遇到天象的变异，则深内自责，可见灾异说的力量之大，影响之广。如果说董仲舒、平当、鲍宣所讲的灾异理论，只是附会天象经义，阐明义理，那么汉代又有以灾异作占卜预言一派，此派以夏侯始昌、夏侯胜、眭孟、京房为代表。前者可以说是灾异义理派，后者是灾异数术派。武帝时，董仲舒、韩婴死后，夏侯始昌始被朝廷重用。“始昌明于阴阳，先言柏梁台灾日，至期日果灾。”② 夏侯始昌的族子夏侯胜亦以儒显名。“胜少孤，好学，从始昌受《尚书》及《洪范五行传》，说灾异”。后来汉昭帝崩，昌邑王立。昌邑王好出宫游乐，有次夏侯胜拦住王的御车谏曰：“天久阴而不雨，臣下有谋上者，陛下出欲何之？”昌邑王大为不快，把他绑缚，交给属吏。正好此时，霍光与车骑将军张安世共谋废昌邑王。霍光以为是安世泄密，实际安世并未向他人说过此事。后乃问夏侯胜。胜答道：“在《洪范传》曰：‘皇之不极，厥罚常阴，时则下人有伐上者。’恶察察言，故云臣下有谋。”霍光、安世大惊，“以此益重经术士。”③ 但是与夏侯胜同时代之人眭孟，则因以灾异为预言，被霍光下狱诛杀。眭孟从嬴公受《春秋》，应是董仲舒的再传弟子。昭帝元凤三年（前 78 年）正月，泰山有大石自立，石后有白乌数千。当时又并发许多异象，如昌邑有“枯社木卧复生”，上林苑中有断枯卧地的大柳树自立复生，有虫蛀的树叶形成文字，曰：“公孙病已立。”眭孟乃推《春秋》之意，以为“石柳皆阴类，下民之象。泰山者，岱宗之岳，王者易姓告代之处。今大石自立，僵柳复起，非人力所为，此当有从匹夫

① 《汉书》卷 72《鲍宣传》。
② 《汉书》卷 75《夏侯始昌传》。
③ 《汉书》卷 75《夏侯胜传》。

为天子者。枯社木复生，故废之家公孙氏当复兴者也。”也许是眭孟并不知道先师所传《春秋》之意的归旨所在，他继而援引古禅让之说，讲了一通禅让的道理：

> 先师董仲舒有言，虽有继体守文之君，不害圣人之受命。汉家尧后，有传国之运，汉帝宜谁差天下，求索贤人，禅以帝位，而退自封百里，如殷、周二王后，以承顺天命。①

眭孟由灾异推说预言，根据预言所得出的这套禅让理论，因与汉政相悖，结果惹来杀身之祸。元帝时的京房更是擅长以灾异为预言。京房开创京氏易派，本以数术为能事，故以所以用灾异作预言更是驾轻就熟。“永光、建昭间，西羌反，日蚀，又久青亡光，阴雾不精，房数上疏，先言其将然，近数月，远一岁，所言中，天子说之。数召见问。房对曰：‘古帝王以功举贤，则万代成，瑞应著；末世以毁誉取人，故功业废而致灾异。宜令百官司各试其功，灾异可息。’”② 京房的灾异说“先言其将然”，而“所言屡中”，这与灾异义理说对已发生的灾象的解释是不同的，预言是其为说的核心。后来京房又奏“考功课吏法”，此法是京房把数术内容掺入行政制度之中的最好证明。关于“考功课吏法”，《汉书》京房本传晋灼注曰：“令丞尉治一县，崇教化亡犯法者辄迁。有盗贼，满三日不觉者则尉事也。今觉之，自除，二尉负其罪。率相准如此法。”

灾异说至东汉仍为经师沿用，东汉时每遇天有异象，臣下则伺时上谏书，以规劝皇帝修葺政令，以顺天意，以合经说。上文谈到阴阳五行学说对经学影响时，曾引东汉杨赐见青蛇出御坐上

---

① 《汉书》卷75《眭孟传》。

② 《汉书》卷75《京房传》。

书封事，便是一例，其实杨赐那套理论乃是家学，其父杨秉也是如此。桓帝曾微行出宫，住在河南尹梁胤府舍，当日，大风拔树，天色昏暗。杨秉便上书谏曰：

> 臣闻瑞由德至，灾应事生。《传》曰："祸福无门，唯人所召。"天不言语，以灾异谴告，是以孔子迅雷风烈必有变动。《诗》云："敬天之威，不敢驱驰。"王者至尊，出入有常，警跸而行，静室而止，自非郊庙之事，则銮旗不驾。故《诗》称："自郊徂宫，"《易》曰："王假有庙，致孝享也。"诸侯如臣之家，《春秋》尚列其诫，况以先王法服而私出盘游……①

杨秉的谏书罗列经传多种，可见东汉用以佐证灾异说的经学资料十分充足。杨秉的家学又源于其父杨震。安帝延光年间，发生了地震，杨震上疏便讲了一大套阴阳灾异的道理，上疏的最后讲"唯隆下奋乾刚之德，弃骄奢之臣，以掩妖言之口，奉承皇天之戒，无令威福久称于下"。②

并不仅仅是杨氏家学讲究灾异，其他经师、名臣也以灾异说陈政疏事。东汉王符"独耿介不同于俗"，对时俗时政批评甚为尖刻，但他的评述亦有以灾异说为凭者。在《潜夫论·浮侈篇》中，他痛斥社会舍本逐末的现象，指出因本末倒置产生了社会混乱，社会混乱导致酷刑数加，"则下安能无愁怨？愁怨者多，则咎征并臻。下民无聊，而上天降灾，则国危矣。"③

两汉经学灾异说与祥瑞说一样，是用来对无限的君权专制进行限制的，以保证帝王的行政符合经学所要求的德政。从某种意

① 《后汉书》卷54《杨秉传》。

② 《后汉书》卷54《杨震传》。

③ 《后汉书》卷49《王符传》引。

义上完全可以说，汉代的经师是在用一个看似荒诞的手段，做一件并不荒诞的事情。从以上分析可以看出，汉代经学灾异说对实际政治影响是显易可见的。此外，汉代的皇帝，每逢大的灾异，如日食、地震等，多下罪己诏书，并更换三公以迁其罪。故清赵翼说“汉诏多惧词”。①

第三节　汉以孝治天下：以孝为核心社会秩序的形成

在第一章中，我们以“新秩序与旧制度”为题，来探讨两汉经学兴盛的历史背景。对有汉一代所保留的旧的社会制度分门别类，逐一考订溯源。在汉制中，有秦制，也有周制、古制和汉制，而汉之政体则是郡县制与分封制的混杂。但是，对汉代新的社会秩序，前文着墨不多。我们知道，一个时代有一个时代的社会秩序。社会秩序是一个时代所特有的社会生活和社会管理方式。在汉代，孝的观念在两汉经学中自有其特殊地位，并对新的社会秩序的形成有重要的影响。

关于《孝经》，其成书、传承、经说前章已有叙述。但《孝经》对新的社会秩序设计，则未涉及，本节以此为始，讨论孝的观念与汉代新的社会秩序的形成。

《孝经》虽然成书于战国时期，可在当时并未引起社会的重视。先秦典籍中引用《孝经》的话仅见于《吕氏春秋》的《察微篇》与《孝行篇》。至汉代，《孝经》一书地位骤然升高。《白虎通义》把它与《春秋》并列，说孔子“后作《孝经》何？欲专制正于《孝经》何？夫孝者自天子下至庶人，上下通《孝

① 赵翼：《廿二史札记》“汉诏多惧词”条。

经》者，夫制作礼乐仁之本”①。郑玄说：“孔子以六艺题目不同，指意殊别，恐道离散，后世莫知根源，故作《孝经》以总会之。”又说《孝经》是“三才之经纬，五行之纲纪”②。郑玄还在注《礼记》“大本大经”时说：“大经谓六指，而指《春秋》也，大本《孝经》也。”③汉代大臣在奏疏中也常常引用《孝经》，将其作为判断思想行为是非之准绳；同时《孝经》又是汉代官吏实行教化的工具。东汉仇览任蒲亭长，有平民陈元，其母告其不孝。仇览亲自到陈家，“与其母子饮。因为陈人伦孝行，譬以祸福之言”，并“与一卷《孝经》”，于是“元遂修孝道，后成佳士”④。把《孝经》作为教化社会的教科书，实为汉王朝首创。至东汉末年，黄巾起义爆发后，甚至有人主张用《孝经》平叛，“但遣将于河上北向读《孝经》，贼自当消灭”⑤。可见《孝经》在汉代人心目中地位之重要。

《孝经》在汉代地位如此重要，与它适应汉代新的社会秩序的需要有着密切的关系。《孝经·开宗明义章》说：“先王有至德要道，以顺天下，民用和睦，上下无怨。”这几句话一语破的，道出《孝经》宣传孝道的目的是治理天下，建立一个在孝道思想指导下的新型社会秩序。所以在《孝经》一书中“孝顺天下”“以孝治天下”的思想贯穿全书始终。如《孝经·孝治章》说：“昔者明王之以孝治天下也，不敢遗小国之臣，而况于公、侯、伯、子、男乎！故得万国之欢心，以事其先王。”在不到两千字的《孝经》中，专列《孝治章》与《圣治章》，“治”“顺”二字反复出现二十多次。所谓治，是指孝可以“治家”

① 《白虎通德论·五经》。

② 《孝经》序，郑玄注。

③ 《礼记正义》卷53。

④ 《后汉书》卷66《仇览传》及注引《谢承书》。

⑤ 《后汉书》卷81《向栩传》。

“治国”“治天下”；所谓顺，是说行孝道，可以使“民礼顺”“长幼顺”，以达到“顺天下”。为什么孝道可以“治天下”“顺天下”呢？《孝经·开宗明义章》进一步解释道：“夫孝，始于事亲，中于事君，终于立身。”这里的孝，就不仅是每个家庭成员在家庭中所必须履行的义务，也是每一个社会成员对社会所必须履行的义务。“始于事亲”是《孝经》把孝作为最基本道德规范的根本原因，血亲之情是人类共有的，这就决定了上自天子、下至庶人都必须事亲。“中于事君”是《孝经》实现“孝治天下”的最重要步骤，《孝经》把家庭关系扩大至社会，把国家说成是家庭的延伸。“天下一家”，君主自然而然地成为全体社会成员的家长，君主与全民的关系遂变成父子关系。《孝经》在《广扬名章》中强调：“君子之事亲孝，故忠可移于君；事兄悌，故顺可移于长；居家理，故治可移于官。是以行成于内，而名立于后世矣。”在这里，《孝经》把家庭关系扩大至社会，把君主与社会成员关系说成是父子关系。以孝事君则忠，事君不忠非孝。孝父是忠君的前提，忠君则是孝父的结果。“移孝为忠”这一原则的提出，使《孝经》设想“天下一家”井然有序的社会秩序有了圆满的解释。“终于立身”是落实到每个人自身的道德要求，人们立身行孝，为的是“民用合睦，上下无怨”。“终于立身”无疑是《孝经》以孝作为伦理标准，建立新型社会秩序的归旨所在。

《孝经》对“孝治天下”进行合理解释后，又对新的社会从天子至庶人每一个人的孝都作出规定，这就是所谓“五等之孝”。

《孝经》认为，天子孝是“爱敬尽于事亲，而德教加于百姓，刑于四海”。诸侯孝是“在上不骄，高而不危；制节谨度，满而不溢”，然后保其社稷，和其民人。卿大夫孝是“非法不言，非道不行”，然后守其宗庙。士之孝是“以孝事君”，“以敬事长”，然后能保其禄位，守其祭礼。庶人孝是“用天之道，分地之利，谨身节用，以养父母”。只有这样恪守孝道，则治天下者“得万国之欢心”，治国者“得百姓之欢心”，治家者“得人之欢心”。于是一个“天下和平，灾害不生，祸乱不作”的社会秩序就形成了。

战国后期，小农经济的迅速发展改变了旧的社会经济基础，在小农家庭中，孝是每一个家庭成员所必须履行的义务。《孝经》作者正是从此找到了他们设计新的社会秩序的灵感。他们把孝从家庭扩大到社会，企图用尊尊亲亲的血亲关系，即家长对子女的支配关系，给社会现实披上一幅温柔敦睦的面纱。

《孝经》一书对新的社会秩序的设计如此这般，那么，它在汉代实际社会生活与政治生活中的具体效果又是如何？从以下分析我们可以看出，在汉代，孝已成为家庭生活的基本道德规范。前文我们指出，先秦诸子论述，孝慈常连用并称，父慈与子孝是对等的，并互为因果。至秦汉，此现象已不常见。这时单纯强调孝的记载很多，较片面强调下对上的义务，强化家长权利。

必须说明的是，孝的对象，在汉代不仅包括父亲，还包括母亲。先秦时代，由于宗法制的影响，家长仅指父亲，《荀子·致士篇》说：“君者国之隆也，父者家之隆也，隆一而治，二而乱。”母亲在家庭中无甚权利可言。到了汉代，由于社会提倡孝道，母亲成为家长的一员，因此《说文》说孝，就是指善事父母。从汉代有关孝行记载的资料看，尽孝的对象有许多是母亲。汉代长诗《孔雀东南飞》记载焦仲卿妻因不得爱于母而被遣逐回家之事，十分著名。汉代孝子丁兰十五岁丧母，刻木作母事之，“邻人所假借，母颜和即与，不和则不与”①。从以上两个例子可知，由于孝道在汉代社会被重视和强调，在家庭生活中，孝

---

① 《法苑珠林》卷49引刘向《孝子传》。刘向《孝子传》后人多疑为伪。然“野王丁兰”事在今内蒙古和林格尔墓壁画上已有反映，说明此事的确在汉代已流传。

母也是孝道的一个重要内容。

汉代家长的权利主要表现在以下方面：首先，家长是家庭财产的支配者。按照孝的观念要求，父母在时，子女不得有私财，父母对家庭财产可以任意处置。西汉时疏广归乡里，族人劝他为子孙买田宅，疏广说："吾岂老悖不念子孙哉？顾自有旧田庐，令子孙勤力其中，足以共衣食，与凡人齐，今复增益之以为赢余，但教子孙怠堕耳。"① 疏广有其深谋远虑，故不为子孙置田宅，同时也说明，疏广作为家长，是家庭财产的支配者，而子女是不能过问的。《后汉书·樊宏传》记载樊重"营理产业，物无所弃，课役僮隶，各得其宜，故能上下勠力，财利岁倍，乃至开广田土三百余顷。"樊重作为家长，经营持业，而子孙孝顺，故能三世共财。

其次，家长对子女有人身支配权。这种支配权表现在以下诸方面：（一）父母可以买卖子女；（二）扑打子女；（三）在某种情况下，对子女有生杀之权；（四）对子女的婚姻结合拥有决定权。②

除此之外，对子女的其他行为，父母也拥有支配权。正如《汉书·韦贤传》所说："孝莫大于严父，故父之所尊，子不敢不承；父之所异，子不敢不同。"在强调孝的观念的社会背景下，家长的上述权力是一种天然尊长，不容怀疑，它不仅为社会舆论所公认，而且受到国家法律的保护。与这种家长的权力相对应，子女则有一系列的家庭义务。

孝所规定子女的家庭义务又包括很多方面：一曰养；二曰敬；三曰隐私；四曰丧葬；五曰祭祀。③ 此外，孝对汉代家庭结构也有一定影响。

---

① 《汉书》卷 71《疏广传》。

② 参见拙文《孝的观念与汉代家庭》，《中国史研究》1988 年第 4 期。

③ 参见拙文《孝的观念与汉代家庭》，《中国史研究》1988 年第 4 期。

孝是汉代家庭的基本道德，是调剂家庭各种关系的行为准则。按照孝的要求，家庭上下关系一定要和睦，反对家庭分裂。因此在孝道盛行的汉代，家庭结构在一定程度上受到影响。汉代经常赐民爵，规定爵过公乘，可以“移与子若同产、同产子”。[①] 家人犯法“父母同产欲代者，恣听之”。[②] 同产共居是指没有分居析财的兄弟及其子女。

同产共居是孝道的一项要求。孝不但要求家庭父子之间的关系要和睦，亦要求兄弟之间关系要亲密，“兄弟之义无分”。因此在汉代，家庭亲融和睦，同产共居，才为世人所推崇。东汉时，名士蔡邕就是一个“性笃孝”的孝子，他与叔父从弟同居，三世不分财，“乡党高其义。”[③] 蔡邕稍后的陈纪“亦以至德称。兄弟孝养，闺门雍和，后进之士，皆推慕其风”。[④] 更有兄弟相处，不但不分财，且同床共卧，以至不能分开。《后汉书·姜肱传》记载姜肱与二弟“俱以孝行著闻。其友爱天至，常共卧起。及各娶妻，兄弟相恋，不能别寝，以系嗣当立，乃遽往就室。”相反如果父子相弃，兄弟生分，便被视为异常。《汉书·于定国传》记载：“永光元年，春霜夏寒，日青亡光，上复以诏条责曰：‘郎有从东方来者，言民父子相弃，丞相、御史案事之吏匿不言邪？将从东方来者加增之也？何以错缪至是？”东汉和帝时，有兄弟二人因争财闹到官府，地方官许荆认为：作为太守，荷国任重，可是教化不行，罪在自己，于是“乃顾使吏上书陈状，乞诣廷尉”，兄弟二人终于感悔，“各求受罪”。[⑤] 孝要求同产共居，汉政府将此要求视为施政的一项内容。

---

① 《后汉书》卷 2《明帝纪》。
② 《后汉书》卷 2《明帝纪》。
③ 《后汉书》卷 60《蔡邕传》。
④ 《后汉书》卷 62《陈寔传》。
⑤ 《后汉书》卷 76《许荆传》。

汉代同产共居的大家庭占汉代家庭一定比例。西汉时大臣史丹、石奋家庭是同产共居。① 不独某些贵族官僚家庭如此，一般地主家庭亦然。《史记·张释之列传》记载："张廷尉释之者，堵阳人也，字季，有兄仲同居，以赀为骑郎。"张释之若不与兄同居，也许未必能"以赀为骑郎"。不独地主家庭如此，某些小农家庭亦然。《后汉书·崔瑗传》记载："(瑗)家贫，兄弟同居数十年，乡邑化之。"汉代同产共居的现象相对战国至秦代小农"五口之家"兴盛来说，是家庭结构变化的一个新特点。

同产共居在一定程度上调节了家庭关系，维护了家庭的和睦。《后汉书·列女传》记载一例很能说明问题。汉中人程氏穆姜，夫死后留下前妻所生四子，四子因非其所生，憎毁日积。可是穆姜却宽厚仁慈，后来终于感动四子。四子"诣商郑狱，陈母之德，状己之过，乞就刑辟"。这样的例子在汉代史料中时常可见，这是孝的思想的影响在汉代家庭生活中的实际表现。

家庭和睦、同产共居是汉代孝的观念对有血缘关系的家庭成员的要求。与之相反的是"分异""生分"。分异指分家别居；生分按颜师古说是指父母在而兄弟分产。② 战国时代秦商鞅变法，推行家庭分异政策，"民有二男以上不分异者，倍其赋"③。结果使秦人"家富子壮则出分，家贫子壮则出赘"。至汉代，在私有制的社会背景下，因各种既得利益的多少所产生的矛盾，分异生分的事亦能见到。但是一般从孝的观念考虑，是不愿分开的。《汉书·刘平传》记载："薛包孟尝，好学笃行，丧母，以至孝闻。及父娶后妻而憎包，分出之，包日夜号泣，不能去。至被殴杖，不得已，庐于舍外，……昏晨不废，积岁余，父母惭而还之。"

---

① 《汉书》卷46《石奋传》,《汉书》卷82《史丹传》。

② 《汉书》卷28《地理志》注。

③ 《史记》卷68《商君列传》。

就是分异后，按照孝的思想要求，家庭和家庭之间也要互恤互助。薛包父母死后，侄子要求分财异居，薛包无奈，“中分其财”。但奴婢引其老者，田庐取其荒顿者，器物取朽败者，侄子数次破产，“辄复赈给”。

由于孝的观念的影响，汉代部分家庭结构发生了变化。但是应该注意，同产共居大家庭只是汉代家庭一部分，不是普遍状况。自两汉以后，出现一些累世同居的义门大家，家庭人数达几百口，这无不同孝的观念的影响扩大有密切的联系。

孝从家庭范围内扩大至社会，成为调节汉代社会关系的重要原则，为汉代统治者把孝的精神与政治统治结合在一起提供了可能。汉建国后，统治者竭力强化忠孝思想，在各种制度、政策和措施上亦无不体现孝的精神。孝道成为汉代政治统治的重要思想基础。

史家所言“汉以孝治天下”，是指汉统治者以孝的精神为治理社会的根本。提倡“孝治”是汉王朝建立其统治秩序的特点之一。

“汉以孝治天下”，孝的精神亦渗透在其统治政策中。提倡孝道，褒奖孝悌，是汉以孝治天下最明显的标志之一。自西汉惠帝至东汉顺帝，全国性对孝悌褒奖、赐爵达三十二次。[①] 至于地方性的褒奖则更多。皇帝幸巡各地，常有褒奖孝悌的事，有时一地出现瑞祥，则认为是弘扬孝道所致，也要褒奖孝悌。

如宣帝甘露三年（前 51 年）诏曰：“乃者凤皇集新蔡，群鸟四面行列，皆向凤皇立，以万数。其赐汝南大守帛百匹，新蔡长吏、三老、孝悌、力田、鳏寡孤独各有差。”[②] 对于著名的孝子，皇帝更加重视，将其作为弘扬孝道的榜样，宣传孝道的工

① 参见拙著《孝的观念与汉代社会秩序》所列“汉代赐孝悌力田表”，《心斋问学集》，团结出版社 1993 年版。

② 《汉书》卷 8《宣帝纪》。

具，精心扶植。《后汉书·江革传》载：江革母老，自輓车，乡里称之曰："江巨孝。"后告归。元和中，天子思革至行，制诏齐相曰："谏议大夫江革，前以病归，今起居何如？夫孝，百行之冠，众善之始也。国家每惟志士，未尝不及革。县以见谷千斛赐'巨孝'，常以八月长吏存问，致羊酒，以终厥身，如有不幸，祠以中牢。"

汉王朝褒奖孝悌的目的，不仅仅是为了渲染孝的气氛。孝悌本身是乡官，任务是帮助中央政府维护乡村秩序。关于孝悌是乡官名，清人赵翼在《廿二史札记》中曾有论述。汉代的乡官除孝悌以外，还有三老和力田。西汉惠帝四年（前191年）"举民孝弟力田复其身"。[①] 这些乡官的来源和职责是什么呢？文帝十二年（前168年）诏云："以户口率置三老、孝悌、力田，令各率其意以导民焉。"[②] 这说明汉代乡官是按户口多少选拔的，职责是"各率其意以导民"。汉代乡村建立在旧的宗族制度的废墟上，因此有的乡村户与户之间有着或近或远的血亲关系。汉王朝利用乡村旧有的血亲关系，选拔乡官，承认乡官有统率农民生产生活的权力。这一乡官系统的建立，在政治上成为汉王朝的统治支柱。

汉代对孝的观念的宣传是颇为浓烈的。宫廷歌词中讲到孝："大孝备矣，休德昭清，高张四县，乐充宫廷"[③]，"清明鬯矣，皇帝孝德，竟全大功，抚安四极。"[④] "孝奏天仪，若光日月。"[⑤] 民间绘画也宣扬孝。在孝堂山武氏祠汉石画像中，宣传孝的内容的画像有十六幅，[⑥] 占全部画像石的多数。和林格尔汉墓壁画中

---

① 《汉书》卷4《文帝纪》。

② 《汉书》卷2《惠帝纪》。

③ 《汉书》卷2《礼乐志》。

④ 《汉书》卷2《礼乐志》。

⑤ 《汉书》卷2《礼乐志》。

⑥ 劳幹：《论鲁西南画像刻石三种》，《劳幹学术论文集》。

反映孝行故事的画面亦很多，如舜、闵子骞父子、野王丁兰、甘泉休屠胡等。在其室壁通道上还有“七女为父报仇”的绘画。[①]这类故事在漆篋彩画上也常见。更特别的是一幅山东出土的汉石刻画像，面画中有几个人向天子献嘉禾，其中一个人被画成乌鸦的模样。[②] 为什么要画成乌鸦的模样呢？原来乌鸦“知反哺之义”，是有名的孝鸟。这幅画像形象地说明了汉代新的社会秩序的特点。

两汉王朝延续四百年之久，成为中国历史上少有的盛世之一，同以孝为核心的新的社会秩序的建立有密切的联系。

孝的观念与社会秩序结合在一起，使家庭血亲关系扩大至社会，这对于协调社会各阶层之间关系，缓和社会矛盾，促使社会安定，起到一定作用，为小农经济提供了一个相对安定的发展环境，促进了小农经济的发展。两汉，特别是西汉，小农经济出现繁荣局面，户口急剧增多。这从一个侧面说明，汉继秦之后，建立的以孝为核心的社会秩序基本上是成功的，并为后来各代建立其社会秩序提供了一种模式。

但是，从汉代社会经济发展上看，汉代统治者的愿望和实际结果并非完全一致。以孝为核心的社会秩序常常遭到破坏，它对小农经济的保护也有其局限性。汉代土地兼并现象十分严重，小自耕农丧失土地变成奴婢和流民，小农经济屡遭摧残。以皇帝为代表的剥削阶级集团，为了扩大自己的既得利益，日益加重对自耕农的剥削，甚至掠夺自耕农赖以生存的生产资料——土地。这样，他们一方面“假民公田”，另一方面又加剧土地兼并，破坏了自己的统治基础，这种不能妥善处理统治集团长远利益与既得利益之间关系的矛盾，形成汉统治阶级难以解决的棘手的问题。

孝的观念的兴盛，以孝为核心的社会秩序的建立，使孝成为

---

① 盖山林：《和林格尔汉墓壁画》，第 70、71 页。

② 见《山东新出土汉画像》拓片。

调节宗族之间关系的主要原则，加强了宗族间的团结，强化了宗族关系。从内部讲，宗族内各家庭互救互恤，对维护小农经济发展，防止小农破产，起到积极作用，可是从外部来看，由于小农家庭对宗族依赖性加强，对国家依附性就相对减弱，宗族逐渐发展成为一种独立的社会势力。随着东汉封建中央集权制的削弱，以及宗族势力的日益强大，到了东汉末年就发展成为强宗大姓和坞堡组织的割据。

孝的观念是汉代家庭的基本道德，它在调解家庭各成员之间关系，加强家庭与家族团结方面起到凝聚作用。但是这种作用是有一定条件的。汉代有同产共居的风气，但在私有制的条件下，分财异居的现象也随处可见。经济的利害关系，不可能使家庭关系到处都是亲亲融融，和谐一体。汉乐府民歌《孤儿行》是写孤儿备受兄嫂虐待、痛不欲生的惨况，孤儿发出了“兄嫂难与久居”的呼声。西汉韩安国曾引时语云：“虽有亲父，安知不为虎；虽有亲兄，安知不为狼。”① 正如鲁迅先生所说：“历代所谓‘举孝’和‘孝廉方正’等都是为了换取官坐，‘孝’只是使坏人增长些虚伪，好人无端受些人我都无利益的痛苦罢了。”② 在东汉，以“孝廉”入选的官员成分更为复杂，有一些往往是舔疮舐痔、夤缘攀附之徒，桓灵时有童谣云：“举秀才，不知书，举孝廉，父别居，寒素清白浊如泥，高第良将怯如鸡。”③

我们应该看到，孝用血亲关系来解释和强调人们的家庭和社会义务，具有极大的欺骗性与麻痹性。黑格尔在谈到中国“孝敬”问题时说：“中国纯粹建筑在这一种道德结合上，国家的特性便是客观的‘家庭孝敬’。中国人把自己看作是属于他们家庭的，而同时又是国家女儿。在家庭内，他们不是人格，因为他们

---

① 《汉书》卷52《韩安国传》。

② 鲁迅：《我们现在怎样做父亲》，《鲁迅全集》。

③ 《古谣谚》。

在里面生活的那个团结单位，乃是血缘关系和天然义务。在国家之内，他们一样缺乏独立人格，因为国家内大家长关系最为显著，皇帝犹如严父，为政府的基础，治理国家的一切部门。”① 孝的观念的影响，不但使个人独立人格丧失，而且使人在主观上倾向于保守和复古。孔子谈到孝时说：“父在观其志，父没观其行。三年无改于父之道，可谓孝矣。”②《孝经》亦说：“非先王之法服不敢服，非先王之法言不敢道，非先王之德行不敢行，是故非法不言，非道不行，口无择言，身无择行，言满天下无口过，行满天下无怨恶。”③ 到汉代，就有人用“孝子无改于父之道”的理论攻击社会改革，④ 孝成为社会发展的惰性力。

第四节　经学与汉代行政制度

前文所言，秦朝之特色在于制度，汉家之特色在于行政，故秦制汉政为两千余年的传统中国社会提供了一个基本的模式。汉政的形成，得益于经学。经学作为经世致用的学术体系，不但为汉政的合理性作出了完整的解释，同时还为汉政的实施作出了具体的说明与规定。经学“天不变道亦不变”“承天稽古”的主旨，⑤ 使汉代的行政考虑到先秦血亲宗法社会的惯性，并给予专制皇权下的地方乡村相对的自治权利；经学“任德不任刑”的

---

① 黑格尔：《历史哲学》，王造时译，生活·读书·新知三联书店 1956 年版。

② 《论语·学而》。

③ 《孝经·卿大夫章》。

④ 《后汉书》卷 48《杨终传》。

⑤ 董仲舒《举贤良对策》：“道之大原出于天，天不变道亦不变。”《汉书·董仲舒传》与《春秋繁露》均载。《后汉书·范升传》载：“臣闻主不稽古，无以承天；臣不述旧，无以奉君。”

思想，使汉代的行政管理不若秦政严厉苛刻，而在尊尊亲亲形式下得以实现。经学“伸天屈君”“祥瑞灾异”理论，也使皇权的专制受到一定的限制，皇帝为政要遵循经义的要求，替天行道。经学对汉政的影响是多方面的，涉及汉政中礼制、法律、官制、教育各个方面，以下拈选几条，逐一讨论。

在礼制中，关于皇帝称号制定是首当其冲的重要问题。表面上看来这是一个制度问题，无关乎行政。实际上，仔细琢磨，颇有深意，班固说：

> 秦兼天下，建皇帝之号，立百官之职。汉因循而不革，明简易，随时宜也。①

汉代皇帝称号本来自秦，应是无疑。关于秦始皇定皇帝称号，《史记·秦始皇本纪》记载较详：

> 秦初并天下，令丞相、御史曰：“……寡人以眇眇之身，兴兵诛暴乱，赖宗庙之灵，六王咸伏其辜，天下大定。今名号不定，无以称成功，传后世，其议帝号。”丞相绾、御史大夫劫、廷尉斯等皆曰：“昔者五帝地方千里，其外侯服夷服，诸侯或朝或否，天子不能制。今陛下兴义兵，诛残贼，平定天下，海内为郡县，法令由一统，自上古以来未尝有，五帝所不及。臣等谨与博士议曰：‘古有天皇，有地皇，有泰皇，泰皇最贵。’臣等昧死上尊号，王为泰皇，命为制，令为诏，天子自称曰朕。王曰：“去‘泰’，著‘皇’，采上古‘帝’位号，号曰‘皇帝’。他如议。”制曰：“可。”

① 《汉书》卷19《百官公卿表》。

皇帝之号起于始皇，应是无疑。李斯等与博士议，原定皇帝称号为“泰皇”，始皇排除众议，去“泰”著“皇”，采上古帝位号，号曰皇帝。后人对皇帝一词分析有误。许慎说：“皇，大也，从自。自，始也。始皇者，三皇大君也。自，读若鼻，今俗以始生子为鼻子。”① 许慎之说显然是受到了秦始皇“自今以来，除谥法。朕为始皇帝。后世以计数，二世三世至于万世，传之无穷”说法的影响。② 许慎释“帝”则说：“帝，谛也，王天下之号也。”许慎对帝的解释，只说“帝”为谛，又说帝为王天下之号，对帝之所以成为王天下之号，则疏于交代。后人吴大澂或有所匡正：“皇，大也，日出土则光大，日为君象，故三皇称皇。”③ 早期金文，如“作册大鼎”“召卣”中，皇字中的王字也的确写作土。朱芳圃则说：“皇即煌之本字。”皇作为至高的称谓，如日出大地，君临天下。关于“帝”，王国维《再与林博士论洛诰书》说：“谛，古文作帝。”商承祚《殷墟文字类编》：“卜辞中的帝字亦用为禘祭之禘。”禘为祭礼，是祭祖。观帝一字，恐源于根蒂相关。“帝”作为认祖追宗的形式，反映的是古人从时间上的自知，反映的是古人对祖先神根的崇拜，反映的是古人对血亲关系的肯定。而“皇”字加于“帝”上，则反映的是古人从空间上的自知，反映的是古人对祖先神祇崇拜的超越，反映的是古人对新的地域关系的认同。故东汉蔡邕说：“皇帝，至尊之称，皇者，煌也，盛德煌煌，无所不照；帝者，谛也，能行天道，事天审谛，故称皇帝。”④

由此看来，秦始皇自定皇帝称号，秦汉以降，沿用不废，其原因在于这个称号，的确是对中国传统社会地缘与血缘二重性之

① 《说文》释“皇”。
② 《史记》卷6《秦始皇本纪》。
③ 《古籀补》释“皇”。
④ 汉蔡邕《独断》上，《汉魏丛书》。

本质的写照。与秦不同的是，如果说皇帝是对君临天下的统治者的职守的称谓，是正号，[①] 那么汉人又为皇帝加了爵称，这就是“天子”：

> 天子者，爵称也。所以称天子者何？王者，父天母地，为天之子也。故《援神契》曰：“天覆地载，谓之天子，上法斗极。”《钩命诀》曰：“天子，爵称也。帝王之德有优劣，所以俱称天子者何？以其俱命于天，而主治五千里内也。”[②]

把天子加于皇帝，是汉代经师的一大创造。董仲舒在这一议题上贡献最大。在董仲舒的理论体系中，天已变作有意志、有德行的神。君权来自天授，故君必须畏天、敬天，“循天之道”，治理万民。董仲舒说：

> 为人子而不事父者，天下莫能以为可。今为天之子而不事天，何以异是，是故天子每至岁首，必先郊祭以享天。[③]
>
> 臣谨按《春秋》之文，求王道之端，得之于正，正次王，王次春。春者，天之所为也。正者，王之所为也。其意曰：上承天之所为，而下以正其所为，正王道之端云尔。然则王者欲有所为，求宜其端于天。[④]

皇帝作为天子，君权神授，这一方面有利于强化皇帝的权威。但是，另一方面，君权又必须受到天的限制。“仁之美者在

---

① 《独断》上又讲：“汉天子正号曰皇帝，自称曰朕，臣民称之曰陛下。”

② 《白虎通德论·爵》。

③ 《春秋繁露·郊祀》。

④ 《汉书》卷56《董仲舒传》载“举贤良对策”。

于天，天，大仁也”,[1]“王道之三纲可求于天”,[2] 皇帝为政，必须以仁为本，向天寻求政道方略。如果作为天子的皇帝为所欲为，则要受到天的警示和惩罚。

从汉政的实际情况来看，经学这套理论有一定实际功效。皇帝的诏书是行政管理的重要方式，这一时期，每遇天之异象，皇帝多下诏罪己，诏书中“战战栗栗，夙夜思过”之类的谦词屡屡可见，而改正自己过失的办法一般是纳谏臣、选贤良、赐民爵等。这种现象在后代统治者诏书中亦常见到。皇帝爵称天子，权本神授，其位本煌，其权自威，然毕竟要受到天意的节制，而对天意的解释源于经书。汉代经师对君权的尊崇与限制的构思设计，实在是精当绝妙。

在法律方面，经学对法律制定与法律执行的影响更是显而易见。史家多以“《春秋》决狱”“经义断事”“经义决狱”来概括其事。西汉时董仲舒曾著《春秋决狱》，东汉应劭也撰《春秋断狱》,[3] 此二书虽已佚散，但是在两汉史料中这类记载并不乏例陈。

过去的学者认为汉代以经义断事，是因为“汉初法制未备，每有大事，朝臣得援经义，以折衷是非”。[4] 此说有一定道理，然未道出经义入律断事之真谛。若说汉初法制未备，倒是事实。高祖入关，约法三章，盖自除烦苛，直到后来三章之法不足止乱，才使萧何依照秦法，取其宜于时者，作《九章律》。相较秦律，《九章律》也可算作删繁就简。但此时，儒学并未独尊，以经义入律、经义断事虽有，但毕竟少见。经义断事、决狱盛兴是

---

① 《春秋繁露·王道通三》。

② 《春秋繁露·基义》。

③ 《汉书·艺文志》著录“公羊董仲舒治狱十六篇”。应劭撰述见《汉书·应劭传》。

④ 赵翼:《廿二史札记》“汉时以经义断事”。

武帝“罢黜百家，独尊儒术”以后的事。可汉律到武帝时，“好猾巧法，转相比况，禁罔寝密。律令凡三百五十九章，大辟四百九条，千八百八十二律章，死罪决事比万三千四百七十二事。文书盈于几阁，典者不能遍睹”。[①] 故赵翼的说法，与事实稍嫌不符，不应引以为凭。

那么，汉代以经义入律、决狱的真实原因到底是什么呢？我们认为，其实也源于两汉社会性质的二重性。成文的法规、条文代表了皇权专制的政治取向，反映了基于地缘关系新的框架型政体的要求，是秦政法治政策的延续；而经义入律、决狱则代表了宗法自治的政治取向，反映了宗法礼治的惯性。两汉社会的二重性，导致了汉政的二重性，汉政二重性特色也必然在汉代制法与执法中表现出来。以下结合两汉司法情况予以讨论。

汉武帝以前，断事引用旧史经义事或可见到，现举以下一例。文帝时，淮南厉王刘长是文帝之弟，“自以为最亲，骄蹇，数不奉法，上宽赦之”。后“归国益怒，不用汉法，出入警跸，称制，自作法令”。事发，群臣议其罪，首列“长废先帝法，不听天子诏；居处无度，以黄屋盖似天；擅用法令，不用汉法”。厉王的罪行大小多种，而“废先帝法”，指其不遵循高祖所制定封国食邑之制。观厉王所为，虽是性格使然，难说其有封国割据之心，但的确有独霸一方之实。在列举厉王种种劣迹之后，“臣请论如法”。文帝“不忍置法于王”，又扩大至列侯、二千石再议，议论结果又是“宜论如法”。文帝最后只有行使自己的否决权，制曰：“其赦长死罪，废勿王。”结果厉王不堪其辱，绝食而死。[②]

根据这段史实，我们可知，汉代的二重性政体，不但会引发中央专制集权与地方封国自治的矛盾，还会造成王权公私关系的

---

① 《汉书》卷23《刑法志》。

② 参见《汉书》卷44《淮南王传》。

混乱。虽然论罪、定罪皆有法可依，但涉及上述问题，其法律则缺乏系统的理论根据。所以厉王死后民有作歌歌淮南王曰：“一尺布，尚可缝；一斗粟，尚可舂；兄弟二人，不相容。”文帝听到后说：“昔尧舜放逐骨肉，周公杀管蔡，天下称圣，不以私害公，天下岂以为我贪淮南地耶?”① 对于民谣的讥问，文帝“不以私害公”的辩解引用的是《尚书》相关记载，② 这可以视为执法引古典经义为佐。文帝的话中“天下岂以为我贪淮南地耶”颇有意味。看来在帝王的意识中，王畿之地与分封之地各归其主，是私权的表现，而仿周公诛管、蔡而诛厉王，则代表的是公权，是对先帝所制作的政体的维护。也许正因为汉初之法与秦法一样缺乏法理之依据。故以后经学昌盛，经义断事，则可以看作以法理衍生律条，并引以为制。

之后，又有一事，与淮南厉王事相仿。景帝时，窦太后溺爱梁孝王，“上废栗太子，窦太后心欲以孝王为后嗣，大臣及袁盎等有所关说于景帝，窦太后议格，亦遂不复言以梁王为嗣事由此。以事秘，世莫知。”③ 但是这段秘事，在褚少孙补《梁孝王世家》中，记载颇详：

> 盖闻梁王西入朝，谒窦太后，燕见，与景帝俱侍坐于太后前，语言私说。太后谓帝曰：“吾闻殷道亲亲，周道尊尊，其义一也。安车大驾，用梁王为寄。”景帝跪席举身曰：“诺。”罢酒出，帝召袁盎诸大臣通经术者曰：“太后言如是，何谓也?”皆对曰：“太后意欲立梁王为帝太子。”帝

① 参见《汉书》卷44《淮南王传》。

② 《尚书·金縢》记载：“武王既丧，管叔及其群弟乃流言于国，曰：‘公将不利于孺子。’周公乃告二公曰：‘我之弗辟，我无以告我先王。’”《大诰》记载：“武王崩，三监及淮夷叛，周公相成王，将黜殷，作《大诰》。”

③ 《史记》卷58《梁孝王世家》。

> 问其状，袁盎等曰："殷道亲亲者，立弟；周道尊尊者，立子……"帝曰："于公何如？"皆对曰："方今汉家法周，周道不得立弟，当立子。故《春秋》所以非宋宣公，宋宣公死，不立子而与弟。弟受国，死，复反之与兄之子。弟之子争之，以为我当代父后，即刺杀兄子。以故国乱，祸不绝。故《春秋》曰：君子大居正，宋之祸宣公为之。臣请见太后白之。"袁盎等人见太后："太后言欲立梁王，梁王即终，欲谁立？"太后曰："吾复立帝子。"袁盎等以宋宣公不立正，生祸，祸乱后五世不绝，小不忍害大义状报太后。太后乃解说，即使梁王归就国。

这段记载，应是野史秘闻杂入正史，虽不可全信，但也不是小说家言。袁盎等大臣的议论引用《春秋公羊传》的话，[①] 并阐明了宋宣公为祸的原因，最后使窦太后不得不打消立梁王为嗣的念头。后来，梁王派人刺杀"爰盎及其议臣十余人"，[②] 未果，事发，"文吏穷本之，谋反端颇见，太后不食，日夜泣不止。景帝甚忧之，问公卿大臣，大臣以为遣经术之吏往治之，乃可解。于是遣田叔、吕季主往治之。此二人皆通经术，知大礼"[③]。田叔等人处理的结果是，诛杀梁王手下羊胜、公孙诡等人，此事便不了了之。

观梁王所为，"得赐天子旌旗，从千乘万骑，出称警，入言跸，似于天子"，[④] 而因有爱于太后，争立嗣，不成，反刺杀朝臣，所犯之罪，于法当诛；不诛，在法律上是无法解释的。景帝念手足之情与母亲对梁王眷爱，又不能依法处理，只好像拒绝梁

---

① 《公羊传·隐公三年》。

② 见《汉书》卷47《文三王传》。

③ 《汉书》卷47《文三王传》。

④ 《史记》卷59《梁孝王世家》褚先生补。

王为嗣一样，求诸旧典经义的解释和通经术朝臣的变通。在此，向法外求援，向经术求助，使汉政的执法不若秦政死板僵硬、刻薄寡恩，而呈现出亲和通达的特征。

汉代执法亲和通达的特征不是地缘政治的要求，而是血缘政治的反映。引礼入法问题引起了不少学者的思考。[①] 缘于对汉代社会性质看法不同，思路固然有异。我们认为，礼法的结合是汉二重政体在法律方面的具体反映。

自武帝尊崇儒学，汉代最为著名的经义断事当数董仲舒以《春秋》决狱。“故胶西相董仲舒老病致仕，朝廷每有政议，数遣廷尉张汤亲至陋巷，问其得失。于是作《春秋决狱》二百三十二事，动以经对，言之详矣。”[②] 张汤本人虽被司马迁列为酷吏，但其人决狱，也缘饰经义。《史记·张汤列传》载：“是时上方向文学，汤决大狱，欲傅古义，乃请博士弟子治《尚书》《春秋》补廷尉史，亭疑法。”两汉之时，对《春秋》决狱记载，例证较多：

> 仲舒弟子遂者，……（吕）步舒至长史，持节使决淮南狱，于诸侯擅专断，不报，以《春秋》之义正之，天子皆以为是。[③]
>
> 其后广陵王荆有罪，帝以至亲悼伤之，诏（樊）鯈与羽林监南阳任隗杂理其狱。事竟，奏请诛荆。引见宣明殿，帝怒曰：“诸卿以我弟故，欲诛之，即我子，卿等敢尔邪！”鯈仰而对曰：“天下高帝天下，非陛下之天下也。《春秋》

---

① 晋文《以经治国与汉代社会》有“对汉代引礼入法若干问题的思考”文，广州出版社 2001 年版。

② 《后汉书》卷 48《应劭传》。

③ 《史记》卷 121《儒林列传》。《汉书·食货志》记载步舒“持斧钺治淮南狱，以《春秋》谊颛断于外”。

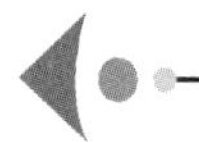

> 之义，‘君亲无将，将而诛焉’。是以周公诛弟，季友鸩兄，经传大之。臣等以荆属托母弟，陛下留圣心，加恻隐，故敢请耳。如今陛下子，臣等专诛而已。”①
>
> （何敞）迁汝南太守。敞疾文俗史以苛刻求当时名誉，故在职以宽和为政。立春日，常召督邮还府，分遣儒术大史案行属县，显孝悌有义行者。及举冤狱，以《春秋》义断之。②

董仲舒弟子吕步舒决淮南王狱，“以《春秋》之义正之”。他引用的《春秋》之义为何，《史记·儒林列传》未作交代，倒是《淮南衡山列传》胶西王刘端有段议论，引用《春秋》之义：“淮南王安废法行耶，怀诈伪心，以乱天下，荧惑百姓，倍畔宗庙，妄作妖言。《春秋》曰：‘臣无将，将而诛。’安罪重于将，谋反形已定。”这里引用的“臣无将，将而诛”与东汉时樊儵治广陵王刘荆狱所引用的“君亲无将，将而诛焉”同出《春秋公羊传》。是对鲁公子牙欲为叛，其弟季友令其饮鸩之事的议论：“公子牙今将尔，辞曷为与亲弑者同？君亲无将，将而诛焉。”③《公羊传》这样的解释，实际来源于其倡导的原心定罪，在君臣之间，君亲之间，下若有犯上的动机就可以诛杀。《公羊传》是讲究“屈民伸君”，维护皇权的，对于这个问题，它似乎比法律本身更为激进，因为法律更为重视结果。但是若不涉及这类问题，它则显得十分宽容，若动机不坏，还可以得到宽宥。《太平御览》留下了董仲舒《春秋决狱》的案例：

> 甲父乙与丙争言相斗，丙以佩刀刺乙，甲即以杖击丙，

① 《后汉书》卷32《樊儵传》。

② 《后汉书》卷43《何敞传》。

③ 《公羊传·庄公三十二年》。

> 误伤乙，甲当何论？或曰：“殴父也，当枭首。”议曰，臣愚以父子至亲也，闻其斗，莫不有怵怅之心，执杖而救之，非所以欲诟父也。《春秋》之义，许止父病，进药于其父而卒，君子原心，赦而不诛。甲非律所殴父也，不当坐。①

上例只是一个假设的案例，在东汉，还真有一案与此相合。据《后汉书·霍谞传》记载，霍谞舅宋光遭人诬陷，“以为妄刊章文”，被关进洛阳狱。霍谞时年十五，上书大将军梁商：“请闻《春秋》之义，原情定过，赦事诛意。故许止虽弑君而不罪，赵盾以纵贼而见书，此仲尼所以垂王法，汉世所宜遵前修也。光之所坐，情既可原，守阙连年，而终不见理，不偏不党，其若是乎？”后来，梁商“高谞才志，即为奏原光罪”。

以经义之文，原心定罪，原情定过，使法律更富有人情味道。相较法律，经学更主张以德作法理，执法必德为根本。

《通典》也载有董仲舒《春秋决狱》案例：

> 时有疑狱，曰：“甲无子，拾道旁弃儿乙养子以为子。及乙长，有罪杀人，以状语甲，甲藏匿乙，甲当何论？”仲舒断曰：“甲无子，振活养乙，虽非所生，谁与易之？《诗》云：‘螟蛉有子，蜾蠃负之。’《春秋》之义，‘父为子隐’。甲宜匿乙，诏不当坐。”②

“父为子隐，子为父隐”，经义中提出的容隐原则与法律是矛盾的，但经过董仲舒引《诗》为释，似乎得到合情合理的解决。汉代整合社会秩序，崇尚孝道，故亲亲相匿，后来竟然成为法

① 《太平御览》卷640《刑法部》。

② 《通典》卷69《礼》。

令。[①] 相反不为父母隐，反要受到惩罚。西汉衡山王太子坐告父不孝，弃市。[②]

从原心定罪，原情定过到法律对容隐的承认，是经学经义对汉代法律影响的结果。董仲舒说："《春秋》之听狱，必本其事，而原其志，志邪者不待成，首恶者罪特重，本直者其论轻。"[③] 这种思想在传统社会中得到弘扬，后世"诛心""诛意"诸说莫不本于此。

一般来说，在汉代的司法实践中，法律经义相杂，使汉法不若秦法冷漠苛刻，而显得灵活而温情。这一结合适于汉代社会现实。法律秩序国家，经义整合社会，二者相辅相成。但是，由于经邦治国的基本思路相异，具体的司法实践中，也常有抵牾。

汉代乡里自治，血缘政治意识影响较为强烈，血亲复仇较为普遍。对于血亲复仇，经学基本予以肯定。《公羊传》说："不复仇，非子也。"[④] 《礼记·檀公上》亦记载子夏问于孔子曰："居父母之仇，如之何？"孔子答道："寝苫，枕干不仕，弗与共天下也，遇诸市朝，不反兵而斗。"汉代以孝治天下，孝的观念对血亲复仇也提供了理论的支持。但是，法律以地缘政治为取向，以维护国家秩序为根本，对血亲仇杀是不赞同的。不允许血亲复仇，有悖于经义，无法体现"孝治天下"的精神；而允许仇杀，则会"开相杀之路"，使国家秩序遭到破坏。汉代的统治者在此事上表现得比较犹豫。《后汉书·张敏传》记载："建初中，有人侮辱人父者，而其子杀之，肃宗贳其死刑而降宥之，自后因以为此，是时遂定其议，以为轻侮法。"这项建议后因张敏

---

① 见《汉书》卷8《宣帝纪》地节四年诏。

② 见《汉书》卷44《衡山王传》。

③ 《春秋繁露·精华》。

④ 《公羊传·隐公十一年》："子沈子曰：'君弑，臣不讨贼，非臣也；不复仇，非子也。'"

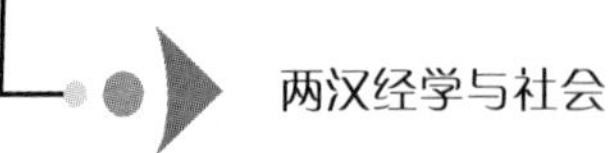

建议而取消。对于血亲仇杀，地方官只能相机处置，一般用刑较轻。例如：

> 陈公思为五官掾，王子祐为兵曹行，会食下亭，子祐昔曾掺杀公思叔父斌，斌无子，公思久欲为叔父报仇，使格杀之，还府归死，太守太傅胡广原遣之。①
>
> 桥元迁齐国相，郡有孝子，为父复仇，因于狱中，元愍其孝，拟减其罪。县令路芝酷暴，竟杀孝子，元自谓深负孝子，捕芝笞杀之以谢孝子。②
>
> （申屠蟠）同郡缑氏女玉为父报仇，杀夫氏之党，吏执玉以告外黄公梁配。配欲论杀玉。蟠时年十五，为诸生，进谏曰："玉之节义，足以感无耻之孙，激忍辱之子，不透明时，尚当表施庐墓，况在清听，而不加哀矜。"配善其言，乃为谳得减死论，乡人称美之。③

以上仅举三例，至于赵娥为父报仇，"七女为父报仇"这类例证在汉代还有很多。就血亲复仇这一问题引发的法律与经义的冲突是汉代专制与自治二重政体的必然表现。上述第一个例证，太守胡广的处理恰与孔子所说为父报仇，"遇诸市朝，不反兵而斗"的经义相合。至于第二例，县令酷暴，竟杀为父复仇的孝子，桥元（玄）作为齐相又笞杀县令以谢孝子，似乎太过。第三例中，缑玉为父报仇，杀夫氏之党，外黄县令"欲论杀玉"，看来汉代法律是禁止仇杀的。至于申屠蟠进谏，使玉得免死罪，可谓是原情定罪。

汉代经学对法律的影响是多方面的。在经学内部，今文经与

---

① 《太平御览》卷482引《风俗通义》佚文。

② 《太平御览》卷481引谢承《后汉书》。

③ 《后汉书》卷53《申屠蟠传》。

古文经的政治取向也不完全相同。因此，我们所述，不过是大而论之，至于要阐明两者之间差异，还需要今后再作缜密的分析。

经学对于汉代官制的影响，可以以汉代“建官法天”为基点进行讨论。《白虎通德论》云：

> 王者所以立三公九卿何？曰：天虽至神，必因日月之光；地虽至灵，必有山川之化。圣人虽有万人之德，必须俊贤。三公九卿，二十七大夫，八十一元士，以顺天成其道。司马主兵，司徒主人，司空主地。王者受命为天地人之职，故八（疑为分）职以置三公，各主其一，以效其功。一公置三卿，故九卿也。天道莫不成于三，天有三光，日、月、星；地有三形，高、下、平；人有三尊，君、父、师。故一公三卿佐之，一卿三大夫佐之，一大夫三元士佐之。天有三光，然后而能遍照。各自有三，法物成于三。有始有中有终，明天道而终之也。①

《白虎通》的“法天建官”说，其实是经学天人合一的思想在职官制度方面的反映，是对汉代这类思想的综述。董仲舒在其著《春秋繁露》一书中专列“官制象天”一节，用阴阳五行的思想，细论汉代置官、选官之道。董仲舒“官制象天”的思想，也许自有来源。《尚书·皋陶谟》有句话经常被视为汉代法天建官思想的根源。东汉王符对这一思想又有全面阐述：

> 天帝王之所尊敬者，天也；皇天之所爱育者，人也。今人臣受君之重位，牧天之所爱，焉可以不安而利之，养而济之哉！……《书》称“天工人其代之”，王者法天而建官，

---

① 《白虎通德论·封公侯》。

> 故明主不敢以私授，忠臣不敢以虚受。①

《皋陶谟》的这句话在汉代大臣疏奏中也常被引用，如李淑上谏书称："方今贼寇始诛，王化未行，百官有司宜慎其任。夫三公上应台宿，九卿下括河海，故'天工人其代之'"。② 本传注引纬书曰："三公在天为三台，九卿为北斗，故三公象五岳，九卿法河海，二十七大夫法山陵，八十一元士法谷阜，合为帝佐，以匡纲纪。"③ 或有学者认为汉代法天建官，并没有改变官制的内容，仅为缘饰而已，④ 但王莽在始建国元年（9年）还真的这样做了：

> 置大司马司允，大司徒司直，大司空司若，位皆孤卿。更名大司农曰羲和，后更为纳言，大理曰作士，太常曰秩宗，大鸿胪曰典乐，少府曰共工，水衡都尉曰予虞。与三公司卿凡九卿。分属三公。每一卿置大夫三人，一大夫置元士三人。凡二十七大夫，八十一元士，分主中都官诸职。

由于经学"法天建官"思想的影响，汉代官员的职责也发生了变化。假若天降灾异，则各循职守以查其责：

> 三公之得者何？曰司马、司空、司徒。司马主天，司空主地，司徒主人。故阴阳不合，四时不节，星辰失度，灾变

---

① 《后汉书》卷4《王符传》引《潜夫论·贵忠篇》。

② 《后汉书》卷11《刘玄传》。

③ 同上注引《春秋汉含孳》。

④ 晋文：《以经治国与汉代社会》第三章第二节"职官制度的调整与'缘饰'"，广州出版社2001年版。

> 非常，则责之司马。山陵崩阤，川谷不通，五谷不植，草木不茂，则责之司空。君臣不正，人道不和，国多盗贼，民怨其上，则责之司徒。故三公典其职，尤其分，举其辨，明其得，此之谓三公之事。①

所以两汉之时的三公因灾异被免者不乏其例。故赵翼说："是汉时三公官，犹知以调和阴阳，引为己职。因而遇有灾异，遂有策免三公之制。"②

经学对两汉教育的影响极为广泛。经学原是一种社会学说，社会学说讲求的是秩序，教化是其整合安定社会秩序的主要手段。汉代的教育其意义不仅仅在教育方面，而是汉政府行政手段之一。在这点上，经学与主国家学说的法家是截然不同的。法家理论讲求的是制度，社会行政的有效手段是法律，不是教育。故秦朝李斯提出焚书之议则曰："若欲有学法令，以吏为师。"③

经学强调教育作为行政手段的功能，把教化看作治理社会的根本，故东汉章帝建初四年（79 年）诏书曰："盖三代导人，教学为本，汉承暴秦，褒显儒术，建立五经，为置博士……"④ 章帝"三代导人，教学为本"的思想，实际来源于两汉经说。《礼记·学记》："君子如欲化民成俗，其必由学乎"，又"故古之王者，建国君民，教学为先。"

两汉教育既然作为重要的行政手段，故备受重视。从蒙学教育阶段，经书就是主要教材。前文所讲《孝经》《论语》传承时已曾指出，二书是蒙学教育的基本教材，并引西汉诸皇太子、王

---

① 《后汉书》志 24《百官一》"司空"条下注引《韩诗外传》。

② 赵翼：《廿二史札记》"灾异策免三公"条。

③ 见《史记》卷 6《秦始皇本纪》，《集解》引徐广注曰："一无法令二字。"现代学者颇执拗此事，实际上"法令"二字是否为衍文并不重要。秦时的官吏，若有为于教育，也必以法制教育为主。

④ 《后汉书》卷 3《章帝纪》。

子启蒙教育为例。其实不独西汉，东汉更是如此，教材选择也比较宽泛。光武帝幼年时，“乃之长安，受《尚书》，略通大义”。[①] 本传注引《东观汉记》更为详细：“（光武）受《尚书》于中大夫庐江许子威。资用乏，与同舍生韩子合钱买驴，令从者僦，以给诸公费。”顺帝幼年，“性宽仁温惠，始入小学，诵《孝经》章句。”[②] 不独皇帝如此，皇后幼年也以经书启蒙。如和熹邓皇后，“十二通《诗》《论语》”；[③] 顺烈梁皇后“九岁能诵《论语》，治《韩诗》”。[④]

有汉一代私人讲学盛况空前，内容以经学为主。西汉时，私学已颇为发达，经师弟子动辄百余人，如董仲舒弟子眭孟，“弟子百余人”。[⑤] 而赣遂，“耆老大儒，教授数百人”。[⑥] 更有如鲁《诗》宗师申公者，退居家教，“弟子自远方至受业者千余人”。[⑦] 至东汉教授千余人者比比皆是。如魏应“经明行修，弟子自远方来，著录数千人”。[⑧] 夏恭习《韩诗》《孟氏易》，“讲授门徒常千余人”。[⑨] 丁恭“习《公羊严氏春秋》，……诸生自远方至者，著录千人”。[⑩] 以至于有弟子万人者也不足为奇。如张兴，习《梁丘易》，“弟子自远至者，著录且万人，为梁丘家宗”。[⑪] 牟长“诸生讲学者常有千余人，著录前后万人”。[⑫] 更有

---

① 《后汉书》卷1《光武帝纪》上。
② 《东观汉记》卷3。
③ 《后汉书》卷10《皇后纪》上。
④ 《后汉书》卷10《皇后纪》下。
⑤ 《汉书》卷88《儒林传》。
⑥ 《汉书》卷83《朱博传》。
⑦ 《汉书》卷88《儒林传》。
⑧ 《后汉书》卷79《魏应传》。
⑨ 《后汉书》卷80《夏恭传》。
⑩ 《后汉书》卷79《丁恭传》。
⑪ 《后汉书》卷79《张兴传》。
⑫ 《后汉书》卷79《牟长传》。

桓帝时的蔡玄，“学通《五经》，门徒常千人，其著录者万六千人”。[1] 故《后汉书·儒林传》论曰：

> 自光武中年以后，干戈稍戢，专事经学，自是其风世笃焉。其服儒衣，称先生，游庠序，聚横塾者，盖布之于邦域矣。若乃经生所处，不远万里之路，精庐暂建，赢粮动有千百，其耆名高义开门受徒者，编牒不下万人，皆专相传祖，莫或讹杂。

两汉的官学教育更是汉政府行政的基本手段。西汉文翁治蜀，“见蜀地辟陋有蛮夷风”，文翁“乃修起学官于成都市中，招下县子弟以为学官弟子，为除更徭，高者以补郡县吏，次为孝弟力田”，“由是大化，蜀地学于京师者比齐、鲁焉。至武帝时，乃令天下郡国皆立学校官，自文翁为之始云”。[2]

两汉官学分郡国学与京师太学，均是汉政府为培养管理人才而建立。“及武帝既兴学校，则令郡国县官谨察可者与计偕诣太常受业如弟子，则郡县皆有以应诏，而博士弟子始为国家选举之公法也。”[3]

关于两汉的官学教育，学者论述颇多，此不再画蛇添足。我们所要强调的是，汉代教育以经学教育为主，教化是行政手段，目的是整合社会秩序。

---

① 《后汉书》卷 79《蔡玄传》。
② 《汉书》卷 89《文翁传》。
③ 《文献通考》卷 46《学校七》。

后　记

子在川上曰：“逝者如斯夫，不舍昼夜。”时光的流逝也真是无情，一晃已是不惑之年的人了，岁月写在脸上的不仅仅是沧桑，多少还有点儿淡漠，有点儿无奈。年轻的时候踌躇满志要干一番大事业的激情，也在时光流逝、岁月荏苒中消散，到如今也只能是“闲来无事读黄经，面向佛陀称老童”了。

从上研究生到来历史所工作也近二十个年头，我喜爱自己的工作，因为它所给我的不仅仅是时间上的自由，还有人格上的自由。也许是因为过于自由，自己已变得疏懒迂阔，所承担的社科院基础研究课题“两汉经学与社会”拖沓至今，才初见轮廓。相较同人，勤勉有加，硕果累累，实在汗颜。记得小的时候，家父对我有一个评价，是儿志大学疏。前年与师林甘泉先生外出访学，我以此语相告，先生称此语不谬矣！看来长者的意见一定贴切中肯。

“两汉经学与社会”是一个大课题，且不说经籍繁多，汗牛充栋，而经文的佶屈聱牙，也不是像我这样才疏学浅的人能通读的。大概在十年前，我就开始涉及这个课题，原初的想法是想对两汉社会思潮做点研究。在搜集和阅读史料的过程中，逐渐地对经学发生了浓厚的兴趣，这就因为汉代经学实际是当时各种社会思潮的渊薮。没有想到，原为一课题的枝节，竟然耗费我十年之力，也许才敢说，刚刚窥其门径。经学的研究原为中国传统学术研究之正统，自汉至清，是学者们修业传道之根本，在有清一代的乾嘉时期达到鼎盛。晚清至今，由于时代变迁，思想的分化，逐渐衰落。晚清以后经学研究大致可循以下三条脉络观之：其一为崇今文派，以皮锡瑞、廖平等人为代表，其后蒙文通、周予同治学颇尚今文；其二为崇古文派，以章太炎、刘师培等人为代表，其后范文澜等人治经颇尚古文；其三为疑古派，以崔东壁、钱玄同、顾颉刚等人为代表。民国时期还有一些经学导读的著作，如陈延杰《经学概论》、钱基博《经学通志》等。另有一些从事思想史、断代史研究的学者的论述对经学也多有涉猎。在台湾，我们可以看到的与此题相关者有劳幹、陈槃、钱穆、徐复观、戴君仁、屈万里、李伟泰、黄振民等人的著述。台湾林庆彰编有《经学研究论著目录（1912—1987）》，所收资料甚详，近又有出电子版资料库，多有增益，检索十分方便。在日本，除老一代学者如武内义雄等人有一些通论著作外，现在的学者多作一些具体的研究。在西洋，英国鲁惟一的观点，我们通过《剑桥中国秦汉史》可以看到；法国谢和耐的观点，在其著《中国社会史》中已有反映；美国 D. 布迪、C. 莫里斯的见解，可以从他们所著《中华帝国的法律》得知，至于费正清、余英时等人著述，汉译较多，就不胪列了。

在中国大陆，新中国成立后很长一段时间，经学研究稍嫌冷落。研究思想史、哲学史的学者，虽然不可避免论及此问题，但是多泛泛言之。其中侯外庐先生对汉代思想的论述有一个明确的体系，这是基于他对汉代社会史作了较深入的研究。经学研究的兴旺，起于 20 世纪 80 年代中期，至今已二十余年，成果颇丰，主要著述兹列如下：通论性的著作有章权才《两汉经学史》，王铁《汉代学术史》，朱剑芒《经学提要》，蒋伯潜《经学纂要》，蒋伯潜、蒋祖怡《经与经学》等；专题性的著作有汤志钧《西汉经学与政治》、马勇《秦汉学术社会转型时期的思想探索》《汉代〈春秋〉学研究》、陈苏镇《汉代政治与〈春秋〉学》、晋文《以经治国与汉代社会》、刘厚琴《儒学与汉代社会》等。此外，祝瑞开《两汉思想史》、金春峰《汉代思想史》、阎步克

《士大夫政治演生史稿》等著述对经学与社会的论述亦颇为精到。在上述著作中，晋文《以经治国与汉代社会》对经学在汉代社会具体作用剖析甚详，用功至勤。阎步克《士大夫政治演生史稿》执着于儒生和汉政之关系，旁征博引，看似烦琐的论证中洋溢着一种现代儒生理想的冲动。以上列举，权作学术回顾。由于本人孤陋寡闻，肯定多有先贤的著作未得拜读，此处所陈井蛙之见，固不免贻笑大方之家。

这里的《两汉经学与社会》是我十年来对此课题研究的初步成果，相较类似的专著，一些新的特点或有独到之处。对于经学，我的基本看法是首先应把它视为一个学术流派，这样则可以正本清源，详细考察经说经义的学术渊源；这样则不至于把经学家的理论或理想误以为两汉社会政治的现实；这样则便于初步勾勒出经学在汉代演化发展的大致轨迹，评价其实际的作用。在本书中，我所提出的学术发展的“内纯致治法则”，是本人对学术史研究的思考，并以此法则作为诠释经学与其他先秦诸子学说的圭臬，也许它会成为我今后继续此课题研究的理论基础，因此，我恳切地期待同人们的批判。对于两汉社会，由于本人专业为秦汉史，做过一些具体的研究，把过去的研究综合起来，便逐渐形成了对汉代社会一个较为明晰的看法。汉代社会是具有鲜明二重性特征的社会，社会的二重性导致了政体的二重性。新秩序和旧制度的混杂，地缘关系和血缘关系的融合，中央专制与乡村自治的结合，所有这些也必然反映到社会意识之中，反映到经学上。故在本书中，我以宗法制与编户制来描述从血缘关系到地缘关系的变化，以土坯型政体到框架型政体讨论秦汉政体形式，以对汉因秦制辨正为基点，继而提出秦制、汉政之说，借以发凡汉代新秩序与旧制度的社会实质。明乎此，我们则可以理解经学在公与私论述上的犹豫，在君本和民本解释中的抵牾，在国家与社会选择上的两难。此外，在本书中，对一些琐碎问题的考释也较有新意，思路算得上巧妙，比如对“经”“易”“县”等之为名的讨

论；对一些具体问题的分析自以为还算公允，纠正了前人偏颇的看法，比如通过原始科学与原始迷信划分来厘定阴阳五行说的文化来源，从古今文经不同的学术、政治取向辨正二者异同等等。大凡志大才疏者必尚新求奇，必立说以成体系，如果说本书还有点值得称道的地方，便是以上所述的这些了。在本课题的研究过程中，对前人的成果多有借鉴，尤其明清诸家相关著作，对我启发甚大。前后翻阅一百余种明清人著作，在本书注释与学术回顾中都已提及，此不罗列。还有二书，虽未直接引征，然我前期资料索引，实得益于斯，这就是清末唐晏的《两汉三国学案》、陈炜星《经传绎义》。完成此稿后，我曾作打油诗一首，对自己的工作作了个总结：

虽生林中不是材，
瘿实偏随生俱来。
做贾只羡陶朱富，
为名活剥李太白。
闲翻杂史缀成文，
思想迂阔多不经。
成说侧重二重性，
内纯致治立法则。
汉因秦制是旧调，
秦制汉政开新谱。
说到宽处能走马，
论及细处难容针。
鹿鸣呦呦求其群，
王雎关关只为雄。
当头喝棒梦醒后，
便携苏小上天台。

近些年来，或有学者极力倡导整理国故，研究经学，或以经学当为显学，冀望引发经学研究热潮。他们的努力，的确使我们十分敬佩，但是我独以为，做点研究是应该的，千万不要热起来。且不说对经学研究来说其兴也快，未必是好事，而经学中思想的糟粕已早就被证明是文化之沉重的包袱。谁敢说他的研究就能做到存其精华、去其糟粕呢？

来历史所工作这么多年，我常常会思忖两件事情，现不揣浅陋，谈点感悟，刍荛之言，就此请教于方家。其一是，历史所学风若何？说也惭愧，至若蓬生麻中，当不扶自直，可是这些年来，竟然连这点道理尚未参悟。通过阅读本所俊彦大作，留心本所前辈学者所为，我自认为，“用功于史料而勤奋于思考”，应该就是历史所的学风。所以在从事本课题研究中，我总以此为座右铭，以求他年不为同门捐弃。其二是，现代史学研究可以以几类分之。此本好事者为之，倒也有趣。我的观点是现代史学大可分为三类：一为工匠治史，其雕也细，其镂也工，多用归纳之法，引证丰实，排列有秩，然天性鲁钝，以做工为生计，终不能去其匠气耳！二为文人治史，其思也宏，其说也丽，多用演绎之法，引证巧妙，独具只眼，然天性浮华，以情趣为依托，终不能去其文人气耳！三为学者治史，其学也厚，其志也大，方法为载道之舆，史料乃明旨之剑，始于立命，至于立心，然终为才志所拘，不得鲜活生气耳！我自己的史学研究大概介于工匠与文人之间，对于学者治史，只是倾心羡慕，然不得望其项背。

研究是快乐的。研究的快乐如同今夜已入睡妻子那安恬的面庞，如同今夜女儿在梦中那灿烂的笑容，如同今夜夹杂着细雨的风，从窗缝里送来的缕缕清爽……

孙　晓

二〇〇二年秋雨夜于京城干面胡同